U0569790

徐进伟 著

『浙志雅集』系列文化丛书

主　编　郑金月

副主编　袁新国　汤敏

非遗集

浙江工商大学出版社 | 杭州

图书在版编目（CIP）数据

非遗集 / 徐进伟著 . -- 杭州 : 浙江工商大学出版社 , 2025. 7. -- （ "浙志雅集" 系列文化丛书 / 郑金月主编）. -- ISBN 978-7-5178-6462-2

Ⅰ . G127.55

中国国家版本馆 CIP 数据核字第 2025TN4791 号

非遗集

FEIYI JI

徐进伟 著

出 品 人	郑英龙
策划编辑	张晶晶
责任编辑	张晶晶
责任校对	林莉燕
封面设计	观止堂 _ 未氓
插　图	叽哩呱啦
责任印制	屈　皓
出版发行	浙江工商大学出版社
	（杭州市教工路 198 号　邮政编码 310012）
	（E-mail:zjgsupress@163.com）
	（网址:http://www.zjgsupress.com）
	电话:0571-88904980，88831806（传真）
排　版	南京观止堂文化发展有限公司
印　刷	浙江海虹彩色印务有限公司
开　本	710mm × 1000mm　1/16
印　张	20.5
字　数	239 千
版 印 次	2025 年 7 月第 1 版　2025 年 7 月第 1 次印刷
书　号	ISBN 978-7-5178-6462-2
定　价	89.00 元

总序

　　钱塘潮涌，西湖潋滟，这片被吴越烟雨浸润千年的土地，始终以独特的方式书写着中华文明的传奇。地方志作为中华文明的瑰宝，承载着地域历史的重量与人文精神的精髓。2022 年 7 月，历时十一年编修而成的一百一十一卷皇皇巨作——新编《浙江通志》在杭州首发，在浙江文化史上留下浓墨重彩的一笔，成为浙江省"文化高地建设的一座耀眼丰碑"。时任浙江省委副书记、省长、《浙江通志》编纂委员会主任王浩在《浙江通志》首发式上要求积极做好编纂成果转化应用推广工作，提出"打造一批可听、可视、可读、可体验的方志产品，更好满足人民群众的文化需求、精神需求，全面推动地方志'用起来''立起来''活起来''热起来'"。

　　浙江省地方志工作办公室与浙江工商大学出版社携手，以"推进方志走进大众视野、推广浙江文化"为宗旨，策划了方志文化普及项目"浙志雅集"系列文化丛书。丛书以新编《浙江通志》为深厚根基，精选食饮、非遗、风俗、商贸、奇人、名胜、驿舍七个最具浙江地方特色的文化主题，精心打造了《食饮集》《非遗集》《风俗集》《商贸集》《奇人集》《名胜集》《驿舍集》七本佳作。今天，奠基于新编《浙江通志》而创作的"浙志雅集"系列文化丛书就要付梓面世了。翻开"浙志雅集"，我们仿佛看见历史的沉香在新时代的晨光中重新燃起，听见江南文脉

在当代语境下的生动回响，这正是推动地方志"用起来""活起来"的最好注脚。

"浙志雅集"是一次对地域文化的深情凝望。从《食饮集》中飘来的龙井茶香与绍兴酒韵，到《非遗集》里跃动的青瓷釉彩与龙泉剑光；从《风俗集》记录的蚕花水会与乌镇香市，到《商贸集》勾勒的千年商路与钱塘货殖……七卷本恰似七面棱镜，将十万多平方公里土地上的文化光谱折射得斑斓璀璨。编纂者以方志为基，却不止步于文献辑录，而是以当代视角重审传统，让沉睡的墨迹化作鲜活的叙事，使地方志真正成为"一方之全史"的立体呈现。

"浙志雅集"是一场文化表达的创新实验。编者深谙"大雅久不作"的现代困境，故以"雅集"为名，行"俗解"之实。《奇人集》中徐渭的癫狂与王冕的孤傲，在作者笔下化作性格鲜明的传奇；《驿舍集》里的官道驿站与商旅故事，借助地理信息系统焕发时空交织的意趣。那些已经泛黄的志书，与当代灵动的手绘插画相映成趣；严谨的考据文字与生动的民间掌故互为表里，恰似西泠印社的篆刻，方寸之间既有金石之坚，又见笔墨之韵。

"浙志雅集"更是一次文化基因的当代解码。当《名胜集》中的天台云海遇见文旅融合的现代诠释，当《驿舍集》里的运河

码头嵌入"诗路文化带"的建设图谱，传统文化不再是被供奉的标本，而是化作流动的智慧。丛书以"文化标识"为纲，力求构建一个可感知、可参与、可延续的文化生态系统，让古人的生存智慧与今人的精神诉求产生跨时空共鸣。

"浙志雅集"的七个主题，相互辉映，构成了一幅连景式的浙江文化地图。我们相信，每一位读者都能从中找到共鸣——无论您是土生土长的浙江人，还是远道而来的文化爱好者，这些故事都将唤起您对这片土地的深情与好奇。

"浙志雅集"作者团队主要由方志领域的专家学者组成，他们深耕浙江地方史志多年，以严谨的学术态度和深厚的专业素养，确保了内容的权威性与表达的新颖性。内容上，我们力求"简洁而有料"，每册控制在适当篇幅，避免冗长拖沓，确保涵盖核心精华；语言上，我们力求"通俗且有趣"，融入民间谚语、诗赋典故，让文化不再高冷，让历史亲切可触。一幅幅与内容相映成趣的手绘插图，配以简洁明快的文字，化作历史的明镜，照见浙江的过去与未来，使读者在轻松阅读的过程中汲取知识。

我们希望"浙志雅集"的价值不止于知识传播，更能体现其作为文化载体的多重功能。它可以是"枕边读物"，在忙碌的工作生活之余，您随手翻阅一册，便能领略浙江的千年风韵；它可

以是"教科书",让学生们了解浙江、探究浙江,更热爱浙江;
它可以是"旅游指南",为您畅游诗画山水、遍尝"浙"里美食
指点迷津;它还可以是对外交流的"文化名片",推动浙江文化
"走出去"。

　　作为地方志工作者,我们深知推动方志文化创造性转化、
创新性发展绝非一朝一夕之功。"浙志雅集"系列文化丛书的诞
生,是多方协作的结晶——感谢浙江工商大学出版社的专业支
持,感谢专家团队的辛勤耕耘,更感谢社会各界对地方志事业的
关注。未来,我们将继续探索方志资源活化利用的新路径,为讲
好浙江故事、中国故事贡献更多方志力量。

　　最后,愿"浙志雅集"如春风化雨,润泽人心;愿每一位读
者开卷有益,尽享阅读之美;愿方志的星光,点亮文化的星空!

郑金月

乙巳年仲夏于杭州

　　浙江，这片神奇的土地，不仅孕育了"七山一水二分田"的秀美风光，更在漫长的历史长河中积淀了丰富多彩的非物质文化遗产。这些珍贵的文化遗产，宛如散落在时光长河中的璀璨珍珠，承载着浙江人民的精神血脉，诉说着这片土地上动人的故事。

　　非物质文化遗产，作为人类文化的重要组成部分，涵盖了民间文学、传统音乐、传统舞蹈、传统戏剧、曲艺、传统体育、游艺与杂技、传统美术、传统技艺以及民俗等多个领域。这些文化遗产不仅是历史的见证，更是当代人生活的重要组成部分。它们通过口耳相传、世代相承，形成了独特的地域文化，塑造了人们的价值观和生活方式。

　　浙江非物质文化遗产的丰富程度令人叹为观止。从明快流畅的永嘉昆曲，到气势恢宏的龙舞狮跃；从巧夺天工的东阳木雕，到韵味悠长的西湖龙井茶制作技艺；从凄美动人的梁祝传说，到妙趣横生的宁波走书……每一项非物质文化遗产都是浙江人民智慧的结晶，也是中华文明的重要组成部分。据不完全统计，浙江省拥有的国家级非物质文化遗产代表性项目多达数百项，涵盖各个门类，构成了一个庞大而完整的文化生态系统。

　　本书的编写立足《浙江通志》，以及部分非物质文化遗产相关图书，在编纂过程中，我们面临如何从浩如烟海的浙江非遗宝库中撷取精华的挑战。经过反复斟酌，我们决定以国家级非物质文化遗产的收录为入选标准，一方面确保入选项目的代表性和权威性，另一方面也考虑到书籍篇幅的限制。在项目选择上，我们特别关注那些与当代生活联系紧密、易于被大众理解和接受的非遗项目，以期让读者能在阅读中找到共鸣。每个门类内部则按照项目入选国家级非遗名录的批次顺序排列，既体现了时间脉络，又便于读者查阅。

民间文学作为开篇，展现了古老的民间故事和现代口头传承的文化艺术，读者将通过"梁祝传说"等动人故事感受浙江人民的生活情怀。传统音乐将带您领略江南丝竹的雅致音韵，体会音乐所传达的深厚情感。在传统舞蹈和传统戏剧部分，您将欣赏到融合多种艺术形式的精彩表演，感受浙江人民的艺术创造力。曲艺部分则以多种多样的表演风格，让读者领略这一独特艺术的魅力。传统体育、游艺与杂技展现了浙江人民休闲生活中的文化传承，而传统美术和传统技艺部分则详细介绍了剪纸、陶艺、织造等技艺的历史渊源和制作精髓。最后，民俗部分通过对传统节庆与习俗的探讨，搭建起连接历史与现实的桥梁，让读者深入了解浙江人民的生活方式和价值观念。

我们希望通过通俗生动的语言，让每一位读者在轻松愉快的阅读中深入了解浙江非遗的魅力。期望这本《非遗集》能成为读者了解浙江文化的一把钥匙，带领大家走进一个充满生机与活力的非遗世界，让大家在感受浙江非遗独特魅力的同时，在生活中也积极参与到文化传承的实践中，共同守护这份珍贵的文化遗产。

目 录

219   传统技艺

民间文学

非遗集

梁祝传说

梁祝传说，宛如一颗璀璨耀眼的明珠，镶嵌在中国"四大民间传说"的皇冠之上。它宛如一面猎猎作响的旗帜，上面鲜明地写着追求知识、主张男女平等和婚恋自由的大字，在历史的长风中肆意飘扬，在民间广为传颂。

这个传奇故事的源头，可以追溯到遥远的东晋时期，在浙东那片土地上，梁祝传说生根发芽，至今已跨越了1600多年的漫长时光。随着时间的推移，梁祝传说传播至国内的许多地方，它所到之处，留下了一串串与之紧密相连的遗迹。例如，在宁波高桥镇，梁祝墓和梁山伯庙庄严肃穆，仿佛在静静诉说那段爱情悲剧；绍兴上虞的祝英台故里，似乎还留存着祝英台昔日的欢声笑语；杭州的万松书院、双照井、观音堂、草桥门等地方，每一处都展现着梁祝故事中的点点滴滴，它们与传说相互呼应，编织出一幅如梦如幻的历史长卷。

梁祝传说的具体内容就像一条五彩斑斓的河流，在不同的时期、不同的地域，呈现出不同的色彩和姿态。不过，其中总有一些经典的传奇故事，犹如河床上坚固的礁石，贯穿始终。如女扮男装求学、三载同窗、十八相送、楼台相会、祭坟化蝶等情节。而祝英台女扮男装求学和她祭坟化蝶这两条脉络，更是如同星系的核心，撑起了如浩瀚星空的整个传说。

　　在古老的岁月里，有一个姑娘，她就像一朵盛开在晨曦中的鲜花，娇艳欲滴，聪慧过人，她便是祝英台。祝英台非常热爱读书写字，她渴望像鸟儿一样，飞向远方的学馆，汲取知识的甘霖。然而，那个时代将女子束缚在家中，不许她们迈出求学的步伐。但祝英台没有轻易屈服，她巧妙地把自己打扮成男子模样，毅然踏上了求学之路。在途中，她与梁山伯不期而遇。他们就像久别重逢的知己，相谈甚欢，于是，二人结拜为兄弟。梁山伯稍长，便为兄，祝英台为弟。

　　此后，二人一同踏入学馆。在学馆里，他们的友谊日益深厚，他们不仅是志同道合的同窗，更是亲密无间的室友。为了保守住自己女扮男装的秘密，祝英台可谓绞尽脑汁。她在两人的床位中间，小心翼翼地放置了两个古朴的书箱，又在书箱上稳稳地放了满满一盆清水。就这样，他们在欢声笑语中度过了三年的求学时光，梁山伯也一直未察觉到祝英台是女儿身。直到有一天，一封家书打破了这份宁静，信上说祝英台的父亲生病了，所以她必须回家探望，故事从此开始发生曲折的变化。

　　祝英台回到家中，发现父亲的病早已痊愈。然而，父亲却如顽固的巨石，不许她再外出求学，还擅自将她许配给了一户姓马的大财主家的儿子。祝英台听闻这个消息，坚决不答应这门亲事，因为在她心中，梁山伯的身影早已深深扎根。她勇敢地向父亲表明自己对梁山伯的爱意，但遭到了父亲的强烈反对。

　　梁山伯送别祝英台后，回到学馆继续埋头苦读，他竟把要去祝英台家中的事遗忘在了脑后。直到师母一番提点，他才如梦初醒。原来，祝英台竟是个姑娘！他的心中顿时涌起千层浪，他一刻也不耽搁，立刻朝着祝家飞奔而去，满心期待着能向祝家提亲。

　　当梁山伯再次见到祝英台时，他迫不及待地说出了提亲的意愿。然而，祝英台流着泪告诉梁山伯，一切都太迟了，父亲已将她许配给了别人。两人顿时泪如泉涌，紧紧相拥。可这一幕，却被祝父撞见。祝父将梁山伯无情地赶出了家门，并将祝英台严加看管起来。

梁山伯回到家中，整个人仿佛失去了灵魂，茶饭不思，抑郁成疾，不久之后，他带着满心的遗憾和对祝英台深深的眷恋，离开了这个世界。临死之际，他请求家人，在他死后，将他埋葬在从祝家通往马家的路边。虽然在另一个世界，他希望至少能与祝英台的花轿擦肩而过，再看她一眼。

终于，到了祝英台出嫁的日子。花轿行在半路上时，忽然狂风呼啸，仿佛天地都在为这对苦命的恋人悲叹。丫鬟颤抖着告诉祝英台，前面就是梁山伯的坟墓。祝英台听闻后，不顾众人的劝阻，执意要去梁山伯的墓前祭拜。

祝英台来到梁山伯墓前，痛哭不止，那哭声仿佛要穿透云霄，让天地都为之动容。就在这时，天空中风云突变，电闪雷鸣，大雨如注，如同世界末日降临。突然，梁山伯的坟墓裂开了一条巨大的缝隙，祝英台望着那裂缝，呼喊着梁山伯的名字，奋不顾身地朝着裂缝纵身一跃，就像一只扑火的飞蛾，向着爱情的火焰飞去。

片刻之后，奇迹发生了。风雨渐渐停歇，乌云散去，天空中出现了一道绚丽的彩虹。一对五彩斑斓的蝴蝶从梁山伯的坟头上翩翩飞出。人们都说，这对蝴蝶是梁山伯和祝英台幻化而成的，他们挣脱了世俗的束缚，在天空中续写着他们永恒的爱情。

西湖传说

西湖传说，主要是指那些在岁月长河里，于杭州西湖一带代代流传的地方风物传说和历史人物传说。这些传说就像一把把神奇的钥匙，打开了杭州西湖这片土地上"名山、名水、名人"故事的大门，这也是西湖传说最为显著的标志。在众多传说之中，以西湖来源传说、白蛇传说、苏东坡传说、岳飞传说、于谦传

说，还有那一大批关于名胜的传说最为出名。

在历史人物的传说画卷里，有钱镠传说、岳飞传说、苏东坡传说、白居易传说、乾隆传说等等，它们在西湖传说中占据着相当重要的位置。关于历史事件的传说，像钱王射潮传说、康熙题匾传说、和尚戏乾隆传说等，就像跳跃的音符，奏响了西湖历史的旋律。还有那些关于地方名胜的传说，如飞来峰传说、八卦田传说、三潭印月传说等，宛如神秘的面纱，为名胜增添了几分神秘色彩。至于有关西湖风物的传说，像三生石传说、造钱塘传说、虎跑泉传说等，就像灵动的画笔，将西湖的山水风物勾勒出细腻的轮廓。山水与传说相得益彰，山水名胜因传说而披上了历史文化的华丽外衣，传说故事也因山水名胜变得更加栩栩如生。更有趣的是那些关于风俗的传说，像出嫁坐花轿传说、立夏吃乌米饭传说、端午插艾条传说等，人们用一个个故事将各种风俗、特产的来历娓娓道来。

在很久以前，传说在那浩瀚无垠的天河之东，住着一条浑身雪白的玉龙，它的身姿就像冬日里最纯净的雪花，闪耀着圣洁的光芒。而在天河的西边，住着一只五彩斑斓的金凤，它的羽毛犹如天边最绚丽的晚霞，光彩夺目。

有一天，玉龙和金凤在一座仙岛上游玩。突然，它们的目光被一块闪耀着光芒的亮晶晶的石头吸引住了。玉龙和金凤看到这块石头，心中满是欢喜，当下就决定，要把这块石头打磨成一颗珠子。

于是，漫长的打磨之旅开始了。日复一日，年复一年，玉龙和金凤一点一点地打磨着这块石头，在这个过程中，它们的心也越靠越近，它们相爱了。终于，经过无数个日夜的努力，一颗光彩照人的明珠诞生了。这颗明珠的光芒就像太阳一样耀眼，所照之处：树木像被施了魔法一般，常年郁郁葱葱，像永不褪色的翡翠；五谷就像被神眷顾了一样，年年丰收，那饱满的麦穗就像金色的海洋；百花也像听到了春天的召唤，竞相绽放，五颜六色的花朵把世界装点得如同仙境一般。

然而，美好的事物总是容易招来觊觎。有一天，王母娘娘偶然间看到了这颗明珠，她的眼中立刻闪过一丝贪婪的光，于是，她心生一计，趁着玉龙和金凤熟睡的时候，派天兵天将悄悄地把明珠偷走了。

玉龙和金凤醒来后，发现明珠不见了，心急如焚。它们上天入地地寻找，找了很久很久，都没有找到那颗心爱的明珠，它们伤心极了。直到有一天，王母娘娘过生日。她得意扬扬地拿出这颗明珠，向众神仙炫耀她的宝贝。就在这时，玉龙和金凤出现了。它们一眼就认出了那是它们心爱的明珠，可王母娘娘却拒不承认这颗明珠是她偷来的。玉龙和金凤愤怒极了，不顾一切地扑向王母娘娘，想要把明珠抢回来。

在激烈的抢夺过程中，王母娘娘和玉龙、金凤谁都不肯松手，局面一片混乱。突然，一个不小心，明珠从他们手中滑落，咕噜噜地滚了下去，从高高的天上朝着人间坠去。

玉龙和金凤见状，心急如焚。它们毫不犹豫地朝着明珠坠落的方向疾飞而去，想要保护它们的明珠。然而，明珠就像一颗流星，划过天空，最后"扑通"一声，落在了人间。刹那间，奇迹发生了，明珠落地的地方立刻变成了一泓清澈见底的湖水，那就是西湖！湖水波光粼粼，就像一面巨大的镜子，倒映着天空和周围的一切。而玉龙和金凤实在舍不得离开明珠，它们就分别化作了玉龙山和凤凰山，静静地守护在西湖的旁边。

这就是西湖以及旁边的玉龙山和凤凰山的来历。就像人们常说的那样："西湖明珠自天降，龙飞凤舞到钱塘。"这传说就像一首古老的歌谣，在西湖的山水之间传唱，永不停息。

济公传说

济公，俗名李修缘，乃浙江天台县永宁村人氏，生于南宋绍兴十八年（1148），圆寂于南宋嘉定二年（1209）。济公传说的发源地是天台和临安（今杭州），而后如春风拂过大地，不断向其他各地散播。该传说以济公的生平经历为主线，以惩恶扬善为核心，风趣诙谐，内容丰富多彩。济公的父亲李茂春，是当地赫赫有名的善人，虽年过四十却膝下无子，可他与妻子情深意笃，坚决不纳妾。一日，夫妻二人怀着虔诚之心前往国清寺求子。夜阑人静之时，李夫人竟做了一个奇妙无比的梦。梦中，一个金身罗汉手持一朵五色莲花，朝她走来，她接过莲花，不由自主地将其一口吞下。此后，李夫人便有了身孕。待到生产之时，产房内红光遍布，瑞气盈盈，如祥云朵朵环绕。更为神奇的是，济公降生的那一刻，国清寺内的降龙罗汉像竟轰然崩塌，于是，民间便流传着济公是降龙罗汉转世的神奇传说。

济公自幼便聪慧过人，他的父母望子成龙，一心要为他寻觅一位良师，将他精心雕琢成栋梁之材。一日，父亲听闻天台山上有一位"七松先生"，此人博学多才，品德高尚。父亲便携着夫人，怀着万分虔诚之心前去拜访。山路崎岖，他们一路艰辛，好不容易见到了"七松先生"。说明来意后，"七松先生"却说出须李修缘答出他出的题才肯收徒。济公的父亲无奈，只好与"七松先生"约定次日再会。

第二天，"七松先生"如约来访，但他举目四望，不知李家在何处，四周一片静谧，除了一个在小溪里捉蟹摸虾的小男孩，别无他人。那小男孩专注于手中的趣事，仿佛周围的世界与他无关。"七松先生"只好上前询问男孩是否知晓李修缘的住处。小男孩头也不抬，沉浸在自己的小世界里，回答道："我就是李修缘，请问你找我做什么？""七松先生"先是一惊，随后说道："我听闻你聪明伶俐，我这里有个上联，不知你能否对出。"李修缘依旧忙着捉蟹，眼睛都没抬一下，只是让他说出上联。"七松先生"连出了好几个上联，李修缘不假思索，皆对答如流。"七松先生"满心欢喜，当下便收了李修缘为徒。在"七松先生"的悉心教导下，李修缘的学问进步飞快。

李修缘十八岁那年，他的父母相继离世，家道也随之中落。他宛如一只孤独的飞鸟，来到了国清寺出家。后来，他又辗转来到杭州灵隐寺，并被赐名"道济"。之后，道济又转移至杭州净慈寺，投在德辉长老门下，成为一名书记僧。道济的一生与诗酒为伴，他佯装癫狂，似痴似癫却心怀大爱，扶危济困，好打抱不平，深受老百姓的爱戴和敬仰。民间尊他为"济公活佛"，他那些惩恶扬善的传奇事迹，在民间广为流传，成为人们口中津津乐道的故事。

在济公的故乡天台县，众多民间习俗都与济公传说有着千丝万缕的联系。例如，每逢佳节，家家户户都要吃的饺饼筒，就有一个有趣的来历。相传，济公在国清寺为僧时，看到每餐都有大量菜肴剩余，心生怜惜。于是，他灵机一动，把这些菜肴巧妙地裹在薄饼里，卷成饼筒，留待下一餐食用。这一做法受到了僧众的热烈欢迎，从此，饺饼筒便诞生了，承载着济公的智慧与善良，在岁月中流传下来。

白蛇传传说

白蛇传传说，亦名"白娘子传奇""雷峰塔传奇"等，是当之无愧的四大民间传说之一。它就像一朵盛开在杭州这片土地上的奇葩，在此地生根发芽，而后如灵动的飞鸟，飞向全国，甚至传播至海外的广袤天地。

白蛇传说，发源于唐、五代时期。在唐宋的笔记之中，白蛇与人相恋的离奇故事频繁地展现在世人眼前，引人遐想。南宋后期至元代的话本《西湖三塔记》，是白蛇传说现存的早期文本。这部作品与西湖有着千丝万缕、密不可分的联系。也正是在这一时期，白蛇传说基本成型。明清以来，白蛇传说不再仅仅是民间口头传诵的珍宝，还被改编成各种各样丰富多彩的文艺样式，如戏曲、歌谣等。这些作品跨越国界，流传至朝鲜、日本、印度、越南等国家，在异国他乡的土地上绽放光彩。

旧时，每至元宵节，杭州的商家都会举办一场别样的"盛会"。他们就像迎接贵宾一般，争相接青龙（即无毒的家蛇），那场面热闹非凡，仿佛一场人与蛇的奇妙狂欢。而到了端午节，杭州人会兴高采烈地游雷峰塔；同时，观看白蛇传说戏曲的人们也挤满了大街小巷，台上演绎着传奇，台下的观众沉浸其中，如痴如醉。杭州西湖的雷峰塔、断桥，以及镇江的金山寺，它们就像镶嵌在白蛇传说这条精美项链上的璀璨宝石，是故事中不可或缺的重要依附点，承载着无数的悲欢离合。

白蛇传说的基本情节，可归纳为："龟蛇结冤仇"，那是一场宿怨的开端，酝酿着故事的发展；"西湖遇许仙"，宛如春日里最美好的邂逅，白蛇化作白素贞，携着青蛇小青，来到如诗如画的杭州西湖。她们精心设计，在西湖边与药店伙计许仙相遇，

爱情的火花被点燃，白娘子与许仙相恋，结为夫妻。

　　然而，天有不测风云，法海和尚就像一个无情的破坏者，闯入了他们的生活，横加干涉这美好的爱情。在端午节那个本应欢乐的日子里，法海设计让白娘子喝下雄黄酒，刹那间，白娘子现出原形，许仙也因此被吓死，美好的一切瞬间支离破碎。但白娘子与小青并未放弃，她们为了救回许仙，不畏艰险，毅然前往昆仑山盗取仙草，最终成功救活了许仙，让希望之光重新燃起。

　　但法海并未善罢甘休，他再次用计将许仙带走，将其关押在镇江的金山寺。白娘子为了救出爱人，在与法海斗争的过程中，施展法术，水漫金山寺，一时间，波涛汹涌。白娘子虽然展现出了惊人的力量，却也闯下了大祸。后来，许仙逃回杭州，在断桥上与白娘子再次相遇，他们重归于好。

　　可法海又追到杭州，趁白娘子刚生下许仕林、产后无力之时，将白娘子镇压在雷峰塔下。岁月悠悠，多年以后，许仕林长大成人，高中状元。知晓了母亲白娘子的事情后，他怀着满腔的悲愤，与许仙和小青一起，打败了法海，合力救出了白娘子。至此，这段曲折离奇、动人心弦的爱情传奇，才画上了一个圆满的句号。

黄初平（黄大仙）传说

　　黄大仙，这位在我国东南沿海民间被广泛传颂和虔诚祭祀的道教神仙，其传说犹如一幅绚丽多彩的画卷，以浙江金华一带为发源地，徐徐展开。这里流传着关于黄大仙的生平以及由他修炼得道、惩恶扬善等一系列事迹所构成的庞大传说故事群。

　　黄大仙，俗名黄初平，于晋成帝咸和三年（328），在浙江金华兰溪这片灵秀之地诞生。在金华北山的灵气滋养下，他潜心钻研，终于得道成仙。岁月流转，后世之人对他尊崇有加，尊称其为"黄大仙"。早在东晋时期，葛洪所著的《神仙传》就将黄初平的事迹收录其中，使得他的故事开始在世间流传。其中，"初平出世""叱石成羊"的故事更是家喻户晓。

先说那"初平出世"的故事。东晋时期，人间混乱不堪，歪风邪气肆虐。玉皇大帝在天庭知晓人间疾苦后，便派绿毛仙龟下凡去寻觅一户善良人家，赠予仙胎，为凡间树立一个"善有善报"的光辉榜样。

仙龟领了旨意，下凡后四处打听消息。终于，在浙江金华北山地界，发现了梁伯义与黄九丐这两个好人。仙龟对两人展开了一系列细致入微的比较与考验，最终，黄九丐脱颖而出，他那纯粹的善良打动了仙龟。于是，仙龟将仙胎赠予了黄九丐的妻子。而这枚仙胎，便是日后大名鼎鼎的黄初平。

再看那"叱石成羊"的传奇。黄初平出生在一个贫寒的家庭，8岁时，他便开始承担起放羊的责任。15岁那年的某一天，黄初平像往日一样赶着羊群出门。太阳渐渐西斜，天色越来越晚，可他却一直没有回来。他的哥哥黄初起心急如焚，四处寻找，却始终不见弟弟的踪影。

时光悠悠，一晃40多年过去了。某一天，黄初起在赶集的热闹人群中，偶然遇见一个道人。那道人仙风道骨，目光深邃如渊，仿佛知晓世间的一切秘密。黄初起像是抓住了最后一根救命稻草，急忙向道人询问弟弟的下落。在道人的指引下，黄初起怀着忐忑不安的心情来到金华北山寻亲。在山洞中，他看到了容貌未变的弟弟。

黄初平微笑着向哥哥讲述了自己的经历。15岁那年，他在放羊途中，遇到一位仙翁，仙翁将他带到了石室中。从此，他便在这与世隔绝的地方潜心修道。40 多年的时光如同白驹过隙，他在漫长的修行中，终于领悟了修道的玄机。黄初平的哥哥听后，又想起当年那群羊，便询问它们的下落。黄初平指着洞外的山坡说，羊群都在那儿呢。哥哥满心疑惑地望去，却只看到山坡上一块块白石杂乱地躺在草丛中，哪有什么羊的影子。这时，黄初平微微一笑，口中轻叱："叱！叱！羊起！"刹那间，满山的白石应声而起，瞬间变成了一只只活蹦乱跳的羊。

黄初起这才恍然大悟，知道弟弟确实已经得道成仙。他被弟弟的神奇吸引，被修道的神秘打动，于是决定跟随弟弟一起学道。在弟弟的指引下，他最终也得道成仙。

徐福东渡传说

徐福，是秦朝赫赫有名的方士，相传他童颜鹤发，且博学多才。他对天文和航海的认识，就像对自己的掌纹一般熟悉。而那求仙炼丹之术，更是被他掌握得炉火纯青，仿佛他是连接人间与仙界的使者。

秦始皇灭六国后，对长生不老的追求近乎癫狂。公元前 210 年，秦始皇一声令下，徐福领命，率领三千童男童女，登上大船，向着东方进发，去探寻那海上仙山，寻觅长生不老的仙药。然而，这一去，竟如石沉大海，再无归期。

相传，当年徐福一行人在宁波慈溪扬帆起航，他们一路航行，抵达了素有"蓬莱仙岛"美誉的浙江舟山群岛中的岱山。徐福等人在此寻找仙药，之后又向着更远的东方前行，最终在日本隐居。从此，徐福东渡的故事，在民间广为流传，衍生出了无数的传说。

有关徐福东渡，最早的记载出现在汉代司马迁的《史记》之中，此后，它又屡屡在历代的各种典籍里出现。徐福东渡传说，内容丰富，大多涉及东渡的缘起，那背后仿佛藏着秦始皇与徐福之间不为人知的神秘约定；还有徐福的隐居生活，让人好奇他在异国他乡是如何度过漫长岁月的；徐福船队起航的细节也在传说中被刻画得栩栩如生，船只的样式、起航时的仪式等仿佛都呈现在人们眼前；更有那些与相关遗迹有关的风俗习惯的由来，为这些传说增添了浓厚的文化底蕴。

例如，在舟山民间，徐福落脚象山的传说，就像一个古老的故事在海边被传颂。徐福与东瀛仙山的传说，仿佛带着人们穿越时空，让人们看到了那仙山若隐若现的奇妙景象。徐福和蓬莱山的传说，让蓬莱山变得更加神秘莫测。人们似乎能从徐福筑蓬莱观的传说中，看到一座宏伟道观在云雾中渐渐建成。还有关于拢船境的由来的传说、船倒山的故事、徐福与乌饭团的传说等，每一个都像一颗璀璨的明珠。而在宁波慈溪民间，关于徐福东渡的传说竟多达76则，它们交织在一起，构成了一个神秘而迷人的传说世界。

刘伯温传说

刘伯温（1311—1375），名基，浙江青田人。他与中国历史上的姜子牙、诸葛亮齐名，是一位名震古今的军师，其智谋与才略为世人传颂。他曾全力辅佐朱元璋，铸就了大明王朝的辉煌。刘伯温传说以这位明朝开国元勋的生平事迹为蓝本，在悠悠岁月里，经民众口口相传，集体创作演绎，最终形成了一座民间文学作品的巍峨宝库。

刘伯温自幼便展现出非凡的聪慧。十四岁时，他踏入郡学学习。十七岁时，他拜名师郑复初为师，于青田石门洞潜心读书。二十三岁时，他在科举之路上大放异彩，一举中得进士。二十六岁时，他意气风发地步入仕途，先后担任江西高安县丞、江浙儒学副提举等重要官职。然而，朝廷的暴政和腐败如阴霾般笼罩着他的理想，让他那颗赤诚之心备受煎熬。终于，在四十八岁那年，他毅然辞官还乡，归隐田园。

元至正二十年（1360），近五十岁的刘伯温应朱元璋之邀出山，成为其麾下谋臣，投身于反元的伟大事业。他针对当时错综复杂的形势，洋洋洒洒地力陈时务十八策。在那风云变幻的战场上，无论是惊心动魄地歼灭陈友谅，还是与张士诚、方国珍暂时妥协之权衡，他都能运筹帷幄之中，决胜千里之外，屡立奇功。他的每一个决策都如同战场上的冲锋号角，指引着胜利的方向，而朱元璋对他也是言听计从，刘伯温为明朝的建立立下了汗马功劳。

明朝建立后，刘伯温再次展现出其卓越的才能，帮助朱元璋制定了《大明律》等，为国家的稳固和发展精心谋划，厥功至伟。刘伯温生前，荣誉加身，他被封为开国翊运守正文臣、资善大夫、上护军、诚意伯，更被尊为国师。刘伯温逝世后，明朝廷追封他为太师，谥号"文成"，这无疑是对他一生功绩的至高赞誉。

刘伯温，以其超人的智慧为笔，以其无畏的胆识为墨，忠心耿耿地书写着大明王朝的辉煌篇章。他既是战场上的军师，又是朝堂上的贤臣，更是民众心中的楷模。他是古代杰出的军事谋略家，每一个计谋都能扭转战局；他是卓越的政治家，为国家的稳定和繁荣殚精竭虑；他还是才华横溢的文学家，其作品如璀璨明珠，闪耀在文化的长河之中。而且，他心怀民众，做了大量有益于民众的好事，赢得了民众发自内心的广泛赞誉。因此，他的事迹在民间广为传颂，并在这传颂的长河中不断发展丰富，逐渐形成了一个个生动有趣的传说故事。这些故事涵盖了他的生平家世、聪慧好学的点滴、神机妙算的传奇、足智多谋的轶事、关爱民生的善举、除暴安良的壮举，还有与他家乡的风物特产、风俗习惯相关的内容。民众在创作这些传说的过程中，把一些逸闻趣事巧妙地附会到他身上，将他神化，使他成为民间传说中一个近乎神话的伟大人物。

徐文长故事

徐文长（1521—1593），名渭，初字文清，后改字文长，别号山阴布衣，晚年号青藤道士，或署田水月。他生于山阴（今绍兴），是明代著名文学家、书画家、戏剧家，更是独树一帜的青藤画派的开山鼻祖。他是我国古代机智人物的典型代表，民间素有"南有徐文长，北有阿凡提"这样的佳话。徐文长故事便是以他为蓝本绘就的一幅五彩斑斓的画卷，里面装满了他机智幽默的行为轶事。

徐文长生于官宦之家，本应衣食无忧，尽享荣华。然而命运之轮无情地转动，家庭突生变故，摧毁了他的安宁生活，让他陷入困苦无依的境地。但贫困没有消磨他的意志，反而砥砺他潜心钻研学问。年少时期的他，就显露出非凡的才气，只是，仕途对他而言，却像是布满荆棘的崎岖之路。在考取山阴秀才之后，他八次踏入科考的战场，却一次次铩羽而归。

三十七岁时，命运似乎为他打开了一扇新的窗户。东南抗倭总指挥、浙直总督胡宗宪如伯乐般赏识他这匹千里马，将他招入麾下，让他成为幕僚。在抗倭的战场上，他为讨伐倭寇出谋划策，屡建奇功。然而，命运再次捉弄了他，胡宗宪因当朝宰相严嵩的弹劾入狱自杀，徐文长也受到牵连。他的清名被玷污，遭到排挤。这一系列的打击让他不堪重负，精神失常错乱，他几次试图自杀。

四十五岁那年，他在精神错乱中，竟怀疑其妻张氏不贞，失手酿成大祸，他因此锒铛入狱，在冰冷的牢房中度过了漫长的七年。五十一岁出狱后，他北上漫游齐鲁燕赵之地，长达六年之久。在旅途中，他深入民间，体察百姓的疾苦，这让他的视野更加开阔，见识日益增长，艺术造诣日趋成熟。

他在漫游返乡之后，生活却依旧残酷。贫病紧紧纠缠着他，他孑然一身，孤苦伶仃。为了维持生计，他甚至不得不忍痛变卖自己珍藏的书画。明神宗万历二十一年（1593），这位饱经沧桑的老人最终在无尽的忧郁中闭上了双眼，享年七十二岁。

徐文长去世后，以他为原型衍生出了很多相关的故事，这些故事大致可以分为四类。第一类故事，像犀利的投枪，是揭露、嘲讽、鞭笞当时统治者，以及官吏、地主、豪绅、奸商、高利贷者的有力武器。例如，《该当何罪》《卸御赐金牌》《为虎作"伥"》《两颗良心一般黑》《青天高一尺》等。

在《卸御赐金牌》的故事中，明朝窦太师，为三考出身，识字甚多。皇帝赏赐他的"天下无书不读"的金牌，他每次出门都挂在轿前，那趾高气扬的模样，仿佛世间无人能及。徐文长听闻后，心生一计。一日，他故意在窦太师去学宫的路上睡觉。窦太师见有人挡路，怒问他为何睡在官道上。徐文长却不慌不忙地回答："在晒肚皮里的万卷藏书。"窦太师气得七窍生烟，于是和徐文长对课。只见徐文长应对自如，几轮下来，窦太师已有些慌乱。徐文长趁机拿出《万年历》让窦太师背诵，窦太师虽能顺背，可徐文长却能倒背如流，这让窦太师满脸羞愧与尴尬。在众人的注视下，他只好灰溜溜地把金牌卸了下来，步行去学宫。从此，窦太师再也不敢带着那块御赐金牌招摇过市了，收起了往日的威风。

第二类故事，是徐文长热心帮助民众，为穷苦人民伸张正义的感人篇章。像《一点一竖为民释嫌》《写呈子》《免死金牌》等故事，每一个都像冬日里的暖阳，温暖着穷苦人民的心。

第三类故事，则是展现徐文长生平轶闻趣事的奇妙画卷。像《竹竿取物》《猜帽子》《难倒窦太师》《昌安门比武》等，这些故事点缀着他丰富多彩的人生，让人们看到他机智、聪慧的一面。

第四类故事，是徐文长那充满趣味的恶作剧，虽有些调皮捣蛋，却也尽显他的机灵。如《都来看》《与人争妻》《掉裤》等。

在《都来看》这个故事里，会稽街头有一个盲人，他就像一个恶魔，敲诈勒索、造谣惑众，坏事做尽，附近的百姓深受其害，却又对他无可奈何，只能默默忍受他带来的痛苦。有人想到了徐文长，希望他能教训一下这个坏蛋，徐文长欣然应允。

一天，天气炎热得像个大火炉，徐文长找到盲人，对他说可以带他去河边洗澡纳凉。盲人一听，满心欢喜，欣然前往。到了河边，盲人在河里洗得不亦乐乎。徐文长看着他，嘴角微微上扬，告诉盲人他要去游一会儿泳，有事就叫他，他的名字叫"都来看"，说完便悄悄地拿走了盲人的衣服，独自上岸。不久，盲人洗完澡，准备穿衣上岸，却怎么也摸不到衣服，他开始慌张起来，大声呼叫："都来看！都来看！……"那声音在河边回荡。

路过的人听到呼叫声，纷纷围了过来，看到盲人赤裸裸地在水边摸索，都忍不住哈哈大笑。后来，人们严厉地警告盲人，让他以后不可再做坏事，才把衣服还给他。经过这次教训，这个曾经作恶多端的盲人终于改邪归正了。

观音传说

观音，全名观世音，这是梵语"Avalokiteśvara 阿缚卢枳低湿伐逻"的意译，亦被译成"观自在""光世音""观世自在"等。在人们的传颂中，浙江省舟山市的普陀山是观音神圣的道场。观音传说的源头是民众对观音虔诚的信仰，它是一系列关于观音的传奇故事，在浙江舟山民间广为传唱，并远播至日本、韩国以及东南亚各国。

在古老的佛经里，观世音菩萨最初以男性形象示人。他与大势至菩萨分别侍立在阿弥陀佛——西方极乐世界教主的左右两侧，三者共同构成了神圣的"西方三圣"。唐代之后，观音在中国人的心目中逐渐幻化为温柔的女性，她的雕像开始走进千家万户。如今，观音已然成为佛教中对大众影响最为深远的神灵，她就像一位无所不能的守护者，民众深信观音能庇佑人们免受凶灾的侵袭，在干旱之时降下甘霖，为求子者送来子嗣，还能治愈病痛，人们尊称她为"大慈大悲救苦救难观世音菩萨"。

传说中，观音的出生日是农历二月十九，成道日是六月十九，出家日是九月十九，这三个日子也因此成为普陀山的三大香会日。如今，普陀山是闻名遐迩、享誉海内外的观音道场，也是中国四大佛教名山之一。每逢三大香会日，各地的善男信女纷纷向着普陀山涌来。东南亚地区的信众更是热情高涨，他们甚至包机飞往普陀山。香会后的十天里，普陀山就像一个热闹非凡的大舞台，各种佛事活动连绵不断，其中十八和十九日更是达到了高潮。普陀山的各大寺院灯火辉煌，僧人们通宵达旦举行各种诵佛拜忏的礼仪。

舟山各地流传的观音传说，有着上千年的历史沉淀，按内容大致可分为四类。

第一类是风物传说，这类传说将观音的事迹巧妙地依附在舟山当地的某个风物之上。比如"不肯去观音"的故事。相传唐朝时，有一个名叫慧锷的日本和尚，在五台山的圣境之中，他偶然间看到一尊观音大士的圣像，竟心生贪念，偷偷将它带走，准备带回日本供奉。当慧锷带着这尊观音像乘船经过舟山群岛时，平静的海面突然风云变幻，无数铁莲花如神秘的卫士般从海底涌出，它们在海面上铺展开来，挡住了船前行的道路。慧锷满脸惊愕，心中充满了疑惑，却又无计可施。无奈之下，他只能怀着忐忑的心情，向观音菩萨像跪拜祷告。等他祷告完毕，船竟神奇地航行到潮音洞旁停了下来。慧锷在山上苦苦寻觅了大半天，才在潮音洞附近的山边发现了一间渔人茅舍。茅舍的主人听闻慧锷的来意和他那神奇的经历后，被深深感动，慷慨地把自己住的房子让出来，让慧锷筑庵供奉观音菩萨。从此，此地就被人们称作"不肯去观音院"，慧锷因此成为普陀山的开山祖师，普陀山也由此开启了它作为观音道场的辉煌篇章。

第二类是趣闻轶事，讲述某个帝王／名人与观音之间奇妙的相遇。如康熙在运河之上巧遇观音显灵的故事等，也都为观音的神秘增添了一抹别样的色彩。

第三类是际遇传说，它们像一座座桥梁，连接着佛教中人与观音之间的奇妙世界。像观音与八仙的故事、观音收善财的传说、龙女拜观音的故事、观音编草鞋的故事，等等。

第四类是信众故事，它们像一面面镜子，映照出善男信女在信仰观音过程中的喜怒哀乐。送子观音的传说，就像一束希望之光，照亮了无数求子家庭的心灵。

防风传说

防风传说是流传于浙江德清、长兴、余杭等地的民间神话传说故事。

相传，在遥远的古代，德清县三合乡是夏禹时期扬州防风氏古国的中心区域。据说，在约四千年前，防风氏古国就已存在，它的统治疆域涵盖了今日浙江的德清县、长兴县、安吉县，杭州的余杭区，以及江苏的吴江区等地。而它的都城，就坐落在德清县三合乡那气势雄伟的二都防风山上。防风传说最早记载于《国语·鲁语下》，后来司马迁所著的《史记·孔子世家》也将其记载下来，并流传至今。

传说里的防风氏，是一位如神明般勤劳智慧的部落首领。他用兽骨和木头精心打造出耕犁，教会人民开垦土地，播撒下水稻的种子，让大地焕发出勃勃生机。他又教会老百姓编织笠帽，还独具匠心地把笠帽改成尖顶形。这尖顶笠帽，既能遮蔽骄阳，又能抵御狂风暴雨的侵袭。

后来，防风氏因反对夏禹废除禅让制、企图传位于其子夏启，激起了夏禹心中的愤怒与仇恨。在会稽山大会诸侯的庄重时刻，大禹以防风氏迟到为借口，残忍地将他杀害。防风国的百姓如惊弓之鸟，纷纷背井离乡，踏上逃亡之路。其中一部分百姓，甚至远渡重洋，逃到了日本，在异国他乡续写着防风氏后人的传奇。

在德清县民间，一直延续着秋天祭祀防风氏的古老典礼和热闹非凡的庙会活动。每至农历八月二十四至八月二十六，整个德清县热闹非凡。官民齐聚，共同举行盛大的防风氏庙会活动，社戏演出精彩纷呈，台上的演员们粉墨登场，演绎着古今传奇；五彩斑斓的花灯交相辉映，照亮了整个夜空。民众们怀着虔诚的心来到防风庙，他们在防风氏像前跪拜祈福，祈求风调雨顺、国泰民安。这一古老的风俗，一直延续至今，承载着人们对防风氏的崇敬与怀念，成为德清大地独特的文化瑰宝。

钱王传说

钱王传说，是以五代十国时期吴越国王钱镠跌宕起伏的生平事迹为蓝本，逐渐衍化而成的民间传说群。临安，这座古老而神奇的城市，是钱镠生命的起点，也是他灵魂的归宿，是钱王传说当之无愧的发源地。

钱镠，一生身经百战，开疆拓土，以非凡的智慧和勇气创建了吴越国。随着吴越国日益繁荣强盛，当地民间关于钱镠的传说也源源不断地发展起来。这些传说穿越千年岁月，传唱不衰。

钱镠（852—932），字具美，临安（今浙江杭州）人。他的童年并不顺遂，七岁起便踏上从师学习之路，可家贫如洗的困境让他不得不辍学。十六岁那年，为了赡养年迈的双亲，他毅然选择了贩私盐这一艰难的谋生之路。

唐懿宗咸通十三年（872），临安石镜镇将董昌招募乡兵，钱镠应召入伍，从此开启了他传奇的军事生涯。唐僖宗乾符四年（877），钱镠在军中崛起，升为石镜镇副使。唐僖宗中和二年

（882），浙东观察使刘汉宏发动叛乱，钱镠凭借卓越的军事才能平定叛乱，自此被委以重任。唐昭宗景福二年（893），唐朝廷授予钱镠镇海军节度使、浙西道观察处置使、润州刺史等重要职位。唐昭宗光化二年（899），钱镠又被封为南康王，此时的他已成为众人瞩目的焦点。天复二年（902），五十一岁的钱镠衣锦还乡，那场面可谓盛况空前。他大会故老宾朋，并作歌记其事。后唐长兴三年（932），这位伟大的统治者走完了他辉煌的一生，病逝而去，享年八十岁。

钱镠主政杭州四十一年，掌控两浙三十七年，他是五代十国中在位时间最长的统治者。在他的家乡临安，关于他的传说故事在民间流传不衰。钱镠刚去世不久，就有文人墨客将这些传说一一记载下来。无论是钱镠曾经纵横驰骋的战场，还是他留下足迹的地方，都流传着他的传说。如今，钱镠传说不仅传遍全国，更跨越重洋，在海外也闪耀着独特的魅力。

钱镠传说丰富多彩，主要可分为六大类：生平家世、智勇过人、建功立业、除暴安良、保境安民、才华出众。具体有钱镠还乡时的荣耀与感慨、贯休投诗不改的文人轶事、衣锦还乡时欢天喜地的欢乐氛围、衣锦山承载的辉煌记忆、临安土地的神奇传说、持箭射潮的英勇壮举、临安里钱婆留发迹的传奇经历、篮菱溪的神秘故事、石镜山的奇妙传说、钱镠太湖投龙简的神秘仪式、钱王穿小鞋的趣味故事、钟起与钱镠的相遇相知、罗隐投钱王的佳话、钱王哭马的深情厚谊、钱镠进献孔雀的独特篇章……它们共同构成了钱王传说这一绚丽多彩的画卷。

烂柯山的传说

在浙江衢州南郊，有一座神秘的山，它曾名为石室山，如今人们都称它为烂柯山。自晋代起，烂柯山的传说就在衢州地区广为流传，悠悠岁月流转已近两千载。这传说以樵夫王质观棋遇仙的奇妙故事为丝线，编织出一个庞大的传说群，在烂柯山的上空悠悠飘荡。其中有各种版本的王质遇仙故事，有的版本充满奇幻色彩，有的则饱含深情，还有讲述王质成仙后福泽一方的传说。而烂柯山周边的地名传说、民俗传说、宗教传说、道教传说等，也如同繁星般点缀其中，让这个传说群更加璀璨夺目。

且看那王质遇仙的故事，它最早被记载于东晋虞喜（281—356）所著的《志林》之中。在信安郡（也就是如今的衢州），有一座云雾缭绕的山，山上有一间神秘的石室。一日，樵夫王质偶然踏入这间石室，只见里面有两个童子正在全神贯注地下棋。那棋局瞬间吸引了王质的目光，他不由自主地在一旁驻足观看。然而，奇妙的事情发生了，一局棋尚未看完，王质惊觉手中砍柴斧子的柄竟已腐朽不堪。他恍恍惚惚从山上下来，回到家乡，被眼前的景象惊得目瞪口呆，家乡已然发生了翻天覆地的变化，这便是那令人惊叹的"山中方一日，世上已千年"。自那以后，石室山便有了一个新的名字——烂柯山。

此后，以王质遇仙为主要内容的烂柯山传说不断流传，在北魏、南朝、唐、宋、明等各个时期的典籍里，都能找到它的踪迹。经过一代又一代的口口相传，形成了数量极为庞大、故事类型丰富多样的烂柯山传说群。而"山中方一日，世上已千年"所蕴含的哲学意境，也对后世产生了深远的影响。

布袋和尚传说

布袋和尚（？—917），名契此，自号长汀子，是五代时期声名远扬的僧人。他的身世如同深邃夜空中最隐秘的谜团，引人遐想。在他的故乡长汀村，流传着三种关于他的身世来历的传说，尽管细节各异，但核心却是一致的：布袋和尚乃弥勒菩萨降世，生来便注定不凡。

遥想当年，唐僖宗时期，宁波奉化洪水如猛兽般肆虐。龙溪之上，一捆柴随着汹涌的波涛起伏漂荡，而柴上竟躺着一个幼儿！这幼儿被村民张重天发现后救起。这孩子，圆头大耳似福娃，眉清目秀若仙童，嘴角总是微微上扬，对着众人露出笑意。张重天心生怜悯，便将孩子带回了家，悉心抚养。

岁月流转，孩子渐渐长大，最终在岳林寺削发为僧。出家后的他，身边总是带着一个大大的布袋，于是，人们都亲切地称他为"布袋和尚"。

布袋和尚的足迹遍布四方，他曾踏上天台山那云雾缭绕的仙境，也曾漫步于杭州那湖光山色的人间天堂，福建的山川、四川的大地都留下了他云游的身影。后梁贞明三年（917）三月初三，他在岳林寺圆寂而去。人们依据那充满玄机的偈语和流传的传说，深信他就是弥勒菩萨的化身，是来人间传递祝福与智慧的使者。

布袋和尚的传说，最早见于宋代赞宁所著的《宋高僧传》卷二十一《唐明州奉化县契此传》。书中描绘了他如仙人般卧雪却不沾衣的传奇，他好像拥有神秘的力量，能洞悉吉凶、预测天气，种种奇迹无不暗示着他那弥勒化身的非凡身份。北宋道原所著的《景德传灯录》卷二十七《布袋和尚传》，则进一步展现了他在街头乞钱时的自在、与他人问答佛理时的智慧、作偈说法时的高深，还有他逝后现身的神奇、四众图像的奇妙。南宋志磐的《佛祖统纪》卷四十二又为这传奇画卷增添了新的色彩，补充了群儿戏布袋的童真、师徒同浴的温馨、葬身封山的庄严、墓中遗物的神秘等。此后，《浙江通志》《宁波府志》《奉化县志》《岳林寺志》《奉川长汀张氏宗谱》等典籍，陆续记载了更多关于他的传说。这些传说在布袋和尚生活过以及游历过的每一寸土地上广为流传，成为人们口口相颂的传奇。

苏东坡传说

苏东坡（1037—1101），名轼，字子瞻，号东坡居士，四川眉山人氏，是北宋赫赫有名的文学家、书画家。他的一生在宦海的波涛中起伏不定，历任凤翔、杭州、密州、湖州、黄州、颍州等地官职，所到之处，皆留下斐然政绩。然而，晚年他被贬至惠州、儋州，最终在常州溘然长逝。

民众用口口相传的方式，编织了一张关于苏东坡轶事的庞大的传说之网。苏东坡曾两度在杭州任职，为杭州带来了翻天覆地的变化。他疏浚了西湖，修建了苏堤，为后人留下了苏堤春晓、三潭印月等景观。不仅如此，苏东坡还竭尽全力疏浚六井，解决了杭城百姓的饮水难题。他更心怀悲悯，筹建安乐坊，为病痛中的百姓送去温暖的医疗救助。他的身影还穿梭于美食的世界，留下了东坡肉和酥油饼的传奇故事。苏东坡为杭州倾尽心血，做出了不可磨灭的贡献，他的传说广泛流传于杭州的每一个角落，被杭州人民深情传颂。

苏东坡传说的内容，大致可分为四个精彩的篇章。

（1）苏东坡在杭州的德政传说故事。苏东坡在杭州期间，城中六井被淤泥堵塞。苏东坡疏浚六井，为百姓解除饮水之困。而后，六井再次被淤泥堵塞，苏东坡又一次主持疏浚工程，还匠心独运地将六井下沟通西湖的引水管道置换为瓦管。在他知杭州的任上，杭州连遭大旱与水灾的肆虐，苏东坡主持赈济灾民，并在杭州众安桥畔建立了杭州第一所公立医院"安乐坊"，还配制了"圣散子"药普济百姓。彼时的西湖，大半已被泥沙埋没，苏东坡心急如焚，上书朝廷："杭州之有西湖，如人之有眉目，盖不可废也。"他率领百姓疏浚西湖，用那挖出的淤泥筑起了由南至北的长堤——苏堤。又在湖中设立三塔，是西湖十景之"三潭印月"的缘起。此外，他还疏浚了城中的茅山和盐桥两条运河，便利了水运，为杭州打通了经济发展的脉络。

（2）苏东坡在杭交游的传说故事。苏东坡在杭州期间，与这里的文人雅客、高僧大德等结下了不解之缘。他与龙井寺僧人辩才的交往，如同两位智者在禅意的花园中漫步交谈；与孤山僧人惠勤的过往，似清风与明月的相伴；他点化琴操，宛如仙人指路，为其开启智慧之门；结识王朝云，又似繁星与明月的相遇，留下了许多动人的故事。

（3）苏东坡在杭遗迹的传说故事。吴山感花岩石刻，仿佛在诉说着过去的故事；灵隐冷泉亭、春淙亭和壑雷亭，在山林间亭亭玉立，它们都与苏东坡有着千丝万缕的联系。钱王祠《表忠观碑》，大麦岭题摩崖记等，也昭示着苏东坡的足迹。同时，杭州那两道著名小吃东坡肉和吴山酥油饼，它们的背后都有苏东坡的身影，是苏东坡留给杭州的独特味道。

（4）苏东坡在杭文学创作的传说故事。苏东坡在杭期间，挥笔写下了数百首诗词。《饮湖上初晴后雨》《望湖楼醉书》

《送杭州进士诗叙》等名篇，更是脍炙人口。民间围绕苏东坡在杭州的文学创作过程，也流传着许多传说故事，为这座城市增添了浓厚的文化韵味。

王羲之传说

王羲之（303—361），字逸少，原籍琅邪（今山东临沂），后来迁居山阴（今浙江绍兴）。他官至右军将军、会稽内史，晚年则在剡县金庭寻得一方宁静，隐居于此。他是东晋著名的书法家，"书圣"之名如雷贯耳，他和其子王献之一起，在中国书法的历史长河中并立为"二王"。

王羲之出身书法世家、琅琊的望族门第，家族底蕴滋养着他。年仅七岁的王羲之，就拜入女书法家卫铄门下，踏上了书法学习的旅程。十三岁时，他因名士周颉的称赞而声名远扬，崭露头角。王羲之在会稽（今浙江绍兴）度过了悠悠十一载岁月。在担任右军将军和会稽内史期间，他多次上书请求减轻会稽的赋役，在灾荒之时开仓赈灾，深入民间，与百姓亲密无间，深受会稽人民的敬爱与拥戴。直至今日，绍兴仍留存着兰亭、鹅池、墨池、右军墓等众多与王羲之息息相关的遗迹。王羲之在会稽的奇闻轶事，也在民间广泛传播，为人们津津乐道。

流传至今的王羲之传说，恰似一座五彩斑斓的故事花园。其中，有以王羲之钻研书法为背景的学书作书类传说，如：王羲之窃读《笔论》，那画面仿佛一个求知若渴的少年在知识的宝库中探险；鹅池、墨池的故事，闪耀着王羲之对书法的执着与热爱之光。还有反映王羲之寄情高远、风流洒脱的清新风流类传说，如：以书换鹅，仿佛一场艺术与自然的奇妙交易；醉写《兰亭序》，则是一场美酒与灵感交织的盛大舞会。钟情山水类传说，展示了王羲之对绍兴山水风光的钟情。在题扇桥、躲婆弄和戒珠讲寺的故事里，他陶醉于山水之间，与自然融为一体。爱国爱民类传说，体现出王羲之为人正直、同情劳动人民的高尚品质，开仓救荒、禁酒节粮，每一个故事都是他对百姓关爱的有力见证。蔑视权贵类传说，如谢太子等故事，则彰显出王羲之刚正不阿的气节。这些传说故事，许多还是一些成语、典故的源头，如入木三分、东床坦腹。

据说，王羲之写的字，并非一开始就是当时最好的。五十多岁的时候，他依然认真地临摹古人的碑帖，追求书法艺术的更高境界。

关于王羲之的传说有很多，还有一些是成语、典故的源头，如入木三分、东床坦腹。有一天，王羲之像往常一样去看望一个朋友。当他来到朋友家时，却发现朋友不在。他信步走进书房，等待朋友归来。书房中，桌子的台面光滑似玉，洁白如雪，旁边还摆放着一砚新墨，墨香在空气中轻轻弥漫。他忍不住挥笔在桌面上书写起来，那笔锋在台面上舞动，留下了一串串优美的线条。写完后，他搁笔离去。不久，主人回到家，看到台面上墨迹斑斑，顿时怒从心中起，他责令木工将台面刨去一层，满心以为这样就能抹去那些字迹。可谁知，当木工把台面刨掉三分后，那字迹竟依然清晰可见，宛如刻在木中一般。从此，后人便用"入木三分"来形容王羲之的字，那笔力，遒劲雄健，令人赞叹不已。

海洋动物故事

海洋动物故事，是以海洋动物为主人公讲述的民间故事，运用拟人化的手法，赋予它们情感、智慧和行动，又被称为"东海鱼类故事"。它们在闽南文化和东瓯文化的交融地——洞头区形成并广泛传播开来，距今至少已有二百年的历史。

洞头区由一百多个岛屿组成，拥有浙江省第二大渔场，丰富的海洋资源孕育出了大量极具地域特色的海洋动物故事。洞头海洋故事主要分为四种类型：

（1）溯源型：它们深入探索海洋动物整体习性的源头，然后将这些奥秘编织成一个个引人入胜的故事。例如，鱼为什么没有脚，为什么终生在水里生活，为什么有的鱼产仔，有的鱼却产卵等充满趣味的问题。

（2）解释型：专门针对某一种海洋动物的生活习性、生理特点形成的原因进行阐述。比如，鲻鱼的骨头为什么多，黄鱼为什么身披金袍，鲳鱼那扁扁的身子是如何形成的，等等。

（3）说理型：通过展现海洋动物之间的纠葛，或者展现海洋动物与其他动物之间的奇妙关系，来阐明深刻的生活哲理，同时对某些社会现象进行巧妙地讥讽。像虾兵蟹将的故事、想吃海鸥的鲨鱼以及黄鱼和竹护等故事，都像一把把犀利的剑，直指人性与社会现实。

（4）解释兼寓意型：既为我们解释海洋动物的生活习性或生理特征形成的原因，又蕴含着深刻的哲理。例如，墨鱼治鲸的故事，让人在了解海洋知识的同时，也能品味出人生的真谛。

在大海深处，有一条大鲸鱼，它仗着自己力大体粗，整日在海中肆意妄为，横行霸道，欺负那些弱小的小鱼，搅得整个海域都不得安宁，小鱼们每天都生活在恐惧之中。

一天，聪明机灵的墨鱼恰巧碰到大鲸鱼又在那里张牙舞爪地横冲直撞，于是决心要好好治治这个海上霸王。

　　大鲸鱼突然瞥见了墨鱼，它看见墨鱼在那儿一动不动，心中暗自窃喜，以为墨鱼是被自己的威风吓得不知所措了，于是张开大口，准备一口就把墨鱼吞进肚里。墨鱼却不慌不忙，在鲸鱼即将扑上来的瞬间，对准鲸鱼猛地放出一股浓浓的墨汁。刹那间，鲸鱼眼前一片漆黑，什么都看不见了。过了好久，墨汁才渐渐散去，鲸鱼好不容易恢复了视线，一眼就看到了墨鱼，它恼羞成怒，连忙气势汹汹地冲过去，准备狠狠地教训墨鱼一顿。墨鱼却又灵活地对着鲸鱼放出墨汁，然后迅速游走。就这样，它们在海里展开了追逐战，墨鱼把大鲸鱼耍得团团转，大鲸鱼在海里东奔西跑，却怎么也抓不到墨鱼，不一会儿就累得气喘吁吁，精疲力竭。

　　这时，墨鱼看准机会，再次放出墨汁，趁着鲸鱼被墨汁笼罩、慌乱之际，它猛地跳上鲸鱼的背，然后用自己坚韧的须死死地缠在鲸鱼的头顶。鲸鱼疼痛难忍，在海里疯狂地挣扎，却怎么也摆脱不了墨鱼的纠缠，只好向墨鱼求饶投降。墨鱼这才松开须，它严厉地警告鲸鱼，让鲸鱼承诺以后再也不欺负其他小鱼，鲸鱼无奈，只好乖乖答应。墨鱼见鲸鱼认错，这才从它的头顶上跳下来。

　　然而，由于墨鱼在鲸鱼头顶吸附了太长时间，而且用力过猛，竟把鲸鱼的头顶吸破了，鲸鱼的头顶出现了一个小小的孔。从那以后，曾经不可一世的大鲸鱼再也不敢在海里横行霸道了，而它头顶的那个小孔也一直没有愈合，海水慢慢地渗进去，时间一长，鲸鱼就觉得脑袋沉甸甸的，难受极了。所以每过一段时间，鲸鱼就得费力地浮上水面，把灌进脑袋里的水从小孔里喷出来，这也成了大海上一道奇特的景观。这个故事告诉我们，不能欺负弱小。

传统音乐

非遗集

古琴艺术（浙派）

古琴，古称"琴"或"七弦琴"，作为中国古老的弹拨与丝弦乐器，承载着三千多年的文化底蕴。

西周时期，"丝"类的琴就已出现。到了汉代，古琴的形制基本定型。魏晋南北朝时期，嵇康、阮籍、杜夔等著名琴士如繁星般闪耀在琴坛上空。嵇康抚琴，仿若仙人临世，其风采与琴音交织，令人如痴如醉；阮籍弹弦，似有千般情思在指尖流淌；杜夔操琴，则像在诉说古老王朝的悲欢离合。隋唐时期，古琴的斫制工艺和记谱法飞速发展。到宋代，第一部琴史的出现，为古琴艺术竖起了一座巍峨的里程碑。北宋时期，琴僧系统如同一棵大树，义海等著名琴僧就是那繁茂枝叶上最娇艳的花朵。

南宋末年，三大琴派——浙派、虞山派、广陵派，如三朵盛开的奇葩绽放在琴坛中。浙派，恰似一位内外兼修的雅士，以"质而不野，文而不史"的独特魅力，赢得了琴人的拥戴。在宋、元、明时期，雄踞琴坛。郭楚望，这位南宋浙派古琴艺术的巅峰人物，令人仰止。

郭楚望将琴艺传给刘志方，刘志方又传于毛敏仲、徐天民，从此"浙派"在琴界横空出世。徐天民传艺三代，传其子徐秋山（元）、孙徐晓山（元）、曾孙徐仲和（明），徐氏祖孙四代被誉为"浙操徐门""徐门正传"，将浙派古琴艺术推向了辉煌的顶峰。元明时期，在浙派众多琴家的辛勤耕耘下，浙派古琴艺术进入了鼎盛时期。

然而，浙派古琴艺术在清代却逐渐式微。幸运的是，现代浙派古琴再次复苏兴起，这都要归功于中国著名琴家徐元白（1893—1957）。徐元白原籍浙江海门（今台州市椒江区），后定居杭州。他著有《天风琴谱》及多篇琴论，他所作的从琵琶曲移植而来的琴曲《思贤操》，成为经典古琴曲目之一。他提出的"左一纸，右一指"的制琴口诀，被制琴界奉为圭臬。

浙派古琴艺术追求的"微、妙、圆、通"的"希声"音色，空灵而神秘；其"清、微、淡、远"的艺术境界，给人以无尽的遐想。经典曲目有郭楚望的《潇湘水云》，毛敏仲的《渔歌》《樵歌》，徐天民的《泽畔吟》等数十首曲子，每一首都是浙派古琴艺术的瑰宝。传世浙派琴谱有《紫霞洞谱》《霞外琴谱》《梧冈琴谱》等十余种，它们承载着浙派古琴艺术的灵魂。

嵊州吹打

嵊州吹打，是浙江吹打乐的主要乐种之一，也是浙江民乐的精妙缩影，其起源与庙会活动紧密相关。

嵊州，位于浙江东部，古代称作"剡县"。这里流传着大禹治水的古老传说。相传大禹治水经过嵊地时，留下了"禹凿了溪，人方宅地"的神奇故事。春秋战国时期，嵊地先属吴、越国，后归秦国会稽郡。彼时，村民社赛、庙会祭祀活动已悄然兴起，这些活动为嵊州吹打埋下了最初的伏笔。

三国两晋南北朝时期，北方战乱纷飞，大批士族南迁，王羲之、戴逵等名士纷纷流入剡中。他们或游历于这方山水之间，或在此定居。尤其是戴逵来到嵊州后，为嵊州吹打注入了中原流行的音乐元素。从此，嵊州吹打乐曲的旋律就变得更加优美动听了，其内涵越发深广无垠。

隋唐时期，吴歌、越调、管吹等音乐形式已声名远扬。它们在民间的传唱，为嵊州吹打营造了浓厚的音乐氛围。

南宋时期，杭州成为都城，民间器乐伴随歌唱活动兴盛起来，嵊州吹打也在这股热潮中走向繁盛。

明代中叶，堪称嵊州吹打发展的黄金时代，是其鼎盛时期。那时，从事吹打的演奏班社组织遍布该地乡镇，几乎村村都有乐队，热闹非凡。这里有：以演奏宗教乐曲为职业，专为丧事活动服务的乐师班、道士班；有专为婚事吹打演唱的坐唱班；清唱戏文和吹吹打打的戏客班（亦名"嬉客班"）；从事专门器乐演奏的班、堂、社；等等。每逢婚嫁喜庆、丧葬祭祀、迎神赛会及舞龙舞狮等活动，这些乐队就纷纷结班演奏，将嵊州吹打的魅力展现得淋漓尽致。

清代及民国时期，敲打队、乐师班、道士班、嬉客班、坐唱班等如雨后春笋般层出不穷，民乐演奏越发兴盛。

嵊州吹打，以打击乐器——锣鼓为主。这种表演形式别具一格，表演者既可像稳重的泰山般坐台演奏，也能似灵动的风一般边走边表演。它可分为吹打乐和丝弦乐两大类，各具特色。东乡是丝弦乐，笛子、二胡、大胡、三弦、琵琶等乐器相互交织，演奏出的曲目如同幽静山谷中的清泉，雅致清幽；西乡是吹打乐，锣、鼓、唢呐、钹齐鸣，其声音或如雄壮激越的冲锋号角，震撼人心，或似深沉悲伤的呜咽，触动灵魂，音域宽广得如同辽阔的天空。

嵊州吹打拥有众多传统经典曲目：《大辕门》《绣球》《风

旋柳絮》《骑马调》《春风》《夏雨》《秋收》《冬乐》等。新创作曲目有《欢天喜地》《人欢马啸》《万马奔啸》《九州方圆》《车水马龙》等，让嵊州吹打在新时代继续绽放光彩。

舟山锣鼓

舟山人民，自古以来就与大海相依为命，捕鱼是他们世世代代赖以为生的主要职业。古时，每当新船入水，或是船只靠、离码头，抑或是在茫茫海上航行时，人们总会通过敲击响物的方式，来传达某种神秘的信息或祈愿。随着时光流转，这种原始的敲击响物方式，渐渐被雄浑激昂的击鼓和清脆嘹亮的敲锣替代。

舟山锣鼓便源于舟山的这种航运习俗。早在明清时期，它就在定海一带广为流传。后来，无论是大户人家的婚嫁喜庆，还是长辈做寿，抑或新船下海，乔迁新居，开张营业，都会邀请一班鼓手，打响舟山锣鼓。

起初，这锣鼓的打击方式较为简单质朴，形式也比较单一。然而，随着与外来民间文化艺术的不断交往，它逐渐丰富并发展起来。先后出现了太平锣、船形锣鼓、三番锣鼓等固定锣鼓段，展现出不同的民俗风情。

到了20世纪50年代，在专业音乐工作者的精心指导下，民间的舟山锣鼓被改编成大型吹打乐《海上锣鼓》，并正式被赋予"舟山锣鼓"这个响亮的名字。

舟山锣鼓有着丰富多样的演奏形式，可以分吹打合奏乐、丝竹锣鼓、清锣鼓三种。吹打合奏的乐器主要有：笛子、唢呐、笙和锣、鼓、钹、板等。有时也会有丝弦乐器的辅助。这种吹打合奏乐，主要在迎神出会、婚嫁典仪、木龙赴庶（即新船赴水）、

丰收拢（回）洋、逢年过节等吉庆日子时奏响。旧时，舟山锣鼓的吹打合奏多以行奏为主，演奏者们穿梭在大街小巷，如今则大多为坐奏。乐队人数一般在 13—17 人，少的时候也有 10 人左右，吹、拉、弹、打各项乐器配置齐全。代表曲目有：《大跑马》《跳蚤舞曲》《海娃闹海》等。

丝竹锣鼓的主要乐器有：曲笛、箫、京胡、二胡、小三弦、扬琴、套锣、套鼓等。演奏场合比吹打锣鼓更多，演奏形式有坐奏和行奏两种。代表曲目有：《一江风》《细则》《三六》《小乐板》等。

清锣鼓的演奏全由打击乐器担当，没有吹、拉、弹乐器参与。民间传统的套锣、套鼓、钹、铜钟、盅、碟等乐器，在演奏者的手中碰撞出奇妙的火花。乐队演奏人数一般是4—8人。代表曲目有：《潮音》《八仙序》《三番锣鼓》《跳蚤舞锣鼓》等。

舟山锣鼓的演奏，是一场视听盛宴，它体现了东海渔民豪爽粗犷的性格，每一次的敲击、吹奏，都像渔民在与风浪搏斗时的呐喊。它展现出战风斗浪的壮阔、惊险场面，仿佛让人看到汹涌波涛中，船只在浪尖上起伏；亦体现出开船时的豪情壮志、捞洋时的喜悦欣慰，还有那欢腾的节日气氛。在舟山锣鼓产生、发展、演变的漫长过程中，有许多以此为生的民间职业演奏班活跃在乡间村里，定海白泉镇高生祥、高如兴父子组织的高家班便是其中的佼佼者。高如兴更被誉为舟山锣鼓的"一代鼓王"，他的技艺如神来之笔，为舟山锣鼓增添了浓墨重彩的一笔。

琵琶艺术（平湖派）

琵琶，这被誉为"民乐之王"的乐器，在中华大地上已流传了一千多年。敦煌石窟中的反弹琵琶壁画，见证着琵琶艺术的源远流长。明清之际，中国琵琶界呈现出南（陈）、北（王）两派争辉之态。到晚清之时，南派琵琶于长三角地区分化出无锡、平湖、浦东、崇明和上海（汪）这五个各具魅力的流派。

平湖，地处浙江省杭嘉湖平原东北部，平湖派琵琶艺术在此孕育而生，它是晚清琵琶演奏大师李芳园心血的结晶。

李芳园，又名祖菜，他出身于琵琶世家，其家族四代皆传承琵琶技艺，高祖李廷森、曾祖李煌、祖父李绳墉、父亲李其钰，皆是声名远扬的一代名家。在家庭浓厚的艺术氛围的熏陶下，李芳园精心研习古谱和琵琶技艺达二十余年。他的琴艺超凡入圣，人们赞叹其"善弹琵琶无与敌"，其风采可见一斑。清光绪二十一年（1895），在父亲和志同道合的琴友的协助下，李芳园编著的《南北派十三套大曲琵琶新谱》（又名《李氏谱》）在上洋赐书堂问世，标志着平湖派琵琶艺术正式创立和形成。

平湖派琵琶曲分为文曲、武曲两种，各有千秋。文曲，是平湖派最擅长的艺术形式，恰似蒙蒙细雨洒落人间，曲子细腻婉转，丝丝入扣。演奏者常配以虚拟舒缓的动作，加强了余音袅袅的美妙之感。武曲则截然不同，相较于文曲在结构上更为庞大复杂，恰似金戈铁马的战场，气势磅礴。演奏时动作犀利刚猛，以"下出轮"为主，奏响激昂的旋律。文武结合，恰似阴阳相济，更能烘托出乐意的曲境，让听众沉浸其中，感染力十足。

平湖派琵琶曲谱，主要采用扩充与连缀手法，以套曲形式将原小曲升华到富有哲理的大曲境界。在乐谱记录法上，平湖派改变了旧时已经形成的"演详于教，教详于谱"的传统习惯，使其与实际演奏紧密贴合。这一创新让师者能更轻松地传授，学者也更容易掌握。同时，采用以正调为中心调的固定音记谱法，让演奏者感觉更顺畅，记忆起来轻松自如。李芳园在承袭和总结前人

指法运用经验的基础上，还吸取了不同传派和其他器乐的表现手法，形成了新指法，为平湖派琵琶艺术注入了新的活力。

　　平湖派有李其钰、李芳园、吴梦飞、吴柏君以及朱英等一代代艺术家相承相传，代表性曲谱有《南北派十三套大曲琵琶新谱》《怡怡室琵琶谱》《朱英琵琶谱》等。

十番音乐（楼塔细十番、遂昌昆曲十番）

十番，是明代晚期流行于江南民间的一种器乐演奏形式，由打击乐与管弦乐组合而成，二者交织相融。有人认为，其将多种乐器汇聚一堂、轮番奏响多个动人乐曲，故而得名"十番"。乐队通常由十人组成，乐器主要是丝竹乐器和打击乐器，其中鼓和笛是主奏乐器。从乐器组合的角度来看，有"文十番"和"武十番"之分。文十番以管弦乐器为主导，似优雅的诗篇；武十番则增添了打击乐器及唢呐等，更显豪迈之气。

楼塔细十番，流传于萧山楼塔镇一带，漫长的岁月赋予了它深厚的底蕴。明洪武十年（1377），楼塔籍宫廷御医楼英，毅然辞官返乡，著书《医学纲目》。那时的他，常与楼塔善音律的文人贤士一同操弄多种吹弹乐器，奏响古典曲目，大力倡导细十番，亦称"文十番"。相传，十番乃是歌颂大禹治水功绩的华章。作为大禹的后代，楼英便将其从宫中带回了家乡。

楼塔细十番所用乐器既有打击乐器，又有管弦乐器。打击乐器包括锣、鼓、钹、铃等。管乐器有笙、管（又称"雅管"）、笛、箫、唢呐、海笛和喇叭。弦乐器有琵琶、南弦、提琴（中国提琴）、双清、京胡、南胡、板胡和月琴等。管弦乐器达三十余种，令人惊叹。

楼塔细十番的演奏形式分行姿和坐姿两种。行姿时，演奏者仿古士大夫，尽显书生雅气。他们随着音乐节奏，踏起四方步，边奏边徐缓前行，仿佛在诉说古老的故事。坐姿则多在室内进行，宁静而庄重。

楼塔细十番的曲目，初期以歌颂大禹治水的丰功伟绩为主。它以口传身授的方式传承，没有乐谱，以致大多曲目不幸失传。

清光绪年间（1875—1908），留学日本的楼塔人楼岳堂，携日本妻子回故乡楼塔隐居。在此期间，他发起成立十番会，并出任第一任会长，楼塔细十番从此得以发扬光大。

遂昌昆曲十番是以管弦乐器为主演奏昆曲唱谱的十番音乐。它流传于遂昌县石练镇，在全国城乡绽放光彩，是中国十番家族中极为独特的一支，常常作为民间"七月会"迎神时的传统表演项目。

遂昌昆曲活动始于明代，在清代兴盛起来，并延续至今。明万历二十一年至二十六年（1593—1598），著名文学家、戏剧家汤显祖在遂昌任知县，闲暇之时，他常常观剧论曲，吟诗作剧，热衷于与浙江曲家交往互动，向士民传授戏曲。

清乾隆至嘉庆年间（1736—1820），遂昌昆曲活动频繁，如城乡昆腔班、十番、锣鼓调、民间坐唱等，社班如雨后春笋般涌现，同声相应，各得其所。

清道光至光绪年间（1821—1908），民间十番音乐甚为兴盛，其乐曲普遍融入民俗活动之中，凡年节大庆、迎神赛会，均组织行奏，热闹非凡。

遂昌昆曲十番音乐既非民间小曲，也非清锣鼓敲打，而是古朴典雅的"南北词曲"名剧套曲器乐联奏。演奏昆曲唱谱，但不做唱腔伴奏，故其表演形式和编制独特，古人称"似仅见于遂昌十番"。

遂昌昆曲十番乐队一般有10人，使用的乐器有：笛、笙、三弦、双清、提琴、扁鼓、檀板、梅管、云锣等。演奏方式分为室内和室外两种。室内主要是在喜庆堂会和闲时节日时设座进行，温馨而典雅。室外多在迎神庙会和元宵节灯会时演出，热闹欢腾。

江南丝竹

在中国传统的民间音乐以及宫廷音乐的表演中，采用以丝与竹为材料制成的乐器进行演奏，其风格恰似一幅宁静的山水画卷，多呈文静、幽雅、抒情、流畅之态，故而合称其为"丝竹乐"。而江南丝竹，则是由江南地区的丝竹乐发展而成的。20世纪50年代，音乐界将江南一带的丝竹乐郑重地定名为"江南丝竹"。在浙江境内，丝竹乐最早在浙西、浙北地区的民间悄然诞生，而后逐渐蔓延开来，流传到浙东乃至浙江的各个角落，最终形成了以杭州为中心的江南丝竹。

江南丝竹演奏的乐曲，大多是当地民间广为流传的传统乐曲，有三六系列、八板系列、组曲系列等。主要曲目有杭州的"小霓裳""高山流水"，绍兴的"龙虎斗""平胡大起板"，宁波的"文将军""武鲜花"等。而《欢乐歌》《云庆》《行街》《四合如意》《三六》《慢三六》《中花六板》《慢六板》，更是号称江南丝竹八大名曲。

江南丝竹的乐队编制极为灵活：最少只需2人，二胡和笛子携手演绎出美妙的旋律；一般为3—5人，恰似一个温馨的小家庭，各展其能；多则七八人，犹如一个热闹的大家庭，热闹非凡。常用乐器有二胡、小三弦、琵琶、扬琴、月琴、洞箫、竹笛、笙、碰铃、双清、木鱼等，后来又加入筝及秦琴、大阮、大提琴等。

江南丝竹的演奏特点，大致为"花、细、轻、小、活"，即：华彩绚丽，如绽放的烟花般夺目；细腻温婉，似潺潺流水般轻柔；轻松愉悦，像微风拂面般舒适；小巧精致，仿佛小巧玲珑的艺术品；灵活多变，如同灵动的精灵般活泼。传统的江南丝竹仅有单行旋律调，演奏时，乐手们根据各人所奏乐器的性能以及各人的演奏习惯，对主旋律做不同程度的变化。有加花、减花、翻高、翻低、填隙、抢扳等。丝竹艺人有"胡琴一条线，笛子打打点，洞箫进又出，琵琶筛筛边，双清当板压，扬琴一蓬烟""偷、加、停、连、滑、淡、浓，八仙过海显神通"等艺诀，这是为构成"支声式复调因素"的一种神奇方法，如同为音乐的大厦搭建起坚实的梁柱。

嘉善田歌

嘉善，坐落在长三角的中心地带，隶属浙江省嘉兴市。嘉善田歌，是杭嘉湖平原地区山歌中一颗耀眼的明星，是吴歌这个大家族中的独特一员。

嘉善田歌历史悠久，早在宋代，郭茂倩编的《乐府诗集·吴声歌曲》就已然收录了嘉善田歌。嘉善田歌的歌词多用"吴音俚语，谐音双关"，被称为"吴格"。"吴格"与宋人的"吴声歌曲"有明显的渊源关系，与明代冯梦龙编的《山歌》也有着传承的关系。清代中后期，是嘉善田歌最为盛行的辉煌时期。现存的田歌资料中，"铜镜""三寸金莲""青油灯台""蟛壳窗"等描写，犹如一幅幅古老的画卷，展现在人们眼前，诉说着往昔的故事。

嘉善田歌的代表作，如《五姑娘》《呆老公》《小犀牛》《四个姑娘去踏车》等，在浙江嘉善、上海青浦，以及吴江芦墟一带的农村传唱，尤其是《五姑娘》，已被传唱了百余年。

嘉善田歌的曲调和文学形式、演唱形式，恰似一幅绚丽多彩的江南民歌画卷，同时又独具嘉善的地方特色。其演唱场合和人数组合比较自由，人们常在耕田、插秧、耘苗、摇船等劳动场合演唱。在夏天的晚上，乘凉处也是唱田歌的主要场合。

嘉善田歌的曲调由吴歌的基本曲调"滴落声"演变而成，由平调、滴落声、急急歌、落秋歌、埭头歌、羊骚头、嗨罗调这七种小调组成。这些小调既可以各自单独演唱，也可以以"田歌班"的形式数曲联唱，视情况由3人、5人、7人、9人组成，成员分工明确，各展其能。演唱方式有独唱、对唱、齐唱、联唱等。其歌班组合演唱形式与其他江南民歌演唱形式大有不同，别具一格。

嘉善田歌的题材以反映吴地农村生活为主，情感表达含蓄婉转。田歌的作者大多是农民，他们用质朴的语言，书写着生活的点滴。其歌词以七言四句为基础，多衬字、衬词，形成了独特的杂言、长言句式。"急急歌"更是如同一篇洋洋洒洒的百字篇章，扩充了句式，充满了活力。

嘉善田歌的曲调旋律为五声音阶，以"3""5""6"为骨干音，演唱长音时常夹衬词。因在田地劳作时歌唱，那歌唱与劳作内容无节奏性联系，所以曲调非常自由。乐句长度随劳动时间和内容变化。又因在旷野之地歌唱，需要传得远，所以其唱法为真嗓直音的原生态唱法。曲调节拍以慢板为主，时而徐缓舒展，优美动人，情感柔和婉约，时而轻巧如燕，飞花点翠。但是，也有高亢激越或情绪高涨的时候，用一拍一字、一拍二字甚至一拍三字的急急歌演唱，似急风暴雨，把歌曲推向高潮，如同汹涌的海浪，澎湃激昂。

舟山渔民号子

　　舟山渔民号子，是渔民们在大海上捕鱼劳作时诞生的乐章。它用于统一行动、调节情绪，亦被称为"舟山渔歌"。其曲调粗犷豪爽，恰似大海的雄浑气魄，当之无愧地成为浙江主要民歌品种之一。

　　唐宋以来，舟山的渔业规模日益壮大。每年鱼汛之际，苏浙闽等地渔船纷纷云集东沙。此时，作为原始海上作业"劝力之歌"的渔民号子便应运而生。明代，岱山渔业强势复苏并迅速迈向繁荣，渔民号子也迎来了极盛时期。清代康熙年间（1662—1722），随着舟山渔场渔业生产的蓬勃发展，以及内地许多悠扬的歌谣和动人曲调的引入，渔民号子的种类开始增多。晚清时期，渔民号子在岱山纵情盛唱，其间还出现了一些渔歌小调。民国时期，远洋作业蓬勃发展，舟山渔业兴盛至极，舟山渔民号子也呈现出一片繁荣发展的壮丽景象。中华人民共和国成立后，浙江省和舟山市相关组织和人员更是对舟山渔歌进行了精心而有组织的收集整理。

　　舟山渔民号子以海洋劳作为主要内容，通常涵盖划船、撑篙、背纤、拉篷、起锚、拉网等多种充满活力的号子样式。演唱者大多是专事捕捞、驾驭船只的勇敢渔民。虽然他们大都文化程度不高，但是号子却是他们内心真情的自然流露，是有感而发创作出来的。他们以直白的语言诉说着真实的心声，朴实无华却动人心弦，在舟山的各个渔区渔场欢快传唱、流行不息。

　　舟山渔民号子按照渔业劳动的程序可分为起锚号子、拔篷号子、摇橹号子、起网号子等二十多种；按照具体的劳动作业特点，又可分为手拔类号子、手摇类号子、手扳类号子、测量类号子、牵拉类号子、抬物类号子、敲打类号子、肩挑类号子、吊货类号子、抛甩类号子等；按操作所需力度的大小，还可分为大号和小号两种类型，刚柔并济。各类号子之间并无严格界限，能够灵活通用。

与浙江沿海其他地区的渔民号子相比，舟山渔民号子种类相对齐全，曲调既有大海般的粗犷豪迈，又有独特的优美韵味，淋漓尽致地体现着鲜明的海洋文化特征，具有独特的海洋民俗研究价值。

畲族民歌

畲族，这个善歌、乐歌的民族，在宋元时期形成，主要聚居在闽东、浙南这片灵秀之地。畲族虽有自己独特的语言，却无文字流传，于是，民歌便成为畲族历史、文化、生产、生活的重要文化载体。在旧时，畲族人鲜少能接受主流文化教育，他们便以歌代言，以歌叙事，借歌声表情达意、传递信息。那悠扬的山歌之声，无疑是畲族最为突出的传统文化表现形式。

畲族民歌的内容恰似一座丰富多彩的宝库，形式更是多种多样，历史的沧桑、风俗的独特、婚恋的甜蜜、祭祀的庄重、劳动的辛勤、技能的奇妙、伦理的规范等，皆在其中有所展现。

按题材内容划分，畲族民歌可分为叙事歌（含神话传说歌和小说歌）、杂歌、仪式歌三类。叙事歌如一部部古老的史诗，神话传说歌带着神秘的色彩，小说歌则是对长篇故事的精彩演绎。杂歌如同一个缤纷的万花筒，涵盖天文地理历史知识、劳动技能、为人处世、伦理道德以及消遣娱乐、男女情感等诸多方面。仪式歌主要有婚仪歌、祭祖歌和功德歌三种，每一种都承载着特定的意义。

按演唱民歌首数，又可分为短歌和长联歌。短歌如一朵独自绽放的小花，是平时演唱的常见形式。长联歌则似一幅宏伟的画卷，几首、数十首，甚至上百首为一个整体内容。比如，被畲族人民视为传世之宝、记述畲族源流传说的《高皇歌》，数量竟有112首之多。

畲族民歌曲调有着鲜明的畲民族风格，大致可分为山歌调和师公调两大类。山歌调犹如畲族民歌的灵魂主调，由单乐句变化反复而构成并列的上下句，组成单乐段，仿佛大自然在畲族人民心中奏响的乐章。师公调则包括念诵调和配合做功德动作的歌调，充满着神秘的仪式感。

畲族民歌一般以四言、七言体韵文为一句，四句为一首，也有少数歌词第一句为三字或五字，讲究押韵，第三句末字为仄声，尽显音韵之美。畲族民歌多用假声，演唱形式有独唱、对唱、齐唱等。那无伴奏的山歌，是畲族人最喜爱的民歌方式，宛如天籁之音在山间回荡。

总之，畲族民歌犹如一部畲民获取知识、寄托情感的百科全书，也是研究畲族语言、文学、音乐等的重要依据，价值非凡，散发着独特的魅力。

东岳观道教音乐

平阳东岳观坐落于平阳县昆阳镇寿桃山麓，是温州最古老的道教宫观。它始建于宋英宗治平三年（1066），初名"宗志观"，南宋高宗绍兴年间（1131—1162）改称"广福宫"。清光绪五年（1879），因前殿崇祀东岳大帝而改为如今的名字。现存建筑有圣门、府门、东岳殿、大罗宝殿、斗姥阁、功德堂、斋堂、客房及厢房等，大多是清代道光至光绪年间（1821—1908），由平阳知县沈茂嘉等人集资重建而成的。主殿东岳殿，气势非凡，殿前筑有醮坛，坛下左右各有一长方形水池，相传是葛洪炼丹取水的地方。

东岳观道教音乐，以"十方韵"（又称"十方板"）即"全真正韵"作为声乐部分的主体，是全真道教音乐的典型传统曲类。现存的"十方韵"曲目多达67首，除去韵曲旋律相同者，实际上有33首，分别在早课、晚课、五师供、诸真朝、焰口等仪式中奏响。在传承中，为满足斋主的需求，它还吸收了当地音乐，如佛教的《和尚板》、和剧的《洛梆子》、瓯剧的《二汉》等乐曲，都被它巧妙地融入其中。

"十方韵"是中国全真派道观唯一通用的传统仪式音乐，韵腔曲调大多属于五声音阶体系，曾经一度失传。1979年，平阳东岳观惊喜地发现了"十方韵"，于是，该观住持——马诚起道长便举办了一个"十方韵"培训班。

东岳观道教"元普度"道场仪式丰富多彩，早课、发奏、开五方、礼忏、进表、诸真朝、五师供、焰口等，其中焰口科仪更是重中之重。焰口科仪音乐丰富，除"十方韵"外，还吸收了民间音乐及地方戏曲音乐的元素。它的表演亦别具特色，踏罡、捏诀、书讳等，既有神秘的色彩，又极具观赏性。

东岳观道教音乐旋律独特，唱腔多样，以熟练的重复变奏手法，从有限的音乐词库中取出合适的词汇，以满足不同斋主对科仪的不同要求，是道教内涵向外延伸的演艺形式。在祭告神灵、祈求消灾赐福、炼度亡魂等过程中，道教音乐扮演着至关重要的角色。

传统舞蹈

非遗集

浦江板凳龙

浦江板凳龙，俗称"长灯"，在浙江省金华市浦江县的农村极为盛行，因龙身的制作材料都是木凳板，龙灯由一张张经过精心装饰的板凳串联而成，故而得名"板凳龙"或"板灯龙"。板凳龙由龙头、龙身和龙尾三部分组成。

根据《浦江县志》记载，早在宋代，浦江就已经流行起了舞龙。清代以后，灯会尤其兴盛，一般在农历正月十一，龙灯就会闪耀登场，一直持续到元宵节才散灯。不过，也有不一样的地方，像黄宅一带，龙灯会延续到正月十九，浦阳镇则是到正月二十，而九皋殿一带，到农历二月初二都还有热闹的灯会。

板凳龙的制作相当讲究，得精心挑选适合安放龙头的凳板，无节疤的新樟木是最佳之选，松木次之。龙头（灯头）的装饰精美绝伦，一般高约 2 米，长约 3 米，厚大概 5 厘米。龙身的凳板一律选用长 2.2 米、宽 10—20 厘米、厚 5—6 厘米的松木凳板。龙尾则选用长 2 米、宽厚如龙身的松木凳板。整条龙由一张张板凳紧紧相连，根据迎灯人数，可无限延长。

龙头呈现出优美的 S 形，稳稳地扎在凳板上。它由虎额、狮鼻、獠鲐嘴、鹿角、牛耳、蛇身、鹰爪、金鱼眼等组合而成，威风凛凛。龙身由若干节组成，它的单位有个特别的叫法——旗（音近字，系方言，也就是"节"的意思），俗称"子灯"。

龙头后面连接着子灯，节节相连，就变成了长长的龙身。龙身的凳板上扎制着方形、圆形或者桥形的人物或花卉框架，再糊上皮纸，绘上山水、花卉或者人物图案，还会题写各种寓意吉祥的诗句。龙尾的凳板灯面大小和子灯一样，尾部刻成鱼尾状，还凿了一个洞，专门用来扎绳索。尾巴上扎一小块红绸，叫"灯头红"。

　　浦江板凳龙的造型五花八门，种类丰富。按照龙头造型来分，有仰天龙、俯地龙、大虾龙、跷脚龙、开口龙、闭口龙、木龙等；根据灯彩造型来分，有方灯、酒坛灯、龙殿灯、托盘灯、荞麦灯、字灯、花篮灯、人物灯、动物灯等。

　　在旧时的浙江，迎灯由灯头会来组织。浦江迎灯每到一个地方，都必须正反正绕三圈，表示礼节，俗称"圈灯"。迎灯结束叫"散灯"，在散灯之前还得拉灯头，也就是让长灯后退而行，直到把灯队拉散为止。这时候，龙头的装饰物会被一抢而空，得到的人都觉得装饰物会带来好运气。散灯之后还要置办酒席，以此来庆贺迎灯。往日里彼此不和的人，就借着这个机会互相敬酒，这就叫"和面酒"。正月迎灯后，如果还需要再迎灯，就称为"兴灯"，要是遇到下雨不能出灯，就叫"留夜"，等天晴了再补上。在浦江，迎灯的出灯线路一旦确定就不能改变。每逢元宵节，或寺庙、祠堂、亭台楼阁落成，圆桥、圆路、圆谱等日期，民间都有舞龙的习俗，要么是娱神祭祖，要么是祈盼神龙保佑人间风调雨顺、五谷丰登、国泰民安。现在浦江板凳龙的表演阵式大多已经失传了。

长兴百叶龙

　　百叶龙流行于浙江省湖州市长兴县。因龙身由几百片粉红娇艳的荷花荷瓣紧密连缀而成，故而得名"百叶龙"。

　　相传，百叶龙源自湖州长兴的民间传说：很久以前，长兴县天平村有个三四亩大的荷花塘。每到夏天，塘里碧绿的荷叶盖满水面，粉红色的荷花开满整个池塘，蜻蜓、蝴蝶在塘面上飞来飞去，风景简直美到了极致。池塘边住有两户人家，一户有个儿子叫百叶，另一户有个女儿叫荷花。百叶和荷花两小无猜，一起长大。后来，由父母做主，他们喜结连理。夫妇俩男耕女织，生活得幸福美满。不久，荷花生下一个儿子，这孩子腋下竟然有龙鳞，人们都说他是龙种。有一天，孩子突然化作一条小龙腾空而去。此后，每逢干旱，小龙就会来这里耕云播雨。于是，天平村年年都是五谷丰登。村民为感激小龙，从池塘中采来荷花，制作成一条龙，取了孩子父亲的名字，称其为"百叶龙"。每逢新春佳节，村民便会舞动这条龙，赛起花灯，以此来祈求国泰民安、风调雨顺。

长兴人一般会在春节、元宵节、农历二月初二的时候舞百叶龙，有时也会在节庆或庙会时表演。长兴百叶龙表演开始时，演员手持荷花、荷叶形道具和蝴蝶灯，分开站立，边唱边舞，还穿插着各种优美的舞蹈动作，生动地表现出蝴蝶在荷叶、荷花之中尽情飞舞的场景。抓住那一瞬间，演员会将特制道具——荷叶灯化作龙头，蝴蝶灯变作龙尾，其他人则用荷花相互配合，形成龙身。一条造型瑰丽的花灯就像从魔法池中骤然跃起一般，在朵朵祥云中尽情飞舞。

奉化布龙

奉化布龙，因起源于宁波奉化而声名远扬。它是一种龙形道具，舞蹈者举着龙形道具，仿效龙的性格特征，在民间打击乐的伴奏下尽情舞蹈，俗称"滚龙灯""盘龙灯"。龙形道具起初是用稻草扎成龙形，再贴上水草或青藤，插上香，所以最初的名字叫"草灯龙"。后来，在草灯龙上覆盖青色或黄色龙衣布，渐渐地就演变成用竹篾扎龙头、龙节、龙尾，并裹以黄色或青色布的布龙。龙节的数量可多可少，有5—28节不等，每节长约2米。

舞龙活动通常从农历十二月二十开始，一直持续到次年正月十五元宵节结束。舞龙活动一般分为三个时段：第一时段是农历除夕前5天，正月初一至正月初五这5天，上灯正月十三至落灯正月十八这6天；第二时段是在庙会上作为游艺节目闪亮登场，表演的时限随观众需要而定；第三时段是在请龙、送龙、行龙会时，时间一般为 3—6 天。年前 5 天，凡是建造了新房子的主人，都要在除夕前请布龙登堂入室，象征着此房子已受到龙神的保佑，不会有灾难降临。正月初一至初五，在祠堂里舞龙，美其名曰"安宅"。元宵节前后 6 天，舞龙的地点相对灵活，可以在元宵节灯会上，也可以串乡过村表演。

奉化布龙以竹篾制成骨架，以布料做龙面、龙肚，制式分 9 节、12 节、18 节、24 节、28 节不等，舞龙时 1 人持 1 节。奉化布龙从龙颈到龙尾，用两条粗绳索（现改用细钢丝）将骨架连在一起，每节中间装有 1 根长约 130 厘米的竹棍或木棒。整条布龙盘拢起来的时候，就好似一树蜡梅花，展开时又像一道绚丽多彩的彩虹。布龙均由男子群舞，人数一般与龙的节数相当，有时配 2 个龙头手，以备中途替换。

11 节以上的多节龙，因道具比较笨重，所以动作相对简单，主要以串行、盘旋为主。9 节龙，人少道具轻，动作灵巧多变。舞龙动作有盘龙、龙翻身、龙钻尾等 24 种。要是在晚上舞动（俗称"盘夜龙灯"），龙身数十至近百盏灯火一齐绽放光明，多节龙身上下逶迤、左右曲行，翻腾激越，烁金闪银，美轮美奂。

兰溪断头龙

"断头龙"民间传统舞蹈，是在浙江省兰溪市水亭畲族乡流行的民间龙舞。相传，唐贞观年间（627—649），该地连年大旱，龙王为了使百姓免遭旱灾之苦，违背玉帝的旨意连降大雨。玉帝得知后大怒，将龙王斩为两段，使其身首分离。百姓们感念龙王的救命之恩，制作"断头龙"，在春节期间沿街迎舞，以此来表达对龙王的深切纪念。

兰溪断头龙初创时，龙头用竹篾制扎，再糊上白纸，而龙身则以稻草捆缚，用一块 1 尺宽的白布披在稻草上。20 世纪 80 年代后，龙头的制作变得无比精细，色彩艳丽夺目，龙身也改为了布制，还绘上了闪闪发光的龙鳞。

兰溪断头龙最大的特色是头身分离，整条龙由龙珠、龙头和 7 节龙身组成。龙头和龙珠可单独表演高难度的动作。每换一个阵图，龙头和龙珠便舞出一种精彩绝伦的阵式。龙头、龙珠、龙身中还可以点燃红烛。7 节龙身每节相隔 7 尺，龙长总共 50 余尺。

兰溪断头龙演出一般在每年正月初便开始，挨家挨户舞龙，一直到正月二十四或二十六散灯才结束。兰溪断头龙表演时由双元宝、金瓜棚、八仙跌等 20 多个阵式动作组成，由男子群舞。

兰溪断头龙的音乐伴奏以打击乐器为主，当场面、情节不同的时候，还会加入吹奏乐器，用以烘托欢乐、热烈的气氛。打击乐器有大堂鼓、大锣、小锣、京钹等，吹奏乐器有大小唢呐、竹笛、先锋等。

碇步龙

在浙江省温州市泰顺县仕阳镇，流传着一种独具魅力的民间艺术——泰顺碇步龙。它因在碇步齿上灵动起舞，恰似蛟龙戏浪，故而得名"碇步龙"。

碇步龙始创于清嘉庆三年（1798），距今已有 220 多年的历史。仕阳镇朝阳村的林氏族谱记载，林氏裔孙为了欢庆朝阳林氏宗祠落成，别出心裁地首创在碇步上舞龙灯。渐渐地，每年岁末，村里德高望重的老艺人便会把村民组织起来，精心挑选出10名年轻力壮的男青年，对他们进行碇步龙舞的严格训练。

碇步龙道具是用竹篾编成圆形笼子，笼外蒙上布帛，上面绘着栩栩如生的龙鳞片图案，节节相连，每节都装有便于把持的木手柄。碇步龙舞蹈从开龙门到关龙门共有60多套动作，且全部动作皆在溪水潺潺的石碇步上精彩上演。

传统的布龙通常由龙头、龙尾、龙节、龙衣四个部分构成。龙头上，竖立着一对威风凛凛的龙角，两只龙眼怒目圆睁，仿佛能洞察世间万物。龙尾则呈盘旋状，恰似美丽的海螺。龙节可扎成灯笼状，内部可以插入蜡烛，每节都装有长柄，似T形，9人各持一柄，被称为"龙脚"。龙衣是一长条形的棉布，宽两尺有余，多是鲜艳的红色或灿烂的黄色，上面绘制着细密的鱼鳞，轻轻覆盖在龙头、龙节、龙尾之上，仿佛为巨龙披上了一层华丽的战甲。碇步龙依照古代中国九州而设9节，分龙头、龙尾各一，中间7节为龙身，每节内置蜡烛或手电筒，在黑暗中闪耀着光芒。

泰顺碇步龙因受碇步的限制，故而有着特定的套路动作。主要动作有搭龙坪、龙戏珠、龙舔珠、龙咬珠、排寿字、蹲马龙等，其中蹲马龙最为精彩。龙珠、龙头、龙节、龙尾一同蹲下，紧接着同时向前蹦跳，犹如离弦之箭一般射向前方，那气势令人震撼。

在舞龙的过程中，提龙灯者被称为"师爷"，也称作"喜乐神"，必须由村里最有福气的人来担任。舞龙队赴外村巡演归来，必定设宴请"师爷"，寓意风水不外流。此外，舞龙队在演出时，必定选择"南风天"，而忌讳"北风天"。舞龙者头扎洁白的毛巾，身穿镶着红边的白色对襟上衣和绸裤，腰扎绣花腰带，白色绷腿，脚穿运动鞋，英姿飒爽。龙前有1人手持圆灯

（龙珠），引领巨龙前行。伴奏使用民族乐器，主要有鼓、钹、唢呐及胡琴，龙队则按照锣鼓的快慢节奏尽情表演。

表演碇步龙，需在一条笔直且狭窄的碇步上舞出多种精彩动作，其难度比在平地上舞龙要大得多。经过几代舞龙人的不懈探索与实践，终于找到了碇步龙舞龙的诀窍。表演者的步法由一条直线变为灵动的曲线，人与人之间巧妙地错位穿插。龙在舞动前进过程中，表演者能够自由来回交错，如此一来，10 余人动作一致，协调流畅，宛如一人，共同演绎出碇步龙的传奇魅力。

开化香火草龙

在浙江开化，有一种独具魅力的香火草龙。因那龙身是用稻草精心编制而成，且插满了点燃的棒香，故而得名"香火草龙"。其中，以苏庄镇富户村的香火草龙最为讲究、壮观，它已然成为开化人欢度中秋佳节的一项传统习俗，承载着岁月的记忆与人们的美好期盼。

根据《开化县志》记载，它起源于唐贞观年间（627—649），在元末明初达到鼎盛。据苏庄镇富户村汪氏宗谱（康熙二十八年修谱）载，元至正二十二年（1362），朱元璋与陈友谅在江西九江激烈交战，朱元璋受挫后退至浙江云台（今开化县苏庄镇）休整。恰逢中秋佳节，当地百姓杀猪宰羊、舞草龙犒劳将士。朱元璋观看香火草龙后，赞不绝口，称草龙为"神龙"，还欣然题诗一首。朱元璋登上皇位后，认为草龙是帝王的化身，准许以皇帝的銮驾陪侍草龙。此后，能工巧匠制作出鱼、虾、蚌、鳖等水族动物，增添宝扇、滚地绣球、桂花树，扎制出飞马、仙鹤、蝴蝶人物牌、吉字匾等道具，伴随草龙起舞，从此开化香火草龙仪式大为增色，大放异彩，并逐渐在全县普及开来。

舞香火草龙的活动分为三段程式。（1）起山月。中秋节这一天夜色降临时，在舞龙之前，村民们齐聚祠堂，祭祀祖先。主持者庄重训示，祠堂里摆着猪头香案接龙。两位老者点燃香火，带领众人拜天地，祭龙神，谓之"呼龙"，仿佛要将龙神迎到村庄里。礼毕，"呼龙"者领着众人高呼，唢呐声悠悠响起。之后，龙头被高举到台前，由村中德高望重者领衔，点燃龙头眼睛上的香支，这便是"点睛"。点睛之后，火铳声响彻云霄，众人手执松油火把，迅速点燃插满龙头、龙身的棒香，谁点的香火越多，来年谁家的收成就越好，日子也会越红火。香全部被点燃后，巨龙被高高擎起，表演者从祠堂里鱼贯而出，伴随着乐队的演奏声、爆竹声，以及各种华丽的銮驾，向各家门前舞去。草龙舞到各家门前，户主赶忙放鞭炮，点香拜祭。

（2）满山月。这是舞龙的高潮时刻。天上月亮正圆，群众称龙跃田野为"满山月"。此时，草龙必须在刚收割的稻田中舞动，田踏得越烂，来年谷物产量就越高。香火草龙飞奔狂舞，上下翻腾。舞龙阵式更是丰富多彩，有蟠龙昂首、龙身入肚、九曲弯身、头翅尾扣等。闪烁的香火龙，被忽前忽后的仙班、水族紧紧拥簇着，飘飘欲仙，令人赞叹。

（3）落山月。这是舞龙的尾声，送草龙回归大海。此时，小溪两旁聚满人群，在河边点燃一排松明灯，那璀璨的光芒仿佛在为草龙照亮回归大海的路。众人将火龙送入水中，好似龙回归大海，期盼它来年能游回来降雨，润泽这片土地。

坎门花龙

在浙江省台州玉环市的坎门镇，流传着一种独具魅力的汉族民间舞蹈——坎门花龙。它以手执道具在广场上穿行舞蹈的形式，尽情展现着海岛渔乡那特有的地域风情文化，民众亲切地称其为"滚龙"或"弄龙"。坎门花龙，以线势舒展和律动有致而见长，尤以花龙绕柱为其精髓所在。

相传，坎门花龙起源于明嘉靖年间（1522—1566），伴随着人口的迁徙，它悄然传入了玉环。起初，这花龙只是一种悬挂着供人观赏的灯。后来，人们给它安上了手柄，于是它摇身一变，成了走村串寨的游龙。至于舞龙的由来，当地流传着这样一个故事：早先，渔乡附近有一伙海盗结寨为营，他们横行霸道，鱼肉乡民。每年元宵节，可怜的乡民必须为营寨送去花灯。于是，有位勇敢的人提议，以灯为龙，增加龙节，延长龙身，在各龙节中暗藏刀枪兵器。乡民们行走舞动并配上锣鼓器乐，借机进入营寨，一举端掉了贼窝。自此，舞龙的习俗便流传至今，成为渔乡人民勇敢和智慧的象征。

坎门花龙滚舞表演的道具主要有龙头、龙尾、龙节、龙珠、龙布。灯具以竹篾精心扎制，覆上布帛，并绘以绚丽的彩绘，形态栩栩如生。

坎门花龙的扎制、祭拜及巡游活动，有一套严谨的仪式和程式。一般以本宗村庙为组织单位，由船主、渔船股东和当年组建龙队的头家牵头集资置办。资金来源或是从庙产及香火钱中抽取，或是向各家各户摊派。择腊月吉日，开始扎制龙头、龙尾（各龙节可经年续用）。花龙灯具扎制完成后，再择黄道吉日，将其迎至村庙。村庙里摆上香案，供上五牲，祀上福果，请赞龙师唱起

"请龙词"，杀公鸡取血为花龙点睛，称为"开眼"或"起档"。

滚龙活动通常在正月初一之后举行。凡海滩渔场、村庙、晒场、天井等开阔处，均可成为花龙舞动的舞台。龙头表演基本动作有举、甩、扑、腾、转、跳等；龙尾表演基本动作有蹲、蹦、逗、引、串等；龙节表演动作则随势而行，以盘、游、翻、钻、串为主。传统表演套路有大开门、小开门、跳三档、穿针、打半回等。表演时，随着气氛的高涨，龙头高昂或侧俯，龙尾蹲跳或腾甩，时而逶迤走串，时而悠然邀游，豪放奔突、热烈洒脱。间或响起火爆热烈、气势磅礴的锣鼓、唢呐，营造出热烈欢快的气氛，场面壮观、气势恢宏，具有极强的艺术感染力。

元宵节接龙，更是将活动推向高潮。花龙到达接龙人家前，有一人先行"放帖"，各家备茶点、时果，焚香点烛于中堂。花龙到达后，由提"令"字灯的赞龙师唱赞颂词，接龙人家为龙头系上红布条，将原先系在龙头上的红布解下，贴钉在自家门梢上。舞龙队"收帖"后，便尽情地舞龙一场，为人们带来无尽的欢乐和祝福。正月十八晚上，举行化龙仪式。龙灯队在街巷村路巡游后，将龙头、龙尾放置于村庙正向尊位处，供奉五牲福礼，以唱颂礼赞。然后，人们将其送至海滩，祭化龙神，送龙归海，祈求来年的平安和丰收。

坎门花龙滚舞表演以花龙绕柱的壮阔场面和大幅度腾跳动作为特色。别具一格的花龙绕柱表演，在龙头带领下，8段龙节和龙尾，在数十根庙廊柱子间穿插旋绕，首尾相顾，交叉迂回，进退有序，左腾右挪，柱柱盘绕而线路不乱，井然有序而又壮观无比。花龙绕柱表演一般在海滩渔场、村庙、人家天井进行。花龙绕柱按传统习惯，须东进西出，再西进东出，仿佛在演绎一场神秘的舞蹈，让人叹为观止。

黄沙狮子

黄沙狮子，又名"上桌狮子"，其名因起源于浙江省临海市黄沙洋地区而得。这是一种将临海民间武艺与传统舞狮表演完美融合的传统舞蹈。

相传在北宋庆历至皇祐年间（1041—1054），临海白水洋镇黄沙洋杨岙村有一位声名远扬的拳师——杨显枪。他精通拳术武艺，更有着一副令人惊叹的舞狮好身手。在黄沙洋琳山九间洞，他开设了武会馆，广招弟子，成立了狮子会。他不仅传授弟子们舞狮技艺和高强武艺，还别出心裁地创设了狮子跳桌的功夫。9张桌子层层堆叠，在高达3丈2尺4寸（约10.8米）的高处，四脚朝天的桌脚上，狮子尽情展现着跨步、倒立旋转、凌空翻飞等一系列高难度、高技巧的动作。这种武艺与舞狮活动相结合的上桌狮子，一登场就深深俘获了当地人民的心，随后在黄沙洋一带广泛流传开来。

黄沙狮子分为狮头、狮皮、狮衣、狮裤、狮爪、狮球几个部分。狮头主要以竹篾和木头为骨架，再粘贴上纸、蓝色或红色的布，最后绘上彩色图案。狮皮、狮衣、狮裤、狮爪的主要材料是布，再系上苎麻作为狮毛。狮球则采用空纸球裱糊、着色再绘上彩图，然后用绸条绑在托架上。

传统黄沙狮子的表演道具是边长1米、高1米的八仙桌，一层层叠加上去，最高可达9层。伴奏乐器有：扁圆形的双面皮鼓、小铜锣、钹、长喇叭、镗锣、大锣、小云锣等。乐队一般由5个人组成。

黄沙狮子表演中，耍球人是舞狮表演的指挥者，起着逗狮引导、控制节奏、调节气氛等作用。耍球人有操花球、耍肩球、溜球等基本动作，引领着狮子在舞台上尽情舞动。

狮子表达情感的神态有喜、怒、惊、疑、醉、醒等。舞狮的基本步型有马步、弓箭步、跪步、立步、抢步、跳步等；基本动作有礼拜、站立、蹲坐、舔、吃、抖毛、嬉戏、叼球、甩球、跳跃、滚翻、旋转、摇头、绞子等。其中，绞子即狮子随着彩球舞动和溜球，上蹿下扑，并不时将狮子头转至尾巴的左右侧寻找彩球，那灵动的模样让人忍俊不禁。上桌表演的基本动作有上桌跳跃、穿越"山洞"、倒挂寻球等。

黄沙狮子通常在祭神、拜年或喜庆节日、向新郎贺喜（跳郎）、生日、送子、联姻时演出。黄沙狮子表演队每到一地，都会选择空旷场地，用锣鼓演奏来吸引观众。为了有充分的表演场地，队员需要先进行扫场。扫场包括舞钢叉、拳术、棍棒表演。扫场之后，黄沙狮子还需要进行叠罗汉、骑人长、多人跳桌表演，这三项表演结束之后，才是正式的狮子上桌表演。狮子上桌表演，先是跳桌、翻桌，从地面一层层翻至梯形相叠的四张桌子上，做过堂、拍桌、叠罗汉等动作。然后将四五张八仙桌叠上，再在第九张桌子的四只脚上跨步移动，脱鞋脱袜，表演凌空跳跃、左右翻飞等动作。整个过程惊险万分，精彩绝伦，刺激无比，深受人们的喜爱。

余杭滚灯

余杭滚灯，是一种将技巧与力量完美融合，把舞蹈、杂技奇妙汇聚于一身的汉族民间舞蹈。其主要道具是一个由竹片精心编制而成的大型圆球，在这竹编圆球的中心，悬挂着一个小巧玲珑的竹编球，小球之中再安放一盏灯烛。当它舞动起来，向前滚动时，灯光摇曳闪烁，故而得名"滚灯"。又因它诞生于浙江省杭州市余杭地区，所以也被称为"余杭滚灯"。

余杭滚灯历史悠久，大约起源于南宋时期，至今已有800多年历史。关于余杭滚灯的来历，众说纷纭，主流说法有三种：其一，是为了强身健体以对抗凶悍的海盗；其二，源于神秘古老的傩舞；其三，源自热闹非凡的庙会。

余杭滚灯主要以坚韧的毛竹为制作材料，再佐以捆扎的麻绳等，是纯手工打造的艺术珍品。其制作工艺极为复杂，有选竹、锯竹、剖竹、劈篾、刮篾、编扎、固定、校圆等十余道工序。

余杭滚灯分为大、中、小三种不同的规格。大型滚灯直径约115厘米，中型滚灯直径约80厘米，小型滚灯直径约40厘米。大型滚灯内部置有一个直径约50厘米的竹编小球，悬空而挂，内燃蜡烛。小球表面若用红色绸布包裹，便称为"红心灯"；若用黑色绸布包裹，则称为"黑心灯"。滚灯舞动时，大小球不相撞，灯中的烛火也绝不倾灭。夜间表演时，烛光随着滚灯的旋转而闪烁，恰似夜空中的繁星，美不胜收。红心灯较为轻盈，故而又称"文灯"；黑心灯由于灯中间要挂一个铁锤，所以重量较重，每只重达百斤，那沉重的分量唯有身强力壮且具有一定武术功底的男性才能舞动，因此又称"武灯"。

滚灯既可以个人单练，展现个人的风采，也可以大、中、小滚灯结合，集体表演，气势恢宏。传统的滚灯表演由9套27个动作组成，基本动作有：白鹤生蛋、蜘蛛吐丝、胡蜂叮人、左右虎跳、乌鸦扑水、王祥卧冰、纯阳拔剑、浪里白条、金鸡独立、鲤鱼卷草、金猴戏桃、鹧鸪冲天、荷花争放等。滚灯表演要按一定的程序进行，但是结尾必须是开荷花。其中，白鹤生蛋、蜘蛛吐丝的难度最大，挑战表演者的极限。男子表演一般用一盏红心大滚灯，表演时人换灯不换，并伴以激昂的锣鼓。

女子版滚灯一般采用小滚灯，一人一手提一个滚灯，如一群美丽的蝴蝶翩翩起舞。

旧时，余杭滚灯表演的伴奏音乐以锣鼓打击乐为主，令人热血沸腾。现代还加入了吹打和丝竹乐，能更好地体现江南民间音乐的特色，为滚灯表演增添了一抹温婉与细腻的色彩。

青田鱼灯舞

青田鱼灯舞，是浙江省丽水市青田县独树一帜、以鱼灯为道具的民间舞蹈。青田鱼灯舞大约在元朝末年正式绽放光芒，明代开始广泛流传。

相传，青田县南田镇有一位传奇人物刘基。为了抵御方国珍残部的凶狠打击报复，同时也为了提防朝廷无端给他安上谋反的罪名，他将军事十大阵图巧妙地融入鱼灯舞之中。从此，鱼灯舞不再仅仅是一种舞蹈，更是一场神秘的军事演练。在刘基的精心指点下，鱼灯舞加入了鱼、虾的特征动作，灯数不断增加，鱼灯舞的类型也越发丰富。

青田鱼灯舞的道具，是依照江河溪涧中的淡水鱼形象精心制作的，美轮美奂。表演时，伴随着锣鼓等激昂的打击乐，以长柄"红珠"豪迈领队，每人手中高举一盏鱼灯，走各种奇妙阵图，生动地表演着各种鱼类在水中的悠然生活。每逢喜庆节令，鱼灯舞过之处，锣鼓喧天，灯火辉煌，鱼腾人跃，热闹非凡。青田人通过春节、元宵节期间悬挂鱼灯、舞鱼灯等充满民俗风情的活动，传递着他们的美好愿望。

青田鱼灯舞队人数各异，分单珠和双珠领队两种。单珠领队人数为奇数，一般为 15—21 人，双珠领队人数为偶数，一般为

16—22 人。鱼灯队的组织形式有三种：第一种是以宗族祠堂为单位组织灯队；第二种以某个庙宇为主，由当地村主任或虔诚的佛教信徒组建灯队；第三种以村为单位。不论以哪种形式组织的鱼灯队，均以"地名（村名）＋鱼灯"称之，而在青田县外，它们则有一个共同的响亮名字——"青田鱼灯"。

传统青田鱼灯舞活动，一般从农历正月初二"起灯"开始至正月十五元宵节"残灯"（如今已不再进行"残灯"）结束。起灯象征着明亮吉祥，残灯指烧毁鱼灯舞道具或撕破鱼灯皮，以防止来年"鱼成精祸害百姓"。

舞鱼灯之前，要先发"鱼灯帖"，交代好表演地点及"鱼灯歇"（灯队休息的地方）等重要事项。鱼灯队进村后，在受帖者的院门口或院中表演。若遇到"大屋"（较大的房子），鱼灯队将舞至天井或中堂，向主人家拜年，再滚舞几个阵图。受帖者需要给灯队赠送红包表示感谢。按照习俗，鱼灯队需要"遇庙参庙，逢殿拜殿"，各盏鱼灯要叩头拜佛，以表敬意。

表演者类似戏曲中的武士，做包头巾、系腰带、扣护腕、打包腿等打扮。大锣、大鼓、大钹、小锣等打击乐器为鱼灯舞伴奏，演奏时乐音低沉、雄厚、稳健，声如闷雷，响传数里，颇有军队"擂鼓进军，鸣金收兵"的豪迈音乐效果。鱼灯中鱼的排序更是别具一格：长柄大红珠后是龙头鱼身的红鲤鱼 2 条，形体最大，称"头鱼"，是全队的"鱼王"；其后 2 条鲤鱼称"二鱼"；接着是鲲鱼、鲢鱼、草鱼、鲫鱼、田鱼、塘鱼、青龙鱼、虾、河豚等。

青田鱼灯舞表演时，舞蹈动作较为简单，主要是模拟淡水鱼的情态，鱼灯舞蹈动作追求"操灯要活，起伏要大，跳跃要高，速度要快"。主要动作有：握灯、鲤鱼泛白、高跃、两鱼相交、虾豚相嬉。青田鱼灯舞表演时，曲调悠扬悦耳，风格热烈朴素，舞蹈动作活泼生动、粗犷奔放，具有较强的军事操练特色，仿佛一场古老的战争与艺术的完美融合。

十八蝴蝶

十八蝴蝶源于浙江永康，是由 18 名身背蝴蝶道具扮演蝴蝶的少女和 6 名扮演花神的少女组成的群舞。它通过唤春、恋春、闹春 3 个舞蹈情节，生动地展现百花齐放、彩蝶纷飞的春天景象。

它的源头，可追溯至为纪念宋代永康名臣胡则（俗称"胡公"）而举行的民间娱神活动——方岩庙会。方岩庙会，又称"方岩胡公庙会"，其历史可追溯至宋代，自明清以来便长盛不衰。每年农历八月初一至九月初九重阳节，在永康方岩山上都会举行盛大庙会。彼时，永康各地的罗汉班和民间文艺表演队，扛着用樟木雕制的胡公神龛，敲锣打鼓，浩浩荡荡地前往方岩，朝拜"胡公大帝"，虔诚地祈求风调雨顺、消灾纳福、平安健康。罗汉班表演刀、枪、棍、棒、拳、杂技等民间武术，民间文艺表演队则常带来《讨饭莲花》《敕字莲花》《三十六行》《十八鲤鱼》《十八蚌壳》等丰富多彩的节目。而十八蝴蝶，正是从这些热闹非凡的庙会表演中"破茧"而出的璀璨的民间舞蹈。

十八蝴蝶中的"蝴蝶"道具，需用生长 3—4 年的竹篾精心制成骨架，再用细腻的绢纱缝制，并彩绘上绚丽的蝶身、蝶翅和翅裙。两边的竹篾各长 3.5 米、宽 1 厘米、厚约 0.5 厘米，连成大小蝶翅。大翅周长 190 厘米，小翅周长 120 厘米，呈椭圆形。蝶身高 47 厘米，宽 13 厘米。表演时，演员身背"蝴蝶"，将蝶翅用橡皮筋套在肩膀上，随着队形的变化，做出大飞、小飞、侧飞、翻飞等令人惊叹的动作，仿佛一群真正的蝴蝶在花丛中翩翩起舞。

"花神"演员的道具则为用竹篾制作的 2 个花环以及 1 把大花伞。花环长 2 米、宽 1.5 厘米、厚 0.5 厘米，在竹条上缠绕五彩绢花。花环一头并排插于小皮套中，小皮套缚在"花神"背后的腰间。表演时，"花神"将 2 个花环的一头捏在两手中，边走边上下舞动，犹如花仙子在花丛中轻盈漫步。大花伞直径 120 厘米，伞骨上也缀满五彩绢花，舞蹈进入高潮时，大花伞如一朵盛开的鲜花般徐徐打开。

十八蝴蝶的表演队形，初创时较为简单，以舞动"蝶翅"来回走阵为主。后来经过几代文化工作者的不断改革与创新，队形变化趋于丰富，表演动作增加了蝶飞、蝶扑等。如今，整个舞蹈队形由序幕、唤春（春归大地）、嬉春（蝶恋花丛）、闹春（彩蝶飞舞）及尾声 5 个部分组成。"蝴蝶"的基本舞蹈动作有：准备起飞、大飞、小飞、侧飞、翻身、高低飞、对飞。"花神"的基本舞蹈动作有：挑手、云步、盘坐。每一个动作都充满了艺术的魅力。

十八蝴蝶的音乐，初创时主要采用当时流行的民间小调，后来随着舞蹈的改革创新，它的舞曲也日益丰富，为这支美丽的舞蹈增添了更多的魅力与活力。

大奏鼓

大奏鼓是流传于浙江省温岭市石塘镇箬山一带渔区的民间舞蹈，它是一场转动大鼓、边奏边舞、亦歌亦舞的民俗歌舞盛宴，充满了独特的魅力。其动作粗犷中带着滑稽。舞者男扮女装，头戴羊角状发簪，耳上挂着的特大耳环随着舞动轻轻摇曳；赤着脚，套着脚环，每一处细节都彰显出浓郁的地方特色。

　　大奏鼓最初与妈祖文化以及社火活动紧密相连。每年农历正月十五，箬山一带的渔区都会举行盛大的祭祀妈祖、庆祝丰收的活动。箬山闽南人后裔扛着台阁、跳着大奏鼓，从天后宫出发，沿着渔村热热闹闹地游走过节。游行队伍中的大奏鼓舞队，队员们男扮女装，穿着渔婆装饰的衣服，打扮成乞丐、跛脚、孕妇等，其夸张的舞步、奇特的装扮、搞怪的动作和诙谐的表情，逗得围观人群哈哈大笑。游行途中歇息时，队员们还会扮演"落地故事"，也就是充满生活气息的日常生活故事，唱"流徙传"，那悠扬的歌声仿佛在诉说古老的传说。大奏鼓的演出阵容可大可小，多则数十人，少则六七人。队员有神秘的职业道士、身怀绝技的民间艺人和质朴的渔民。

　　大奏鼓演出时，每个舞者手持一种乐器，乐器主要有：大鼓、木鱼、铜钟锣、唢呐、大小钹、大小镲锣。阵容强大的演出，还有两副碰铃等。大奏鼓音乐以打击乐为主，配以唢呐吹奏旋律。鼓，无疑是大奏鼓乐队的灵魂，引领着其他乐器和表演，舞步节奏的快慢、强弱，均随"转鼓"而变。木鱼演奏者需要随自身位置的变化，主动与其他演员进行眼神交流，那顾盼有神的模样，再配以灵动的动作，仿佛在诉说无声的故事。大小钹通常用来烘托气氛，渲染渔民的喜乐心情。铜钟锣则为音乐增添了一份美感。大镲锣音色柔和、浑厚，余音很长。小镲锣音色明亮、清脆。

　　大奏鼓基本鼓调为平鼓和转鼓。起初，音乐旋律简单，无曲谱，仅靠师徒口耳相传。后来经过发掘整理，大奏鼓传统演奏曲谱可分为大典鼓（唢呐主旋律）、大奏鼓（唢呐旋律）、大转鼓（鼓节奏）三种。

　　温岭大奏鼓表演者均是男性，但男扮女装，演员脸部化重彩妆，用浓厚的白粉打底，双颊涂一大片红色油彩，类似戏剧中的丑角，头戴羊角帽，身穿斜襟衣。

大奏鼓表演动作粗犷而诙谐，基本动作为四方步、扭腰打胯、摆动头颈。表演时，眼神要配合手脚，边敲响乐器边跳舞步。队形根据场地的变化而变化。

温岭大奏鼓与道教文化有关。大奏鼓所用乐器，与福建道士所用乐器相同。大奏鼓舞步与道士施法的"禹步"（即"步罡踏斗"）十分相似。此外，大奏鼓还常常引入戏曲唱腔。

藤牌舞

藤牌舞又称"盾牌舞"，流行于浙江温州瑞安地区。它是一种由民族武术发展而来，以藤牌为主要道具的传统舞蹈，也是武和舞相融合的古代武舞的珍贵存续。

在中国古代，盾是冷兵器中的防御武器。明嘉靖年间（1522—1566），戚继光用藤牌替代沉重的盾牌、皮牌抗倭，取得胜利。自此，一套充满活力的藤牌操练舞应运而生，这便是藤牌舞的原型。

到了清代，军队中仍以藤牌作为重要的防御武器。清乾隆年间（1736—1795），温州镇水陆总兵詹殿擢继承并创新藤牌艺术，使藤牌出操场面更加威武雄壮。然而，清末之际，洋枪大炮进入中国，冷兵器时代缓缓落下帷幕。但瑞安百姓对藤牌操练却情有独钟，于是，瑞安籍清兵、团勇把藤牌操练稍加整理，巧妙地组织成精彩节目，在春节、清明庙会时为当地百姓表演，以纪念戚继光，同时也为了驱邪保太平。此后，藤牌舞从庙会表演逐渐转向为大户人家表演，流传范围逐渐扩大。

藤牌原来采用福建深山大藤为骨，以藤篾条依藤缠连，如今则改用竹篾扎成直径约 100 厘米的竹牌，中间有一个小巧的瞭望孔，牌面画虎头，牌背面有一小藤圈和握手柄。狮子牌的制作材料和藤牌一样，直径约 110 厘米，牌面绘着狮头，背面有两个握手柄，牌上方有两把锋利的尖刀，既可防御，又可杀敌。

现在藤牌舞表演的是花牌，由 36 个充满阳刚之气的男子共同演绎。整个舞蹈分为教练练兵、夜间偷营、庆功唐牌等三个场次。表演时，既有如舞狮子牌和舞大旗之类的独舞，又有如宁波对、双刀战藤牌、双锤抛叉等对打的双人表演，还有如矮子步、庆功唐牌之类的群舞。

藤牌舞的每组动作都蕴含特定的意图，动作繁多且复杂，突出表现为"矮、滚、实、劲、圆、活"6 个字。整个舞蹈在雄浑激昂的打击乐、吹奏乐的伴奏下，更显气势磅礴。主要乐器有大鼓、锣、大钹、长号、唢呐等，主要曲牌为"将军令"和"得胜令"，曲子雄浑激昂，渲染古代战场气氛。舞蹈服装模仿明军，大旗上写有斗大的"戚"字，仿佛在向世人诉说那段波澜壮阔的历史。

淳安竹马

淳安竹马，俗称"跳竹马"，是流传于浙江淳安一带、富有地方特色的一种歌舞形式。据 1990 年的《淳安县志》记载，它应该起源于宋末，是浙江省最具代表性的民间竹马舞。而清光绪时期的《淳安县志》又为我们揭开了它的另一层神秘面纱。相传其来历与明太祖朱元璋有关。相传朱元璋在淳安屯兵，遗下一匹战马。战马因思念主人，日夜在山岗上嘶叫，村民遍寻不得，只觉得是"神马作祟"。为了祈求地方平安，村民们便精心糊制纸竹马，让孩童骑上，走村串户，边跳边索讨"常例钱"，而后买来香纸，与竹马一同焚化，以此来超度战马亡魂。这便是淳安竹马的原型。

淳安竹马通常在春节、元宵节、"二月二"、"三月三"、端午节、中秋节、重阳节等民间传统节日和重大节庆活动时演出。竹马道具分为马头和马臀两节，马壳以竹为原材料，每匹竹马还配备一条马鞭。旧时，是用彩纸糊马壳，如今通常用彩布作马套。马头上有鬃毛、须毛、马耳和一双铜铃似的大眼睛，颈下悬挂着马铃；马臀上有长尾巴。竹马的大小长短各异，全依表演者的身材确定。

传统的淳安竹马表演，常以三男二女或二男三女的组合形式呈现，表演者皆做古装戏剧人物打扮。一个竹马班通常由红、黄、绿、白、黑五马组成（有时也有六马，增添一花马）。头马是红马，由须生扮跳，沉着稳健；二马是黄马，由青衣扮跳，冷静庄重；三马是绿马，由小生扮跳，婀娜多姿；四马是白马，由花旦扮跳，轻盈灵动；五马是黑马，由小丑扮跳，彪悍勇猛。

五人扮成戏曲人物模样，将竹马捆扎在腰部前后，恰似骑马之姿。表演者左手紧紧抓住马颈，右手执马鞭，突出一个"跳"字。基本步法有：快步圆场、直行、跳跃、侧身搓步、马步倒退、两蹄及前踢腿等。淳安竹马的队形和阵式更是多种多样，有三马花、梅花阵、双马齐跃、马失前蹄、扬鞭催马、五马绕柱等，少则数十阵，多则108阵，令人目不暇接。

淳安竹马，旧时与"三脚戏"同为一个乐队，故而常以戏剧锣鼓伴奏。竹马舞的吹拉乐曲固定为《十二月花名》曲。淳安竹马的表演较为粗犷，打击乐的伴奏必不可少。常用的乐器有：单皮鼓、堂鼓、小锣、苏钹、苏锣和先锋、笛子、唢呐、二胡等。

传统戏剧

非遗集

昆曲

永嘉昆曲，还有个亲切的名字——温州昆曲，因温州古为永嘉郡而得名，人们亲切地称它为"永昆"。它直接受益于古老的南戏。苏州昆剧传入温州后，在当地独特的方言语音、热闹非凡的民间戏曲、别具韵味的风土人情等诸多因素的长期滋养下，逐渐形成了独树一帜的风格。永昆与北昆、湘昆、上昆等一样声名远扬，在浙江温州、台州以及福建北部等地盛行。

昆曲大约于明嘉靖年间（1522—1566）从苏州悄然传至温州。到了明万历年间（1573—1620），它逐渐兴盛繁荣起来。永昆在清初至乾隆年间（1736—1795）迎来了它的辉煌时期，可嘉庆年间（1796—1820）却陷入了沉寂。不过，它又在同治（1862—1874）至光绪年间（1875—1908）奇迹般地中兴。

永嘉昆曲有一个至关重要的艺术特色，那就是它所使用的温州腔，宛如天籁之音，带着当地独特的韵味。它的文辞华丽典雅，恰似精美的锦缎；曲调清俊婉转，就像山间清澈的溪流。永昆的乐队伴奏还有文堂、武堂之分：文堂乐器有竹笛、鼓板、二胡、三弦、大唢呐、小唢呐（海笛）、长号（先锋）；武堂乐器一般有单皮鼓、堂鼓、拍板、抱月（可代鼓板）、梆子（可代拍板）、大锣、铰锣、小锣、小钹、云锣等。

永嘉昆曲的角色行当分为白脸门、花脸门和包头门三大门。

正生、小生、外、末这些角色就像儒雅的君子，属于白脸门。而花脸门中的大花脸、二花脸、小花脸、四花脸等，就像性格各异的英雄豪杰。正旦、老旦、小旦、贴旦等则似一群温婉美丽的佳人，属于包头门。

永嘉昆曲有 120 多个剧目，其中包括宋元南戏《琵琶记》《荆钗记》《白兔记》等，明清传奇《玉簪记》《绣襦记》《十五贯》等，永昆的独有剧目《结网记》《惠中冤》《孽随身》《花鞋记》《熊虎报》等，新编剧目《飞龙传》《百花公主》《浮沉记》《斩窦娥》《嘉富村琐事》等。

西安高腔

西安高腔，也就是衢州高腔，这名字因衢州旧时称作"西安"而来。它诞生于明末清初，在南戏四大声腔中的弋阳腔与昆山腔流入衢州之后，落地生根。它与当地的歌舞小戏、民间音乐及方言俗语相互交融，最终形成了一个独具魅力的新声腔剧种。它和侯阳高腔、松阳高腔、西吴高腔、新昌调腔等，共同构成了"浙江八大高腔"这一璀璨的艺术星河。西安高腔在明末清初之时，就已经兴盛起来，到道光之前，更是达到了辉煌的顶峰。然而，随着昆腔、乱弹如汹涌浪潮般兴起，西安高腔就像一艘在波涛中航行的古船，日趋衰落。

在西安高腔发展的历史长河中，弋阳腔对它的影响较为深刻。弋阳与衢州比邻，两地之间交通畅达，它们的语言、风俗、百姓气质等都很相似，而且很早便有贸易往来的热闹景象和移民迁入的生活画卷。在这样的交融中，弋阳腔传入衢州，带来了精彩的剧目、悠扬的曲牌、独特的人声帮腔、和谐的伴奏等丰富的元素，并在这片土地上进一步衍化，诞生出一种新腔。它起初被称作"弋阳调"，后来才改名为"西安高腔"。

西安高腔的成长，也深深印刻着昆山腔的痕迹。昆剧很早便传入衢州。据李渔创作的《连城璧》之《谭楚玉戏里传情，刘藐姑曲终死节》一节，在明中叶，衢州府西安县就已经有昆剧演出了。还有硕园本《还魂记》的序提到，明万历年间（1573—1620），衢州昆剧作家徐日曦改编了汤显祖的《牡丹亭》，世称"硕园本"。西安高腔不仅像一个好学的学子，移植了许多昆曲剧目，而且在唱腔方面，也吸收了昆剧的成分。比如曲牌的引子和尾声，都带着浓郁的昆腔或吹腔味道，有的引子更是直接被称作"昆引"。在音乐伴奏方面，西安高腔也加入了昆笛等管弦乐器，让整个音乐更加丰富多彩。

余姚与新昌调腔也影响着西安高腔。现存调腔剧目《玉簪记·秋江》《青冢记·出塞》《黄金印·唐二别妻》和《葵花记》全本所唱牌子，与西安高腔《槐荫记》的某些牌子就像失散多年的孪生兄弟，极为相似。调腔在明中叶盛行之时，在包括衢州在内的浙东南一带精彩演出，无疑在西安高腔的发展之路上留下了深深的足迹。

西安高腔在诞生之初，是单声腔剧种，徒歌干唱，以鼓为节，没有管弦相伴，就像古老的歌谣，是"一人启口，数人接腔"的纯粹形式，仅靠锣鼓开场，没有丝竹那细腻的伴奏。后来，在昆曲及调腔的影响下，它的唱腔变得更加丰富多样，时而像灵动的溪流"加滚"，时而像自由的飞鸟散唱，还有"八平高腔四平调"之说。它的腔门低回流丽，表现出与其他高腔截然不同的韵味。西安高腔的唱腔"大吼大叫"，那声音就像旷野中的雷鸣，震撼人心；表演"大蹦大跳"，充满了活力与激情；舞美"大红大绿"，色彩鲜明；乐器"大鼓大号"，气势磅礴，带着浓厚的乡土气息。它的剧目、行头、唱法、行当体制、演出程序等，都保留了古南戏原汁原味的风貌。

西安高腔的伴奏乐器主要有：大鼓、板鼓、扁鼓，它们就像乐队里的鼓手，敲响有力的节奏；拍板、梆子，如同指挥家手中的指挥棒，掌控着节奏的韵律；大小钹、大小锣，碰撞出璀璨的音乐火花；曲笛、乱弹胡、钱胡、二胡、月琴、琵琶、吉子（高音唢呐）、梨花（中音唢呐）等，它们交织在一起，演奏出一曲曲动人的乐章。

西安高腔的角色行当大多承袭了南戏的规模体制，分为白面（又称 "白脸堂"，老生、小生、老外、副末就像家族中的长辈和年轻才俊）、花面（又称 "花脸堂"，净、副净、副、丑像是性格各异的传奇人物）和包头（又称 "旦堂"，老旦、花旦、正旦、作旦、贴旦、小旦、武小旦宛如一群美丽的下凡仙女）等，每个角色都在舞台上演绎着精彩的故事。

西安高腔的曲词就像通俗易懂的民间故事，剧情生动得如同画卷，刻画细腻。它的主要剧目有《合珍珠》《大香山》《白蛇记》《醉幽州》《鲤鱼记》《芦花絮》《三元坊》《白猴记》等，每一个剧目都是一座艺术宝藏，等待着人们去挖掘和欣赏。

松阳高腔

松阳高腔，是一个历史源远流长、独具韵味且自成格局的单声腔剧种。相传，它是由唐代道教法师、松阳人叶法善传承而来的，以家族传承为脉络，在共相率唱的热闹氛围中，在村俗戏文的滋养下，沿袭着古南戏珍贵的传统，将古老的艺术火种代代相传。

元末明初和清乾隆至道光年间（1736—1850），松阳高腔两次迎来了兴盛的辉煌时刻。即便在岁月的变迁中，它在清同治至光绪年间（1862—1908）也仍一度中兴，展现出顽强的生命力。松阳高腔班的演出，以松阳、丽水、云和、宣平、遂昌、龙泉等地为中心舞台，其魅力如光芒般辐射开来，主要流行于丽水、金华、衢州、温州等地。它的足迹更是遍布四方，曾一路北上，在杭州留下精彩的演出；东至沿海地区，南到福建，西到江西以及安徽等地，所到之处，皆为观众带来一场场震撼心灵的视听享受。历代班社艺人，大多分布在松阳玉岩、西屏、古市、谢村、竹源、枫坪、新处等乡村，他们是松阳高腔的传承者和传播者。

松阳高腔的音乐结构，属曲牌连缀体。每一出戏由数支精美的曲牌连缀而成，有着特定的套路。早期的松阳高腔，仅以锣鼓为伴奏，自清中叶起，加入了丝竹伴奏，变得更加丰富多彩。松阳高腔唱腔中的词格，是长短句式的南北曲体，少数为七言字句等对仗的词格，其中还有许多衬字词，让整个唱腔更加华丽生动。曲牌音乐以腔句为单位，腔句后衬以小锣助节的丝竹伴奏。生、旦的唱腔，多以丝竹伴奏，那丝竹之声如潺潺流水；花脸的唱腔则多以唢呐伴奏，像狂风暴雨，气势磅礴。个别由花脸和生角演唱的曲牌，在激昂、紧张的场面中，那大锣的衬配，就像雷鸣闪电，为整个表演增添了强烈的戏剧氛围。

据老艺人回忆，松阳高腔唱腔曲牌原有 120 余支，经挖掘整理，多数传承至今。现有曲牌形式多样，有散唱的引子、尾声，有带散拍的曲牌，也有上板或曲中夹滚唱的曲牌。

早期，松阳高腔的表演角色种类较少。元末明初后，它逐渐发展，分为生、旦、净、丑、外、末、贴七种角色。清代后，又从生、旦、末中派生出小生、老旦、小角，如今已拥有十种角色。各角色也可扮演（兼）其他角色，称为"反串"。演员的唱，要求中气充沛、字正腔圆，帮唱要求整齐响亮。演员的念，用经艺术提炼的松阳官腔，近似朗诵体，富有节奏变化和音乐感。

松阳高腔的各种角色表演有不同的程序，演员的武打重于"把子功"与"武打文做"，近似民间舞蹈。松阳高腔的演出还有一大特色，那就是形式多样、品种繁多、造型别致的表演面具，这是它区别于其他高腔或声腔剧种的独特标志。神仙道化戏大都使用面具，分为全面具（如牛头、马面、弥勒佛等，像从神话世界中走出来的神秘使者）、半面具（如加官、财神、四大金刚等，带着神秘而庄重的气息）、上半面具（如土地公、龙、鸡等，充满了民间的质朴与神奇）。在表演上，还采用道教表演动作，如捏决、点罡步等，仿佛将观众带入了一个神秘莫测的道教仙境。

松阳高腔常用小工调和乙字调两种形式演唱，表演古朴原始，并有汉代傩舞的遗迹。松阳高腔剧目丰富，正本大戏有 30 部 39 本，小戏 6 个，其中《耕历山》《夫人戏》是松阳高腔独有的，散发着独特的艺术魅力。

新昌调腔

新昌调腔，是中国最为古老的声腔之一。戏曲史专家称它为明代南戏"四大声腔" 之一——余姚腔的别称或唯一遗音，赋予了它深厚的历史底蕴和神秘的色彩。

新昌调腔剧目极为丰富，历史更是悠久，有始于北宋的目连戏，始于宋室南渡时的老南戏，形成于元代的北杂剧，明清时期的传奇剧，还有近现代的新编历史故事剧和现代戏。

在新昌调腔剧团的艺术档案中，保存下来的晚清以前的古剧目抄本有 159 本。其中，元杂剧《北西厢》《汉宫秋》等珍本和孤本，更是稀世之宝。新昌调腔剧团作为中国唯一能演出这些元杂剧的表演团体，肩负着传承历史文化的重任。

在新昌调腔保存的 165 出目连戏曲目中，新昌独立保存的达 72 出。尤其是《无常》和《女吊》，曾经深深打动了鲁迅，他曾撰文对其唱腔、表演、音乐、服饰等进行了详细介绍。

新昌调腔保留剧目中，最多的当数清传奇。据不完全统计，调腔清传奇剧目多达 90 余本，其中具有代表性的《闹九江》原名为《火烧陈友谅》。经过几代调腔人的精心改编和完善，它已演出几千场，成了脍炙人口的保留剧目。

新昌调腔的声腔和表演风格独特非凡。最具代表性的是"不托丝竹，锣鼓助节，一人启齿，众人帮接"的演唱风格，仿佛一场热烈的音乐盛宴，尤其是多种帮腔形式，更是极为罕见，犹如百花齐放，令人惊叹不已。

新昌调腔的声腔由调腔、昆腔和四平三部分构成，以调腔为主体。调腔属曲牌体音乐，为五声音阶，分套曲和散曲两种。套曲是将几支曲牌连缀成套使用；散曲则是一支曲牌在一出（折）戏里反复使用。调腔曲牌多是有一定词格的长短句，所用的也多是五声音阶，调式丰富多样，通常由套板、锣鼓、起唱、正曲、合头或结尾组成。四平是调腔的一种衍变形式，其曲牌旋律、帮腔形式、锣鼓点子等均与调腔相同，只是加上笛子、板胡伴奏，行腔略比调腔委婉柔和。

调腔迄今仍保留着老南戏的干唱形式。调腔音乐除干唱之外，便是帮腔和伴奏音乐。演员演唱时，句尾多由后场帮扶，俗称"接调"或"接后场"。调腔后场由 6 个乐师组成，故名"六师"，亦称"场面堂"。1959 年新昌调腔剧团建立后，除锣鼓、笛和唢呐之外，确定板胡、高音二胡、月琴为主奏乐器，逐步增加二胡、中胡、大提、三弦、琵琶、笙等管弦乐器。因调腔不托管弦、徒歌清唱，故打击乐地位突出，形成一套变化多端、丰富多彩的锣鼓经。

调腔行当有"三花、四白、五旦"之分，俗称"十二先生"。"三花"即大花脸、二花脸、小花脸；"四白"即老生、正生、小生、副末；"五旦"即老旦、正旦、贴旦、小旦、五旦。后期又根据需要增加四花脸、五白脸和六旦。表演上文武不挡，讲究特技，有"耍椅""变脸""背身踢靴"等绝招，令人拍案叫绝。

宁海平调

宁海平调，作为高腔体系中至关重要的支派，大约在明末清初悄然诞生，而后在浙东三门湾地区绽放光芒。因其所吟唱的曲牌较其他高腔更为委婉、平缓，故而被赋予"平调"之名。又因历代从艺之人多为宁海的儿女，且在表演时操着宁海的方言，于是便有了"宁海平调"这一充满地域特色的称谓。

宁海平调的诞生与民间信仰有着丝丝缕缕的关联。翻开清光绪年间的《宁海县志》，我们可以看到，宁海这片土地上，有着建于唐、宋之际的佛寺 28 所、道观 5 所。每逢主神诞辰或遇重大法事，各寺观便会响起说唱宝卷（亦称 "俗讲"）的声音，仿佛在向世人传递教义，开启智慧之门。其形式恰似一场独特的音乐盛会，一人引吭高歌，众人应和相随，必要之时，打击法器如灵动的音符般点缀着节奏。明中叶后，这种形式被民间的寿庆或丧祭所采纳，进而成为当地一种极为普遍的坐唱形式。

宁海平调的传统曲牌曾有 300 多支，如今依然保留着 70 余支，其中 26 支为南昆曲牌。经过一代又一代的传承积累，它拥有了 100 多部传统剧目。最具代表性的剧目被称为"前十八"（诞生于清前期的传奇剧）本、"后十八"（产生于清中期的传统剧）本，共计 36 部。其中，《双巧缘》《双合缘》《仁义缘》

《合卺缘》《节义报》《循环报》《义冤报》《报恩亭》被人们称为"四缘四报"，是经常被人们点演的当家剧目。

宁海平调的早期剧目大多以家庭生活为题材。《双合缘》中，老师之女韩玉蓉与婆婆杜夫人的纠葛，牵动着人们的心弦；《双玉佩》里，穷书生王仲秀与岳父钱尚书的恩怨，引人入胜；《巧姻缘》中，王氏兄弟的误会以及虐待成性的后母，令人感慨万千。这些剧目皆以"善有善报，恶有恶报"为结局，散发着浓厚的警世教化色彩。而后期剧目则更多地涉及历史事件，且武戏成分大增，如《白雀寺》，生动地演绎着白雀寺住持倚仗奸臣严世蕃的势力为非作歹，宁海县令与之展开激烈斗争和较量的故事。宁海平调剧目内容丰富多彩，然而在演出中却很少出现皇帝，也极少有鬼怪、神仙，正因如此，它被当地百姓视为正戏。

宁海平调的表演行当分为"三花"（净、副净、小丑）、"五白"（老生、正生、小生、外末和副末）、"六旦"（小旦、正旦、老旦、花旦、闺门旦、刀马旦）。在中华人民共和国成立之前，所有的角色行当皆由男子扮演。

宁海平调的表演独具特色，采用曲牌连缀、前唱后帮以及锣鼓伴奏的方式。"不托管弦，以鼓助节，一唱众帮"乃是宁海平调的传统表演模式。充当主伴奏的打击乐器有大锣、大鼓、大钹、大喇叭和小锣，俗称"四大一小"。演出时，演员起腔，乐队帮腔，一唱一和，充满了情趣。帮腔又分为导帮、散帮、重复帮、跟帮等，其中，演员唱全句、乐队帮后半句的跟帮最为常见，恰似一场和谐美妙的音乐对话。

醒感戏

醒感戏，亦称作"省感戏"，俗称"做疡""永康土戏"，最早在浙江永康这片土地上孕育而生。它脱胎于神秘的宗教仪式，而后在永康及其周边的东阳、磐安、缙云、武义、义乌等地流行开来，人们将其统称为"永康醒感戏"。"醒感"二字，恰似声声警钟，意味深长，旨在劝人从迷梦中幡然醒悟，摒弃心中的恶念，走上弃恶从善、建功立业的光明之路。

追溯其源，醒感戏大约在北宋时期便已萌芽。那时，为了纪念宋代名臣胡则（百姓们亲切地称他为"胡公"），方岩庙会朝拜仪式盛大举行，醒感戏就像这盛大仪式中一朵悄然绽放的奇葩。时光流转，元末明初之际，南戏之风向北吹拂，南北戏曲交汇融合，编织出了永康醒感戏的雏形。到了明代中期，醒感戏开始蓬勃兴起，散发着独特的艺术光辉。

醒感戏的源头是道教科仪，并长期依附于这种神秘仪式。后来，它与山歌小调等艺术形式相互交融，逐渐蜕变成了纯粹的高腔剧种。它无须管弦的伴奏，仅凭人声帮唱，那高亢的腔调，回荡在岁月长河中，成为浙江八大高腔剧种之一，熠熠生辉。醒感戏最初的演出，是在为那些死于非命者，也就是所谓"天殇者"举办超度的道场进行的。扮演者身份奇特，既是身着道袍、庄重肃穆的道士，又是粉墨登场、演绎悲欢离合的演员，而且都是男性。每一个剧目都带着一个"殇"字，9个剧目合起来称为"九殇"。这些剧目是内坛科仪的戏剧化呈现，所以它们既是引人入胜的剧目，又是庄重的科仪本，既有着娱神的神圣使命，又能给观众带来欢乐，真正做到了娱神娱人。

永康醒感戏，有着戏曲那固有的"四功"（唱、念、做、打）和"五法"（手、眼、身、法、步）。它还有超度亡魂等仪式过程和扣人心弦的故事情节，就像一座连接着人间与神灵、历史与现实的桥梁，既是道教仪式孕育出的瑰宝，又为内坛仪式增添了别样的色彩。它将科仪与戏剧融为一体，把道士与演员的身份集于一身，让科书和剧本合二为一，这种特殊性使它在艺术之林中独树一帜。

醒感戏的角色行当，分为 12 色。旦角有花旦、正旦、拜堂旦、老旦，这四色旦角构成了舞台上的女性世界。白脸有小生、正生、老外、副末，这四色展现出男性角色的丰富多样。花脸有大花、二花、三花、小花，这四色为舞台增添了更多的戏剧性。醒感戏的乐队也是热闹非凡：堂鼓就像乐队的心脏，鼓手操着单皮鼓、夹板、大堂鼓，节奏在有力地跳动；正吹像是乐队的灵魂，操着曲笛、大唢呐，吹奏出悠扬的旋律；副吹则似灵动的助手，胡琴、小唢呐、山火筒在他手中奏响美妙的音符；弦锣、磬钹相互配合，宛如金声玉振；散手像灵动的小精灵，操着小锣、小堂鼓、小道具，为整个乐队增添灵动的色彩。

醒感戏的表演风格，粗犷而豪放，夸张而充满激情，强烈得直击人心。除了把子、椅子诸功展现出的精湛技艺外，它还讲究变脸的神奇莫测、耍牙的惊险刺激、喷火的震撼人心。此外，舞台上还会穿插许多杂耍表演，它们与剧情的关系，就像锦上添花的点缀。翻九楼、十八吊、翻三界、捣五谷，这些精彩的杂耍与目连戏、傩戏相互承接，构成了一幅丰富多彩的艺术画卷。

乱弹

浦江乱弹，诞生于浙江省金华市浦江县，它以浦江当地的民歌"菜篮曲"为肥沃的土壤，在"诸宫调"说唱艺术与南戏相互交织的甘霖滋润下，茁壮成长，最终发展成独具魅力的乱弹艺术。

"菜篮曲"，这名字就如同它那质朴的曲调一样亲民，它还有"踏歌""天下和"这样充满诗意的别名。它曲调自由，歌词也不拘一格，像人们日常的顺口溜一般，一唱一和，自由随性，每个人都能找到属于自己的韵律。在婚丧礼仪和祭神等庄重又热闹的活动中，总能听到它的声音。回溯到宋代，它在浦江大地上盛行，成了家喻户晓、脍炙人口的民间乐曲。

北宋靖康之变后，宋室南渡，在北方盛行的"诸宫调"说唱艺术，被南方这片文化的沃野接纳吸收。于是，在浦江地区，一种奇妙的艺术融合悄然发生，兼具北方讲唱形式与南方表演风格的艺术表演团体——坐唱班，也就是如今的 "什锦班"，如雨后春笋般逐渐涌现。浦江坐唱班在漫长的发展历程中，大量采用当地民间乐曲作为基调，让北方的诸宫调、南方的徽调等与踏歌相互交融、碰撞。在这奇妙的融合中，浦江乱弹——这一具有独特艺术风格和鲜明地方特色的戏曲剧种，如同一朵盛开的奇葩，惊艳绽放。

从南宋中期至明代中叶的数百年间，浦江乱弹一直以说唱艺术"什锦班"的形式活跃在舞台上，经久不衰，为浦江百姓带来无尽的欢乐。后来，浦江乱弹以坐唱的形式登上了更为广阔的舞台，形成了令人赞叹的舞台艺术。它的魅力迅速吸引了邻近地区的目光，沿着婺江、瓯江流域，在桐庐、建德、富阳以及杭嘉湖一带广为流传。

清代康乾盛世时期，浦江乱弹迎来了它的辉煌时刻。它不仅在浙中、浙西、浙南的广大地区盛行，而且越过省界，传入江西、福建和皖南地区。它那优美的曲调和独特的唱腔，被其他剧种借鉴吸收，其中的浙调和浦江调更成为江西赣剧的一大声腔，为中国戏曲文化的发展注入了新的活力。

浦江乱弹的曲调以"二凡""三五七""芦花""拨子"为基本调，表演形式丰富多样，分为坐唱班和舞台戏班两种。

浦江乱弹的角色行当有花旦、作旦、正旦、老旦、老生、老外、小生、副末、大花面、二花面、小花面、杂角，这些角色还可分为"上四柱"（大花、小生、老生、花旦）和"下四柱"（小花、作旦、老外、二花），若是有名的小花，还可列入"上五柱"，他们共同演绎着浦江乱弹的精彩故事。

浦江乱弹独有的表演特技有点烛（灭火亮火）、七十二吊、穿桌扑虎、癫头滚灯、自然变脸和扯纱变脸等。浦江乱弹的武打场面也是别具一格，分器械对打和徒手搏击两类。常用器械有刀、枪、棍、锏、剑、三节棍、弓、藤牌等，这些器械在演员手中仿佛有了生命，每一次挥舞都展现出独特的风格。

浦江乱弹还特别注重表演程式。程式化动作与剧中人物的性格特征、剧情环境完美结合，使得每一个角色都仿佛活了过来，栩栩如生地站在观众面前。这种独特的表演程式，让浦江乱弹与其他剧种呈现出明显的区别，形成了自身独一无二的特色。

浦江乱弹剧目丰富多样，大约有130多个传统剧目。据不完全统计，浦江乱弹班有108个经常演出的剧目，其中不少是用乱弹曲调演唱的徽系剧目，如《月龙头》《双合印》《刁南楼》等。

诸暨西路乱弹

诸暨西路乱弹，是南戏在发展过程中，与诸暨这片土地深度交融的产物。诸暨的地方官话、俚曲，让南戏发生了奇妙的演变。于是，这以演唱乱弹为主，同时兼唱徽戏、梆子、调腔的乱弹剧种应运而生。它诞生于明末清初，到了清道光至同治年间（1821—1874），盛行于诸暨，并且在嵊州、绍兴、萧山、浦江、义乌等地区广泛流行开来。关于诸暨西路乱弹这个名字的起源，有着各种各样的说法，有地域说，有派别说，其中一种说法是：陕西秦腔中一支西路艺人，远走他乡，最终在诸暨定居，诸暨西路乱弹也因此得名。

春秋时期，诸暨是越国的都城，到了秦朝，这里设县。诸暨民间，庙会、迎社活动频繁展开。那些家境殷实的人，每逢红白喜事，都会热情地邀请各地戏班前来演出助兴。而诸暨便利的南北交通，让西路乱弹在这里稳稳地扎下了根，并因地制宜，不断地吸收本地文化的精华，逐渐发展成具有独特魅力、充满地方风格的剧种。

清乾隆至道光、同治年间，是诸暨西路乱弹发展的鼎盛期。诸暨西路乱弹，演出不受场地的限制，无论是田间地头，还是乡村广场，都能成为它的舞台。它的音乐，高亢激昂；它的唱腔，抒情悠扬；它的动作，带着大地般的粗犷。这一切，让广大农民对它爱到了骨子里，西路乱弹也在这份热爱中日益繁盛。

然而，清末至民国时期，诸暨西路乱弹经历了第一次由盛转衰的磨难。民国初期，部分艺人流入浦江、义乌、兰溪等地。与此同时，小歌班、徽戏的流入，使当地出现了短暂的"徽乱"盛行期。在这波文化冲击下，诸暨西路乱弹艰难求生。

诸暨西路乱弹和其他乱弹一样，"二凡""三五七"是它的主要唱腔，可这每一种唱腔又分为若干形式，格局严整，自成体系，散发着独特的艺术魅力。它的表演大多是"紧拉慢唱"，舞台上的道白，采用诸暨地方官话。它以表演家庭戏为主，讲究文戏的细腻情感，在舞台上描绘着人间的悲欢离合，而武功部分较少，却也别有一番韵味。

诸暨西路乱弹的角色行当分为 13 个，包括西白脸、四花脸、五包头。诸暨西路乱弹的演唱或高亢雄健，或抒情流畅，极富乡土气息和地方特色。诸暨西路乱弹的曲牌极为丰富，鼎盛时期多达 200 余支。伴奏乐器主要有笛子、板胡、唢呐、三弦、斗子、大小鼓、大小钹、大小锣等近 20 种，尤其是笛子中的"胖吹"，最具诸暨地方特色。

诸暨西路乱弹的剧目数量众多，曾经演出过的乱弹剧本有 400 多本，包括：原汁原味的尺调剧目，半文半武的徽戏剧目，保留秦腔风格的梆子剧目、正宫剧目、阳调剧目、调腔剧目等。其中，梆子剧保留了原汁原味的秦腔风格，是诸暨西路乱弹相较于其他乱弹所特有的风格。

瓯剧

瓯剧，原名"温州乱弹"，因为在古时温州有个雅致的称谓——"东瓯（王国）"，还有瓯江贯穿全境，于是在 1959 年，它有了一个新名字——"瓯剧"。

瓯剧是多声腔剧种，这里面有高亢激昂的高腔，有典雅婉转的昆腔，还有正反乱弹、韵味悠长的徽调，活泼俏皮的滩簧，清新质朴的时调等各种各样的声腔唱调。它诞生于明末清初，到了清嘉庆至道光年间（1796—1850），温州乱弹在浙江南部以温州地区为中心流行开来。

　　瓯剧的声腔，除了高腔、昆曲是曲牌体外，其余的都属于板腔体，而乱弹腔是主要的声唱调。这些声腔相对独立，通常一个剧目就只钟情于一种声腔。瓯剧的唱腔和宾白采用的是中州韵。可温州方言的语音非常独特，要模仿中州口音实在太难！所以，只在咬字上努力向中州韵靠拢，而语音的调值，依旧保留着温州方言那原汁原味的特色，就像用温州方言模拟浙江官话，形成了一种有着浓厚地方色彩的语音系统，人们称之为"乱弹白"，民间谚语还形象地说"乱弹儿搭搭边"。而且，温州所有的地方剧种，像高腔、昆曲、乱弹、和调等，都使用温州官话。

　　瓯剧的角色行当也非常丰富。早些时候，有"上四角"（生、旦、净、丑）、"下四角"（外、贴、副、末）之分。后来，随着剧目发展得越来越精彩，行当就越分越细，最多的时候竟然发展到"三堂"（即白脸堂、花脸堂、包头堂）、"十六行角色"。

　　瓯剧的表演艺术文武兼备、唱做并重，尤其是做功，精彩绝伦。例如小生，可以分成好多类型，有穷生戏、风雅戏、花戏、箭袍戏、雌雄戏、姆姆戏（娃娃戏）、胡子戏。在《陈州擂》《玉麒麟》这些剧目中，演员们翻、扑、跌打，样样都有，精彩得让人目不暇接。小旦是"当家旦"，有悲戏、花戏、泼戏、癫戏、唱戏、武戏、做工戏这七类戏。花旦还能兼演刀马旦，有时候甚至会反串武小生，像《哪吒闹海》里哪吒闹海的动作，就是花旦的重头戏。

　　民国以前，温州乱弹表演中所有的旦角都由男演员扮演，他们把旦角的柔美展现得淋漓尽致。民国二十年（1931）以后，舞台上开始出现女性旦角。瓯剧的武戏受永嘉昆剧的影响较大，大多以平阳一带流行的南拳套路为基础，尤其是对打场面，精彩非凡。有时候，演员们还会暂时离开剧情，专门展示他们的武功，这称为"打台面"。瓯剧的脸谱更是特色鲜明，有一字眉、手形脸，还有神话里才有的鲤鱼脸、鸟脸、虎脸、龙脸等，每一个脸谱都像一件精美的艺术品，惟妙惟肖，仿佛那些角色就站在你眼前。

瓯剧的剧目有四五百部，其中有84部"正统""本家"大戏。这些本家大戏按照所唱的声腔来分，有"三昆""四高""五老""四冷""四徽"。高腔剧目有4部，即情节扣人心弦的《雷公报》《循环报》《报恩亭》《紫阳观》；昆曲剧目有3部，是《连环计》《雷峰塔》《渔家乐》；徽调剧目有4部，是《龙凤阁》《回龙阁》《天缘记》《双秋莲》。现代戏剧目也有不少，像《沙家浜》《洪湖赤卫队》《江姐》《东海小哨兵》《红梅赞》等。每一部都像时代的镜子，映照出不同的故事。

绍剧

绍剧，原名"绍兴乱弹"，俗称"绍兴大班"，是中国乱弹戏剧传承于绍兴的一支，是以"二凡""三五七"为基本唱调的绍兴地方戏剧，也是浙江乱弹家族中的重要成员。

在明嘉靖至万历年间（1522—1620），西秦腔二番（包括西秦腔）流传至江南大地。绍兴乱弹就像一颗神奇的种子，在这片温润的土地上，悄悄地萌芽了。到了明末清初，社会剧烈动荡，曾经依附于文士阶层的"南北曲戏剧"，逐渐走向衰落。而乱弹，在中华大地各处流行开来，绍兴乱弹便是这乱弹浪潮中耀眼的一朵浪花。随着乱弹的日益兴盛，绍兴涌现出了各种各样、各具特色的戏班。绍兴乱弹也在这样的氛围中，经历了文、武分班和文、武合班的变革，不断蜕变，越发成熟。

绍兴乱弹在绍兴本土的发展，经历了老戏（尺调）阶段、时老戏（正宫调）阶段、时戏（小工调）阶段。清初至乾隆年间，大致是"老戏"阶段，其中最典型的剧作是绍兴乱弹艺人所称的"老十八本"，又被称作"江湖十八本"。"时老戏"，大约始于乾隆年间（1736—1795），其剧作大多是绍兴乱弹所特有的，有着独一无二的魅力。而"小工调乱弹"大致始于清末，它的剧作大都从京（徽）戏班移植而来。在尺调、正宫调乱弹时期，绍兴乱弹的剧唱，大多以"三五七"为主，"二凡"为辅，或者两者各有所重，平分秋色；在小工调乱弹时期，则以"二凡"为主导，"三五七"为陪衬。

绍兴乱弹的戏班，前场的演员有 13 人，他们在戏场的前部表演，后场有 5 人，在戏场后部奏响美妙的音乐，将整个表演串联起来，厢房还有 3 人，再加上大锣师傅和饭头，总共 20多人。前场演员分为白脸堂、花脸堂和旦堂，各具特色。后场乐队则包括鼓板、正吹、副吹、斗钹、小锣，共同演奏出动人的旋律。

绍剧的表演艺术，可以用"唱、做、念、打"来完美概括。绍剧的音乐分为声乐和器乐两个部分。绍兴乱弹的剧唱以"三五七""二凡"为主，兼及扬路、西路和调腔等。器乐除了伴奏唱腔的随唱音乐，还有配合场上表演的丝竹曲牌、唢呐曲牌及锣鼓（经）。

绍兴乱弹所表演的戏剧，大致可以分为庙会戏、节令戏、祠堂戏、喜庆戏、事务戏等。绍兴乱弹的剧作主题大多围绕帝王将相展开，还有惩奸除恶、报仇雪耻等情节，戏剧冲突强烈。绍剧传统剧目丰富多彩，主要有以"三五七"为主腔的《双贵图》《双核桃》《龙凤锁》，以"二凡"为主腔的《后朱砂》《高平关》《龙虎斗》《千秋鉴》，还有目连戏《调无常》《女吊》《男吊》，以及唱"阳路"（即吹腔）的《醉酒》《和番》。经过整理改编和创作的代表性绍剧剧目有《于谦》《三打白骨精》《龙虎斗》和现代戏《血泪荡》等。

婺剧

婺剧，俗称"金华戏"，是浙江省第二大地方戏曲剧种，因金华在古代被称作婺州而得名。它以金华地区为中心，流行于衢州、处州（今丽水）、严州（今淳安、建德等六个县、市）旧府所属各县以及台州、温州的部分地区。不仅如此，在江西东北部的玉山、上饶、贵溪、鄱阳、景德镇一带，它也深受欢迎。还有福建西北部的浦城、崇安、建阳等地，婺剧也在这些地方留下了深深的足迹。

婺剧的历史源远流长，最早可以追溯到明代。清末四大徽班意气风发地进京，它们融合了二黄、西皮、昆曲、秦腔等各种腔调的长处，创造出了京剧。然而，徽戏自己却日益衰弱下去。不过，婺剧可不一样，它是徽剧进京之前向南流去的一支，蕴含着徽剧的精髓。它是中国戏曲舞台上的一颗明珠，是保留徽戏剧目和资料最多、最完整的剧种之一。京剧艺术大师梅兰芳就曾经感慨地说过："京剧的前身是徽剧，京剧要寻找自己的祖宗，看来还要到婺剧中去找。"这句话就像一把金钥匙，打开了人们对婺剧价值认识的新大门。

　　婺剧是高腔、昆腔、乱弹、徽戏、滩簧、时调六大声腔的合班。这六大声腔经过"三合班"与"二合半班"的巧妙组合，既有统一性，又各自保持着独特的个性。婺剧的唱腔主要有"二凡""三五七"两类。"二凡"用小唢呐或笛子（曲笛）以及板胡为主要伴奏乐器，并配以牛腿琴（又称"金刚腿"，形似柳叶琴）。"三五七"以笛子（曲笛）和板胡为主要伴奏乐器，有快、中、慢和高调、正宫之分。婺剧的角色行当分为老生、老外、副末、小生、且、杂等，总共十五个。

　　婺剧是一个在农村土生土长的剧种，常常在露天草台、祠堂、庙宇这些地方演出，没有华丽的舞台装饰，却有着最淳朴的观众。看戏的大多是农民和手工业者，也正是因为这样的环境，婺剧形成了"重做轻唱"的广场风格。婺剧的表演就像一场盛大的狂欢，讲究强烈夸张，演员们载歌载舞，边唱边做，满台都是戏。他们善于把人物的喜怒哀乐以及各种复杂、细致的感情，用鲜明的舞台形象展现出来，表演细腻妥帖、真切动人，让观众仿佛置身于故事之中。

　　婺剧的表演除了有浓浓的民间乡土气息外，还保留了古老的傩舞、傩戏、百戏、木偶戏和目连戏的表演动作和表演形式。比如说，《大补缸》中的"七十二吊"就来自目连戏；《文武八仙》中魁星、加官、财神等人物，头戴面具，表演中载歌载舞的各种手势和身段，模仿的是傩戏和木偶戏。这种角色面具至今仍保存有三十多种，在其他剧种中可是相当罕见。

　　婺剧的表演就像一幅豪放的泼墨画，大笔勾画，讲究气势。它创造了"大花过头、老生平耳、小生平肩、花旦平乳、小丑平脐"等独特的手势表演规格。因为婺剧的服装没有水袖，演员们只能凭借手指和手腕的功夫来展现角色的情感。他们的手势动作粗中见细，能精准地表现出各种人物的性格特点，形成了该剧种特有的表演风格。

此外，婺剧还具有惊人的特技和非凡的武功表演。据不完全统计，婺剧的特技有变脸、耍牙、甩发、踢剑、甩佛珠、桃花霸、纸人功、穿桌扑虎、飞锣打叉、蜻蜓点水等二十多种。武功表演有台劲、红拳、穿刀、穿火圈、姜维霸、十八吊、前后僵尸跌、僵尸跌、两头跳等十五六种。

婺剧的剧目也非常丰富。据老一辈婺剧艺人回忆，婺剧传统剧目有七十二部徽戏、三十六部昆腔、三十六部乱弹、十八部高腔、九部摊簧、九部时调。后来经调查发现，婺剧有大小剧目八百多部，曲牌有三千多支。《断桥》《三请梨花》《黄金印》《雪里梅》《僧尼会》《送米记》等都是优秀的婺剧剧目。

甬 剧

甬剧，作为一种用宁波方言演唱的地方戏曲，属于说唱摊簧类声腔，其源头可追溯到田头山歌，最早的形式是四句体的口语化民歌。这种歌唱形式以"唱新闻"为主要内容，最初在宁波及周边地区流传，艺人们四处串演，因而被亲切地称为"串客"。

清光绪十六年（1890，或说是光绪六年），一群奉化的"串客"艺人，如邬撮来等，来到上海的茶馆演唱，开始将这一艺术形式称为"宁波摊簧"。在上海演出期间，这些宁波串客逐渐向大戏班发展，伴奏乐器也在传统的二胡、小锣基础上，逐步加入了大锣，表演风格也愈加程式化。

民国十三年（1924），由于宁波摊簧在上海遭遇禁演，王宝云等艺人将其改名为"四明文戏"。第一出"四明文戏"便是

《啼笑因缘》，王宝云还创新性地主张使用西服和旗袍演出，推动了现代戏装的运用。1944年，"四明文戏"首次被称为"改良甬剧"，其中，叶峨樵导演的《情海狂澜》，即甬剧经典剧目《半把剪刀》，便是改良甬剧的代表作之一。1950年，甬剧正式定名，成为一种独立的戏曲艺术形式。

甬剧的表演特色鲜明且富有魅力：首先，它追求生活与艺术的高度融合，讲求生活化的表演方式；其次，它特别注重人物形象的塑造，深刻表达人物的内心世界；再次，甬剧巧妙结合了"串客"时期的夸张幽默与"改良甬剧"时期西装旗袍戏的真实含蓄，形成了独具特色的表演风格；最后，甬剧演员善于运用各种艺术手段，灵活多变，充分展现个人的表演才华。

在音乐方面，甬剧的曲调繁多，据统计，大约有九十二种，其中八十种来自民间，十二种来自传统曲牌。现代甬剧的伴奏乐器种类丰富，包括鼓板、主胡、二胡、提琴、柳琴、扬琴、琵琶、长笛、竹笛等，音色多样，变化丰富。

甬剧的经典剧目众多，涵盖了多个阶段的演出风格："串客"时期的七十二出小戏，如《秋香送茶》《王老才》《借披风》等，七出大戏（也叫"封箱戏"或"拉轴戏"），如《拖油瓶报恩》《双兰英》等；"四明文戏"时期的十六出作品，如《天要落雨娘要嫁》《陆凤英卖身葬父》《黄泥打墙》等；"西装旗袍戏"时期的二十六出剧目，如《啼笑因缘》《少奶奶的扇子》《祥林嫂》等；十二出清装戏，如《杨乃武与小白菜》《华姐》《龙凤锁》等。它们均为甬剧的代表作，传承了这一独特剧种的丰富魅力。

湖剧

　　湖剧，最初被称为"湖州摊簧"，是一种以湖州摊簧为主要唱腔的地方戏曲，属于说唱摊簧类戏曲。它在当地有着许多别名，如"湖州小戏""湖州文戏"或"花鼓戏"等，广泛流传于湖州、嘉兴、杭州市余杭区等地，并逐渐传播到江苏、上海、安徽等周边地区。

　　湖剧的形成与其演艺形式、剧目内容、艺人技艺和音乐传统密切相关。湖州自古以来便是戏曲、曲艺和歌舞的重地，艺术氛围浓厚。清道光至咸丰年间（1821—1861），江南一带的各种民间小戏迅速兴起，湖州摊簧正是在这一时期应运而生的。民间流传着许多坊刻的小戏唱本，如《拔兰花》《卖青炭》《卖草囤》等，这些小戏的唱腔被称为"小戏调"。其中，有一种与南词摊簧（苏摊）类似的乡土说唱摊簧曲艺形式，成了摊簧小戏的早期剧目表演形式，并被各地的摊簧艺人广泛采纳和演绎。

　　湖州摊簧的演绎形式丰富多样，主要包括湖州小戏、琴书和三跳三种。大多数艺人都能精通这三种形式，他们既能演唱琴书、三跳，也能表演小戏。湖剧的主打剧目是文戏，风格质朴而柔和，生活气息浓厚，角色行当包括小旦、小生、小丑等，展现了平民百姓的喜怒哀乐。

　　湖剧的剧目分为小戏和大戏两类。小戏剧目大多是清装戏和便装戏，约有七十二部，其中实际能演出的约有三十部，经典剧目如《拔兰花》《借披风》《双落发》等。小戏通常由一个生角和一个旦角共同演绎，表演风格接近日常生活，且具有很强的"调弄性"，其中还会穿插一些当时流行的民歌。在小戏中，旦角通常由男演员扮演，这些男演员被称为"女口"或"下手"；

而在戏中扮生角的则被称为"男口"或"上手"。唱词多以七字为主，讲究一韵到底，极富地方特色。

大戏则以才子佳人的爱情故事和苦命鸳鸯的悲欢离合为主，通常是古装剧。"本摊大戏"据说有九十六部剧目，表演时文白相间，使用接近中州韵的湖州方言。常见的大戏剧目包括《姚麒麟》《陆雅臣》《借黄糠》《卖妹成亲》《庵堂相会》等。此外，在传统"路头戏"时代，湖剧艺人常常采用"赋子"这一即兴演唱方式，演唱内容丰富多样，如梳妆赋、孝堂赋、禽鸟赋、虫赋等，"赋子"技巧已成为湖剧表演中极具特色的艺术手段。

总的来说，湖剧以其质朴生动的表演风格、丰富的音乐调性和独特的艺术形式，深深扎根于江南的土地上，成为这片沃土上珍贵的文化遗产。

姚剧

姚剧，最初被称为"余姚摊簧"，是一种源自吴语系的摊簧小戏，1956 年被正式定名为"姚剧"。它广泛流传于余姚、慈溪、上虞、绍兴等地，是浙东文化的重要组成部分。

姚剧的起源可以追溯到 18 世纪中叶，它发源于浙东余姚，受当地民间歌舞如"旱船""采茶篮""车子灯""雀冬冬"等的影响。由于姚剧始终沿用余姚方言演唱，它也被亲切地称为"余姚摊簧"（简称"姚摊"），有时还被叫作"鹦哥戏"或"花鼓戏"。

过去，姚剧艺人在演出时常常插科打诨、即兴发挥、针砭时弊，剧情内容也多探讨男女私情和婚姻，挑战了封建礼教，因此曾被当局打压，甚至被列为"鹦哥淫戏"，屡遭禁演。尤其是在日军侵华后的动荡时期，姚摊班社几乎陷入消失的境地。

在摊簧时期，姚剧的演出阵容通常是十二人：四个生角、四个旦角、三个后场乐队人员以及一个里厢道具师。姚剧的角色行当分为"花脸"和"旦角"两大类。所有男角，不论文武，统称为"花脸"，又分为"长衫花脸"和"短衫花脸"两种。"长衫花脸"通常是文人或有财富地位的角色，穿着长衫、戴瓜皮帽；"短衫花脸"则是普通劳动者，穿短衫、竹裙，戴绍兴毡帽或草帽。旦角分为"上旦"和"下旦"，前者是年长或有身份的女性，后者是年轻的姑娘。在姚剧发展的早期，旦角通常由男演员扮演，并运用阴阳喉（真假嗓）技巧，唱腔高亢有力，充满戏剧性。

姚剧的表演质朴自然，充满了生活气息和浓郁的乡土风味。许多剧目都以日常生活为基础，如挑水、织布、摇船、推磨等，动作简单却富有戏剧张力。除此之外，姚剧还吸收了一些传统戏曲中的武术技巧、把子功等，融入了民间杂技，增添了许多生动有趣的元素。姚剧适合演出清装戏，后逐渐吸收了话剧的精髓，开始注重角色性格的刻画与人物内心世界的表现，逐渐形成了"话剧加唱"的表演风格。

姚剧的音乐非常具有地方特色，唱腔主要由基本调和小调两部分组成。偶尔也会融入"夜夜游"等曲调作为插花腔，增加趣味性。姚剧的音乐明快流畅，充满活力，非常贴近民间风情。早期的姚摊乐队编制较为简单，通常由鼓板、主胡和三弦组成，同时伴有吹打乐器。最具代表性的乐曲是《引子》，它常常作为开场曲。演出开始时，旦角在《引子》的伴奏下边走边哼，这一过程被称为"调四角"，就像是为整出戏做的热身，轻松愉快，富有节奏感。

　　姚剧的传统剧目种类丰富，既有简单的"对子戏"（一生一旦）和多角的"同场戏"，也包括一些大型剧目。最著名的"七十二本传统戏"中，剧目如《双落发》《打窗楼》《借还披风》《大闹花灯》《秋香送茶》《卖草囤》《卖石榴》《十不许》（又名《十劝郎》）等都深入人心。此外，姚剧还吸收了其他剧种的精华，移植了如《双贵图》《宝莲灯》《珍珠塔》《两重恩》（即"何文秀"）等大型剧目，构成了其独特的艺术魅力。

　　总的来说，姚剧是一种充满地方色彩、活力十足的艺术形式，它不仅承载了浙东人民的生活智慧，也深深打动了观众的心。

越剧

　　越剧，中国的第二大剧种，被誉为"流传最广的地方剧种"，它深深植根于浙江嵊州（古称嵊县），发源于这片沃土，并在上海生根发芽，最终遍及全国。民国十四年（1925），在上海小世界游乐场上演的"的笃班"首次在《申报》广告中被命名为"越剧"，从此这颗璀璨的艺术之星正式亮相。

　　越剧的诞生可以追溯到一种叫"落地唱书"的民间艺术形式。这种形式最初在嵊县的马塘村一带流行。艺人们大多是半农半艺的男性，俗称"男班"。他们用"四工合调"沿街表演，用长烟岛敲打节拍，边走边唱，叫作"沿门唱书"。后来，受到《紫云班》大戏演出的启发，艺人们逐渐丢掉了长烟岛，改用毛竹尺板和鳖鼓作为伴奏。最初是由一个人打尺板，后来发展成两人、三人甚至更多人一起合作演唱，逐渐形成了"落地唱书"的基本形态。

越剧的艺术特色在于其强烈的抒情性，演出以唱为主，舞蹈次之。角色行当分为旦、男、生、丑等，戏剧性强，情感细腻。随着越剧的发展，涌现出一系列风格迥异的流派，比如袁雪芬派、尹桂芳派、范瑞娟派等，每个流派都有自己独特的唱腔和表现方式。越剧的曲调一开始是基于"板腔体"的"四工调"，经过多位前辈艺人的创新和改良，逐渐发展出尺调腔、弦下调、六字调等丰富的唱腔，赋予了越剧更加多样化的表现力。

在早期，越剧的男演员通常不化妆，在扮演女性角色时，男性演员会将辫子散开，梳成发髻，用胭脂和铅粉简单涂抹面容。而草台班的女演员化妆则极为简朴，两颊用红纸蘸水涂抹，眉毛不画，或者用锅底灰勾画，形成一种所谓"清水打扮"。随着越剧进入上海，艺人们开始向绍剧、京剧学习，采用更精致的水粉化妆法：白粉底、红胭脂、墨膏。1942年，雪声越剧团在上演《古庙冤魂》时，首次尝试给袁雪芬化油彩妆，这一尝试标志着越剧舞台化妆的革命性改变，油彩上妆取代了传统的水彩上妆。

今天的越剧，角色行当分为六大类：小旦、小生、老生、小丑、老旦、大面（大花脸）。现代越剧的乐队阵容也更加丰富，除鼓板和越胡主奏外，还包括二胡、提琴、柳琴、长笛、双簧管、小锣等乐器，吹、拉、弹、打四部分分工合作，营造出独特的音乐氛围。

越剧的经典剧目丰富多样，不仅有许多古装的传世之作如《九斤姑娘》《珍珠塔》《碧玉簪》《三看御妹》《五女拜寿》等，还有许多触动人心的时装剧，如《祥林嫂》《蒋老五殉情记》《秋海棠》《啼笑因缘》《黑暗家庭》等，至今仍深受观众喜爱。

　　总的来说，越剧作为一种具有深厚文化底蕴的艺术形式，它在悠久的历史中不断创新、传承，既保留了传统戏曲的精华，又融入了现代元素，展现出极强的生命力。它用柔美的音调、细腻的演技和深刻的情感表达，把观众带入了一个个动人心弦的戏剧世界。

淳安三脚戏

　　淳安三脚戏，又叫"三角戏"，得名于其最初由三大角色——小旦、小生、小丑组成的简单阵容。它起源于清末，盛行于淳安和开化一带，是一种富有浓郁乡土气息的地方戏剧。

　　三脚戏的诞生，源自竹马和两脚戏的演变。清光绪时期，赣东的采茶戏传入淳安，与当地的竹马班结合，形成了独特的表演风格。采茶戏的曲调、剧目和表演形式与本地的民间音乐、方言及风俗习惯相融合，逐步演变成一种更具戏剧性的形式，加入了"生"这一角色，并开始向戏剧化方向发展。到了清代末期，淳安三脚戏终于作为地方剧种崭露头角，成为一种既包含舞蹈又富有戏剧性的民间歌舞剧。

　　三脚戏与原来的"两脚戏"有显著的不同。传统的两脚戏主要以"跳"为主，没有完整的戏剧情节和念唱，而三脚戏则在保留舞蹈的同时，加入了唱词和剧情，逐步发展成一种民间戏曲形式。最初，三脚戏的表演还是跳竹马，后来逐渐去掉了竹马的表演，演员开始化妆扮演旦、丑、生三大角色，形成了如今的"三脚戏"阵容。

　　三脚戏的音乐风格十分独特，属于民间歌舞类曲调，曲目多达一百余支，分为湖广调、三脚调和杂调三大类。湖广调多用于大戏。三脚调则常见于小戏，具有浓郁的山歌民歌风味，旋律或高亢激昂，或柔情缠绵，或轻快欢愉，或哀伤泣诉，情感表达丰富，极具乡村气息。杂调则根据来源分为道释调、客戏调和时调，曲风各异，增添了戏剧的多样性和层次感。最初，三脚戏的演出并没有管弦伴奏，只有简单的敲锣打鼓，气氛十分原始。

三脚戏的表演注重展现农村生活中的自然动作，演员在舞台上边唱边做动作、边唱边舞，动作夸张但不失真实感，极具生活气息。生角和丑角通常手持扇子，旦角则手持手帕，艺人常说"丑不离扇，旦不离帕"。小丑常以低矮的步伐、扭曲的身体动作增加喜剧效果，模仿猴子、猫等动物的动作；小旦则以轻盈的步伐和手帕舞蹈勾画出娇俏形象；而小生则多用八字步和甩袖等动作，展现其英俊风采。老旦的步伐则稳重优雅，双手常握在腹前，肘部左右摆动，尽显威严。

1951 年，因淳安古时属于睦州，三脚戏正式更名为"睦剧"。新命名的睦剧不仅保留了三脚戏的传统表演特色，还在角色上进一步丰富，增加了老生、老旦、正生、正旦等新角色，并引入了净行、武行和龙套等行当的演员，表演程式更加精细，技艺也变得柔美细腻。

睦剧的剧目内容大多取材于农村的日常生活，人物多为农民和小手工业者，戏剧情节往往围绕他们之间的关系展开，充满趣味和生活气息。许多剧目反映了农村家庭中的矛盾和情感冲突，如《李仕卖妻》《马房逼女》《南山种麦》《补背搭》等。睦剧的经典剧目包括大戏 26 部、小戏 48 出，均展现了浓郁的乡土风情。

总之，淳安三脚戏（睦剧）是一种既具地方特色又极富生活气息的民间戏剧，它通过生动的演绎和质朴的表演方式，让观众在轻松愉快的氛围中感受到浓厚的乡村文化和人情味。

海宁皮影戏

传说，自南宋时期，随着都城迁移至临安（今杭州），中原的皮影戏也悄然传入了浙江。明清时期（1368—1911），海宁的皮影戏，逐渐焕发出勃勃生机。到了民国时期，这门艺术在海宁民间更是风靡，富裕的家庭在婚丧喜庆、婴儿满月时，常常会邀请皮影戏班来表演。此外，为了祈求蚕茧的丰收，养蚕户也会在每年养蚕之前，邀请皮影戏班到蚕房中演出。演出结束后，戏班用作银幕的绵纸会被主人小心揭下，贴在蚕匾上，寄托他们对"蚕花廿四分"的美好期盼。戏班在农忙时节务农，闲暇时则演出，其足迹不仅遍及海宁，还延伸至桐乡、海盐、余杭、上海等地。

在传承过程中，海宁皮影戏巧妙地将唱词和道白改编为海宁方言，融入了本土的韵律，深受当地观众的喜爱。其独特的演唱方式主要有四种：干唱、帮腔、衬词和杂白混唱。干唱是指演员在没有丝竹乐器伴奏的情况下，用打击乐器稳定节奏和过门；帮腔则是众人齐声响应，描绘环境、渲染氛围、增强人物情感；衬词类似于歌曲中的语气助词，支撑整段旋律；而杂白混唱则是演员在唱数句后穿插道白，再继续唱，其间常用打击乐作为过门。海宁皮影戏的伴奏乐器丰富多样，既有民族打击乐器如锣鼓、云板、揭鼓，又有民族弦乐器如板胡、二胡、京胡，还有民族管乐器如唢呐和竹笛，为演出增添了生动的音色。

海宁皮影的制作讲究"少雕镂、重彩绘、单线平涂"，使得每个皮影在表演时都能灵活翻转、跳跃、转身，甚至能够展现出持刀、格斗、砍头等高难度的动作，令人目不暇接。

海宁皮影戏巧妙地将南曲的两大声腔——海盐腔和弋阳腔融入其中，成为少数仍保留南宋遗韵的剧种之一。盐官以西主要以弋阳腔为基调，盐官东北则以海盐腔为基调。近代，海盐腔和弋阳腔逐渐融合。弋阳腔属于乱弹系统，常用于开台戏（也称"开锣戏"）和武打戏，曲调高亢激越，节奏明快；而海盐腔则是高唱腔系统，适用于正本戏的演唱，曲调婉转优雅，擅长抒发情感和长段叙述。特定场景中使用的专用乐曲被称为专用曲牌，如进场、出场、上朝、审堂、启幕和落幕等都有相应的曲牌。

海宁皮影戏的剧目内容丰富多彩，涵盖神话故事、历史传说、帝王将相传说等，主要分为开场戏（折子戏）和正本戏两种类型。开场戏通常以武打为主，演绎历史故事，如《考武场》《闹九江》等；而正本戏则以文戏为主，讲述情节错综复杂的故事，像《大红袍》《鸾凤箫》《九丝绦》等。此外，传统的海宁皮影戏中还有一些程式小戏片段，如《天官赐福》《跳八仙》《魁星踢斗》等，精彩纷呈，令人流连忘返。

泰顺药发木偶戏

泰顺药发木偶戏，这一充满魅力的民间艺术，源远流长，流传于泰顺县的山水之间。它巧妙地将烟花与木偶融合在一起，在璀璨的火光中，演绎出一幕幕生动的戏曲故事。其起源可追溯至宋代的药发傀儡戏，民间称之为"琼花木偶"。

传说，这门技艺的最初创造者是大安乡后洋村的一户王姓人家。手艺人王立宦本是一个火药匠。他用火药制作出绚丽的烟花，并将纸人巧妙地融入其中，随着烟花的绽放，纸人随之飞

　　舞。后来，他将纸人升级为栩栩如生的木偶，并将这项技艺传承给周家，药发木偶戏也由此发扬光大。

　　在药发木偶戏的表演中，五彩缤纷的烟花将戏曲人物和神话角色等木偶托举在空中，木偶们在烟花的映衬下翩翩起舞，活灵活现，令观众仿佛置身于一个神奇的世界。这种独特的表演形式常常在庙会、祭祀和民间节庆等欢庆活动中绽放光彩。

药发木偶戏的演出方式有两种：盘式和树式。盘式表演采用一个直径约 1.5 米、高约 1 米的大圆盘，木偶们被巧妙地装在一个个小圆盒内，小圆盒被整齐地组装到大圆盘上。烟花点燃后，支撑架将圆盘悬挂在空中，木偶们便随着烟花的爆炸，一组组地展现出精彩的表演，令人目不暇接。而树式表演则是将栩栩如生的木偶与烟花共同装配在一根长约 15 米的竹竿上，宛如一棵盛开的花树，最多可以装载 21 个木偶。每当被引线点燃时，木偶们便自下而上，依次展现出它们的精彩瞬间。

在制作药发木偶的过程中，工匠们用木头、竹篾、布和纸等多种材料精心制作，而烟花则是由火药（黑硝）制成，通过燃放绽放出绚丽的光彩。药发木偶戏中的角色多来自《封神榜》《西游记》《哪吒闹海》等广为人知的神话与戏曲，深受群众的喜爱，有着广泛的观众基础。

泰顺提线木偶戏

泰顺提线木偶戏始于南宋。随着京城临安大批艺人至泰顺避难，这些艺人也将各种傀儡戏传至泰顺。经过长期的传承与发展，泰顺提线木偶戏不断吸收浙北和福建泉州两大木偶派系的艺术元素，形成了自身独特的风格，无论是头像雕刻、人物造型，还是服饰装扮，都展现出独特的韵味。

古时的提线木偶被称为"悬丝傀儡"，它的构造精巧，由木偶头、腹笼、四肢和线牌头（俗称"琵琶头"）等部分组成，身高约 2 尺（约 0.67 米）。木偶头通常用樟木或其他纹理细腻的杂木雕刻而成，内部设有机关，通过丝线的牵引，眼、鼻、口、舌能够灵活活动。木偶的面部特征被夸张和变形，生、旦、净、末、丑等角色各具个性，栩栩如生。脖子部分呈上尖下细的形状，通过两根线与腹笼相连。腹笼由竹篾编织而成，胸部和臀部稍大，腰部则显得纤细。木偶的手则用木料雕刻而成，右手灵活自如，掌指关节与腕关节均通过线控制，能完成把盏、持杯、挥刀、执剑等多种动作。

泰顺提线木偶戏的行头相对简单，仅需一个木箱，称为"戏箱"或"戏笼"，再加上一捆用于搭台的小竹竿，有 20 余支，称为"戏把"。木偶和道具都被整齐地装入箱子内，一个人便可轻松地将它们背走。提线的方式有单人、双人或多人。

提线技巧是泰顺提线木偶戏表演的核心。普通木偶的提线有 10 根，其中头部 3 根、足部 2 根、手部 5 根。演员用左手虎口夹住线板（即"琵琶头"），中指、无名指和小指挑拨木偶左手的 2 根线；用右手拇指和食指夹住木偶右手的 3 根线，根据表演需要，灵活地用另外三指挑拨各线。

泰顺提线木偶可以表演拉刀、入鞘、挥棒、弄枪、抬轿、划船、点火、喷雾、脱衣、剖腹、斩头、擒拿等各种动作，这些动作逼真灵活、栩栩如生。高超的艺人甚至能够同时操控 4 个木偶翻筋斗或在战斗中打混，丝毫不缠线，令观众赞不绝口。

泰顺提线木偶戏的唱腔和曲牌分为乱弹、和调、永昆、高腔四大类，其中高腔已基本失传，偶尔会用京剧的音乐和唱腔。其传统剧目分为连台本戏和折子戏两类。连台本戏多取材于小说、演义和话本，如《七侠五义》《封神榜》《临水平妖传》（又称《陈夫人传》《陈十四娘娘传》）等，其中《临水平妖传》为浙南木偶戏独有的传统剧目，堪称泰顺提线木偶戏的当家戏。折子戏则包括《狼犬记》《方世玉打擂》《刘海嬉金蟾》《紫金山收妖》等，精彩纷呈。

平阳木偶戏

平阳木偶戏，又称"傀儡戏"，是一种以提线为主的综合木偶艺术，完美地将布袋、杖头和人偶等多种形式融为一体。它的历史可追溯至西汉时期，相传是由西汉时期的名将陈平所创。到了宋代，这门艺术从杭州传入平阳，并以杭州府铁板桥头的田都元帅为祖师爷，至今，平阳的提线木偶和布袋木偶的舞台对联中依然镌刻着"汉陈平创造傀儡，解平城之围；田元帅传承木偶，技艺从古至今"以示传承之意。

平阳木偶戏从歌舞形式演变为讲述故事情节的戏剧表演，有生、旦、净、末、丑等角色，唱、做、念、打的技巧和各种音乐曲牌多模仿南戏的风格。其唱腔丰富多样，主要包括高腔、昆腔、乱弹、和调以及民歌小调，后又融入京剧和越剧等的音乐元素，使得表演更加多姿多彩。

平阳木偶戏的伴奏分为"文堂"和"武堂"，其中管弦乐器和打击乐器相辅相成。常用的管弦乐器包括笛子、板胡、二胡、三弦、唢呐、琵琶和月琴等，打击乐器则有单皮鼓、板（又名三粒）、扁鼓、大鼓、锣、钹和吊镲等，演出时声势浩大，气氛热烈。

表演技艺方面，平阳木偶戏技巧复杂，主要包括布线、钩牌系线，执掌及综合表演三大类。平阳木偶戏的剧目数量惊人，有300多部，涵盖了单本戏、折子戏、连台本戏、现代戏和小品节目。题材丰富多样，包括历史、神话、宫廷、家庭、爱情和童话故事等，形式也千变万化，从天上到人间，从鸟兽到鱼虫，无所不包。传统剧目如神话戏《西游记》《封神榜》等，历史戏《隋唐演义》《包公案》等，至今仍频频上演的佳作《水漫金山》

《断桥》《劈山救母》《牛郎织女》等，令人流连忘返。

单档布袋戏

单档布袋戏，亦称"掌中戏"或"扁担戏"，是一种独特的木偶戏形式。它在苍南流传甚广，与闽台地区的多人表演布袋戏截然不同，单档布袋戏的表演、说唱和伴奏均由1个艺人完成，因而得名"单档布袋戏"。

这种戏剧的起源可以追溯到明清时期，当时它从闽南地区传入苍南，巧妙地吸取和融合了当地的民间文学、戏剧、说唱和曲艺等多种艺术元素，形成了具有浓厚地方特色的表演风格。根据传承世系、表演手法和唱腔的不同，苍南单档布袋戏又可以分为自平阳传入的"灵溪派"和自闽南泉州直接传入的"五凤派"两大流派。

艺人一人挑着戏楼，便可携带整场演出的所有道具。在演出时，戏楼就地搭建，艺人独坐其中，凭借巧妙的手法，操纵数十个木偶，热热闹闹地完成一台戏，这便是苍南单档布袋戏不同于其他大型戏曲演出的独特之处。

单档布袋戏的戏楼是艺人进行说、唱、操控木偶、演奏乐器以及更换道具的主要场所。整个戏楼由上下两部分组成，拆卸方便，便于游走乡里。外观上，它借鉴了中国古建筑的风格，采用透雕和鎏金彩雕工艺，搭建完成后，雕梁画栋，宛如一座富丽堂皇的楼台，因此也被称为"彩楼"。戏楼的组成分为前棚和后棚，前棚又细分为棚顶、小戏台和棚下三个部分。

布袋戏的木偶下半身中空。表演时，艺人藏身于戏楼的戏屏之后，将木偶套于手上，手、脚、嘴并用，双手灵活操控木偶表

演，双脚则配合击打大、小锣，时而腾出右手演奏鼓、钹和板等乐器，身兼数职，令人目不暇接。艺人通过"变音"技巧表现不同场景和人物的变化，运用声腔的抑扬顿挫和节奏快慢，生动展现生、旦、净、丑、杂不同角色的性格、年龄和情感，使得表演既幽默风趣，又充满生活气息。

苍南单档布袋戏的声腔以道白为主，因而有"七分白，三分唱"的说法。道白多用闽南方言，短句可以只有一个字，长句则不设限制；唱腔大多是七字句，生角唱腔还可以采用"二六"板（前半句唱两个字，后半句唱六个字，全句八个字），主唱腔则以温州乱弹调为主，偶尔即兴插入浙南民歌调、京剧或越剧的唱腔，使得演出更为丰富多彩。

苍南单档布袋戏的剧目形式多样，包括连台本、单本和插出等。连台本剧目可演出 2 至 30 部，通常演出 10 余部，甚至可以持续一日一夜或十余天；单本剧目则一般演半日或一夜；插出则是折子戏，通常是在还愿戏或红白喜事中加演的剧目。

题材方面，苍南单档布袋戏涵盖广泛，既有表现人情的戏剧，也有英雄侠义、公案、历史、神仙、彩戏等，传统剧目更是多达 80 多种，共计 300 多部。剧本来源丰富，既有手抄的提纲本、口口相传的师承本，也有民间艺人自编的"讲书本"，以及从传统小说中自由取材而来的"套词"小说本。代表性的剧目包括《武松打虎》《水漫金山》《斩妖妃》《擂台报》《双飞刀》和《陈十四平妖传》等，精彩纷呈，令人陶醉。

曲艺

非遗集

小热昏

小热昏，俗称"卖梨膏糖的"，曾称"小锣书"，是一种以杭州话为基础的说唱曲种，流传于杭州、嘉兴、湖州、金华、宁波等地。它的曲调诙谐滑稽，让人忍俊不禁。

有一种说法是，小热昏起源于清末的杭州街头，当时卖报人一边敲小锣一边吟唱报纸上的新闻，被称为"说朝报"。开山鼻祖杜宝林学唱民间小调后，回到杭州以"小热昏"为艺名在街头边卖梨膏糖边演唱，受到了民众的喜爱。他将杭州"隔壁戏"的传统节目移植到小热昏中，丰富了演出曲目。在抗日战争时期，小热昏得到了较大的发展，艺人在杭嘉湖地区的城镇以及金华、衢州等地演出。抗日战争胜利后，小热昏的艺人遍及杭州和周边地区。

小热昏的传统表演形式是由一两个人自击小锣和三巧板，说时事新闻、唱滑稽戏曲、讲笑话、说唱长篇故事。通常在街头宽阔处摆放长凳和一个可拆卸的架子，上面放着卖梨膏糖的箱子，以及打击乐器和道具。艺人首先站在长凳上说唱，敲小锣，唱"锣先锋"开场，吸引观众。接着讲笑话，内容夸张有趣。然后演唱戏曲唱段，模拟人物的动作表情。最后，演唱长篇曲目，引起观众的兴趣。在故事情节紧张时，开始卖梨膏糖，称为"卖关子"。卖糖后，继续演唱到故事情节更高潮处，以"关子"结束，吸引听众第二天再来听。

小热昏的曲调基于当地的民歌小调和俗曲。唱词使用口语和俚语，通俗风趣。曲调有锣先锋、三巧赋、东乡调等。演唱时还可以引用各种流行俗曲和戏曲唱腔，丰富演出内容。

小热昏的传统曲目非常丰富，包括根据新闻故事改编的长篇曲目，如《枪毙阎瑞生》《家庭恶惨》《黄慧如与陆根荣》等，还有根据戏曲移植改编的长篇曲目，如《火烧红莲寺》《杨乃武与小白菜》《啼笑因缘》《济公传》等。此外，还有滑稽戏曲类和讲笑话类的小热昏曲目。小热昏以其多样的表演形式和丰富的曲目，给观众带来了欢乐。

温州鼓词

温州鼓词，俗称"唱词"，是一种以温州话为基础的说唱曲种，流行于温州市及周边地区。相传它起源于明代，源于祀神时演唱的各种词曲，如"唱太平""灵经""娘娘词"，又因当时它大多由盲人演唱，于是被称为"瞽词"或"盲词"。到了清代中后期，温州鼓词得到了广泛的传承和流行。

温州鼓词的演奏乐器包括三粒板、牛筋琴、大鼓、大锣、扁鼓、小抱月等。它的唱腔音乐形成于温州古代吟诗调的基础上，并吸收了地方民歌小调和戏曲音乐。唱句的押韵规律较为独特，除了首句起韵外，奇句落仄声，偶句落平声，必须押韵。

温州鼓词常用的曲调有"太平调""吟调""大调"等。其中，"太平调"是基本曲调，分为"正太平调"和"反太平调"两种。而"吟调"则是自由节奏的曲调，常用于相思、赞叹、诗赋等场景。"大调"亦称灵经大调或娘娘词窦，采用徵调式。

温州鼓词的词目可以根据题材内容分为平词和大词。平词主

要演唱世情、历史、公案、武侠等四类题材的故事，数量众多。而大词则以经卷书或神话故事为主要内容，用于酬神祈安。其中，《东游》《西游》《南游》《北游》被誉为四大记。

在传统平词的演唱中，艺人会左手持三粒板，右手拿着鼓签，坐在椅子上说唱。平词的曲调优美，以吟调为主，更注重叙事和人物抒情。

而大词则更加隆重，又被称为"经词"或"唱娘娘词"，演唱内容主要是经卷书或神话故事，用以祭祀。艺人演唱时，身着长衫，前面放置扁鼓，旁边挂着大锣，左手持三粒板，右手敲击锣鼓，站立说唱。

温州鼓词以其独特的唱腔和丰富的曲目，让人回味无穷。它是温州地区的传统艺术瑰宝，将历史、故事和音乐完美结合，为观众带来了视听的双重享受。

兰溪摊簧

兰溪摊簧，俗称"唱词"，是一种使用兰溪方言的说唱曲种，属于南词摊簧，流行于旧时金华、衢州、处州三府以及江西上饶一带。

据传，兰溪摊簧最早由清乾隆年间兰溪县衙的一位幕府师爷引入。初学者主要是士绅和富家子弟，只是为了自娱自乐，所以被当地人称为"太子班"。最早的艺人社团是"余庆社"，成立于清光绪二十六年（1900），后改名为"群乐会"。兰溪摊簧文辞典雅，曲调委婉，后来衰落了，其音乐唱腔被婺剧所吸收，婺剧中的一些戏目被称为"婺剧兰溪摊簧戏"。

兰溪摊簧以唱为主，传统的表演形式是演唱者自奏乐器坐唱。演唱形式可分为单档、双档和多档。伴奏乐器以二胡为主，辅以琵琶、三弦、扬琴、笙、鼓板、撞钟等。通常情况下，单档演唱活动非常少见。双档由一人扮演男角，一人扮演女角。多档则由3—7人组成，有时甚至多达12人，其中5—7人组成的班组最为常见，称为"五品"或"七品"。班组中除5人主唱外，其他人只负责伴奏，不说唱。

在兰溪摊簧演唱中，演员根据各自所长扮演金、木、水、火、土五种角色。旦角唱"金"音，使用尖声唱腔，像金属的声音；老生唱"木"音，清晰准确，使用喷口唱腔；小生唱"水"音，真假嗓音兼用；净角唱"火"音，音色洪亮高亢；丑角唱"土"音，声音清脆爽朗。

在演唱传统的兰溪摊簧时，演唱者围坐在桌子周围。通常情况下，老生（包括净角）弹奏三弦，旦角弹奏琵琶，小生拉二胡，丑角则击打板子、敲击铃等。过去，兰溪摊簧通常在富商豪门的庭院中演唱，用于各种庆典，如生子、贺寿等，而不是商业演出，有时也会在寺庙中演唱，为祭神和娱乐百姓。

兰溪摊簧的唱调以"平板"为主，平板是其最基本的唱腔，又被称为"摊簧调"。分为男宫平板和女宫平板两种，可用于叙事和抒情，表达多种情绪。除了平板，还有紧板、弦索调、迷魂调、北调、西皮等辅助唱调和腔句组合。

兰溪摊簧的传统曲目大多改编自清代戏曲集《缀白裘》中的昆曲折子戏，取其中的世情题材。包括《琵琶记·描容》《跃鲤记·芦林相会》《连环记·貂蝉拜月》《翠屏山·醉归》《水浒记·活捉》《白兔记·出猎》等。兰溪摊簧对这些昆曲折子戏的唱词进行改编，使之更加通俗易懂，更贴近口语说唱的艺术风格。

现代的兰溪摊簧曲目主要有：《红色女儿》《杨梅红艳艳》《兰花吟》《苦菜花》等。这些曲目在保留传统风格的同时，也加入了现代元素，展现了兰溪摊簧的活力和发展。

绍兴莲花落

绍兴莲花落是一种以绍兴方言演出的叙唱类莲花落曲种，流行于绍兴、宁波、杭州等地，是浙江现存的主要地方曲艺形式之一。

关于绍兴莲花落名称的由来，有三种说法：一种认为与唐代"散花落"相似，为了相互区别起名时加上地域之名；一种认为莲花落故事动人，引得观音菩萨走下莲台与老百姓一起欣赏，故而叫作"莲花落"；还有一种认为莲花落说唱故事必须有"连"、有"化"、有"落"，所以叫莲花落。

在清光绪年间，有一个绰号为"长手指甲"的张姓艺人，自杭嘉湖一带到绍兴卖唱，先后收了上虞的沈阿发、绍兴的唐茂盛为徒。他们演唱的内容大多是恭喜发财、吉祥如意之类的"套词"。

民国初年，唐茂盛受越剧影响，开始采用"独歌帮腔"的方法，创设了一套基本唱腔，演出形式也改为"草台演唱"。内容多为反映农村家庭生活或民间传说的短篇唱词。此后，绍兴莲花落的规模不断扩大，其开始说唱长篇书目，并借鉴和吸收戏剧和其他说唱文艺，逐渐形成了自己的特色。

绍兴莲花落的演唱形式起初是"三股档"，后来演变为一人主唱、一人打板、一人拉四胡伴奏，主唱者在前奏中打板击节，并用纸扇和醒木等表演动作烘托气氛。近年来，还加入了二胡、琵琶、扬琴、笛子等乐器伴奏，并根据需要穿插越剧、绍剧以及一些民歌小调，表演方式有了更多变化。

绍兴莲花落的演唱手段主要是说、嚎、唱、演，以唱为主，具有较强的文学性、音乐性、艺术性和广泛的群众性。语言通俗生动、幽默风趣，唱词通顺流畅。嚎头主要用于演出静场和穿插正书，活跃书情。唱腔经历了多个发展阶段，已经形成了独特的风格。传统表演形式是模仿生、旦、净、末、丑的各种动作，现在进行了创新，在人物表演上将"扮"改为"装"。

绍兴莲花落的曲目分为短篇、中篇和长篇。短篇曲目通篇为唱词，以世情、世态、风俗和拟人化的以物喻人为题材，具有浓郁的地方色彩。中、长篇曲目包括《马家抢亲》《闹稽山》《火烧百花台》《何文秀》《珍珠塔》《顾鼎臣》等20余部。

绍兴平湖调

　　绍兴平湖调原名为"越郡南词"，简称"绍兴平调"。它是一种以绍兴方言为基础，流传于绍兴等地的叙唱类弹词曲种。平湖调这个名称指的是越郡南词这种说唱艺术中的基本唱调或通用唱调。绍兴平湖调以此得名，成为绍兴独特的曲艺形式。

　　早期，平湖调在江南民间广为流传，后来在清乾隆时期进入了绍兴的文人阶层。据说胡嗣源是南词艺人中的第一人，他的成名使得许多人纷纷效仿，在绍兴的文人中兴起了演唱平湖调的热潮。然而，到了民国时期，绍兴平湖调逐渐衰落。

　　绍兴平湖调的演唱以唱为主，唱词多采用七言句式，文辞雅致，曲调优美细腻，深受文人雅士的喜爱。演唱时，演员自行伴奏，有三品、五品、七品等不同的演出形式。三品是三个人分别弹奏三弦、扬琴、二胡；五品则是五个人，加上琵琶、双清等乐器；七品是七个人，再加上笙、洞箫。最多时有十一品，但非常少见。

　　在绍兴平湖调早期的演出中，无论几品，只有一个人弹奏三弦并进行说唱，其他人负责伴奏。传统绍兴平湖调，演唱风格注重儒雅端庄，声腔艺术突出，动作表情很少夸张。在表演中，叙述和说唱都使用绍兴方言进行，人物需要念白或唱句时会用带有绍兴方言的中州音韵，丑角则会用方言说白。演出时通常先唱短篇曲目，称为节诗，再唱长篇书目（回书）。节诗都是唱句，没有说白，因为没有曲目名称，所以用全曲首句作为唱词的称呼。

　　平湖调是绍兴平湖调曲种的基本唱调。蓑衣谱是指直排竖行唱词右侧斜行书写的工尺谱，因形状类似斜披蓑衣而得名。蓑衣谱实际上是平湖调的代称，沿用至今。它适用于绍兴平湖调的所有回书，是其典型的代表性唱调。除了基本唱调外，还有细调、摊簧调等辅助唱调。

细调根据演唱者的嗓音进行创新和变化，旋律趋于婉转细腻，与蓑衣谱形成了鲜明对比，听起来既有变化又有统一。摊簧调通常用于丑角类人物的唱调，以滑稽、夸张、通俗见长。绍兴平湖调还插唱了许多民间小调和俗曲，如方调、油葫芦、唐调、落金钱等曲调，并吸收和运用了昆曲的曲牌。

绍兴平湖调的回书选自传统的长篇书目，大多以世情为题材，约有 18 部 106 回。其中主要的回书包括《甘罗记》《登科记》《双鱼坠》《折桂亭》《白狐裘》《渔家乐》《风筝误》《双珠凤》等。节诗，一般是短篇唱词，在正书开始之前演唱，内容大多是男女相悦之情、旷夫怨女之辞，主要有春夏秋冬四季节诗、四大细调节诗、四大美人节诗等。

绍兴摊簧

绍兴摊簧，简称"绍摊"，是一个以绍兴方言说唱的叙唱类摊簧曲种，是花鼓摊簧的一支，在绍兴周边地区和杭州、嘉兴、湖州一带流行。它的表演形式通常是一男一女彩扮相对而唱，或者一丑一旦或一旦一生彩扮表演。这两个角色唱得婉转动人，在台上他们的说唱相间、插科打诨、巧语妙言，犹如一对学舌鹦哥，因此被俗称为"绍兴鹦哥戏"。

绍兴摊簧大约形成于清乾隆至嘉庆时期。当时，绍兴及余姚一带有花鼓摊簧和唱说摊簧，当地人俗称为"鹦哥戏"，演员们组成的演出团体，被称为"鹦哥班"，其演出在清末民国初期达到了鼎盛。然而，清政府和民国政府都以"有伤风化"为由，严禁绍兴鹦哥班演出，因此他们当时主要在绍兴农村一带巡演。鹦哥班在春节期间或者早晚稻谷收割之后四处演出。后来随着女子越剧的兴起，绍兴摊簧班社渐渐减少。

绍兴摊簧的演出内容大多涉及平民家庭的琐事，包括男女私情等，因此不用来酬神。传统绍兴摊簧的观众主要是农民和小手工业者，如果有大家族的子弟去观看鹦哥戏，会被视为"降低身份"。然而，也有极少数名门望族会请鹦哥班到家中演出，让儿媳们一起观看，并认为这样可以延续家族血脉，但是鹦哥班只能通过后门进入这些大户人家。

绍兴摊簧在形成初期主要演世俗情态，剧中的人物都是各类平民，如村姑、农夫、农妇、手艺人等。剧情多集中于社会生活的某一片段，情节简单，可以即兴发挥，用口头俗语现编现唱，并且大多是戏谑、调侃之作。

绍兴摊簧通常以彩唱形式演出，角色行当及扮相都十分简略。行当分为"旦堂"和"花脸"两种。旦堂，扮演市井妇女，通常只有简单的包头和红、绿色的小衣小裤。起初，旦堂都由男性扮演，使用假嗓进行说唱，后来才有了女性扮演者。花脸，通常头戴秋帽，身穿长衫，鼻涂粉块，扮演穷儒、秀才，或者在扮演村夫市贩时把长衫下摆塞起，代替短装。

绍兴摊簧的表演没有固定的程式，"一旦一丑"是其基本班底，最多时有 8 个人。其中，前场演员为 6 个人（3 个花脸、3 个旦堂），后场乐师为 2 个人（1 个操琴、1 个操鼓板）。前场演员也可以是 4 个人（2 个花脸、2 个旦堂）或者 2 个人（1 个花脸、1 个旦堂）。有时候只有一两个人，他们自己拉琴自己唱，在门口沿街卖唱，被称为"排街"。

绍兴摊簧的唱调又称为鹦哥调，分为男腔和女腔。从 1955

年开始，一般称为基本调，唱调结构为"起、平、落"。起调和落调都是单句，必须用韵。平调的句数和用韵没有固定规则，一般是每句都用韵，有时也会出现类似"上下"对偶句式的用韵。绍兴摊簧的基本调还有若干附加的腔句，如"双花""双宕""叫弓""落调"等，还有一种附属唱调，称为"走板"。

绍兴摊簧的唱词的基本句式为七字齐言，每句的句末都以三字为结。唱词使用绍兴当地的方言俚语，通俗易懂，诙谐夸张，具有民间口头文学的生动活泼、形象浅显的特点。常常一韵通押全段，有"十八个半韵"的说法。

绍兴摊簧的伴奏乐器非常简单，目前主要使用主胡（二胡）、鼓板、小锣，有时还会加上三弦、金刚腿（斗子）和斗鼓。一般由1人打鼓板并击小锣，1人拉主胡。主胡的杆比普通二胡的杆长而粗，类似中胡，音色浑厚。唱腔的伴奏主要随着腔调进行，有时会"加花""带帽"，以增加唱段的音乐色彩。

绍兴摊簧兴盛时期，主要演出曲目有《大采桑》《磨豆腐》《摘石榴》《双买花》《草庵相会》《胡子哥》《卖青炭》等。20世纪60年代，开始排演《半把剪刀》《雷锋》等现代曲目。

四明南词

四明南词，这一充满韵味的曲种，亦称"四明文书"或"宁波文书"，因宁波境内有四明山，古时人们常用"四明"来代指宁波。它是以宁波方言为基础的叙唱类弹词，曾广泛流行于宁波及其周边县区，甚至舟山、台州等地。

在明末清初，受到唐宋诗词和元曲的熏陶，一批文人墨客与音乐爱好者在自娱自乐中，逐渐孕育出一种文雅高尚的说唱艺术，后来更是发展为商业演出。由于其词句华美、旋律悠扬，被誉为"宁波文书"，而在清乾隆年间（1736—1795）改称为"四明南词"。至嘉庆年间（1796—1820），四明南词已如春风般遍布宁波各地。

最初的四明南词表演由一位艺人独自操持三弦弹唱，唱为主，说表为辅。随着时间的推移，演出形式逐渐演变为说唱交替，参与的演员也增多了。演唱者以一人自奏三弦弹唱，称为"单档"；若加上扬琴、琵琶伴奏，则为"三档"；再加上二胡、箫的伴奏，便成了"五档"；若再加入阮和笙，则为"七档"；最终若加入拉弦乐器和双清的伴奏，演出人数可达九人，称为"九档"；若是十一人参演，还能加入筝、鼓板等乐器。无论多少档，弹三弦的艺人始终是主唱，演唱、念白、表演、伴奏应有尽有，而三档以上的参与者则多以伴奏为主，不再说唱。

四明南词的表演中，说表和唱句常用宁波方言，辅以其他方言和中州音韵，形成了独特的综合艺术形式。20 世纪 50 年代末至 60 年代初，四明南词的表演风格发生了新变化，从以三弦为主的单一表演转变为男艺人弹三弦、女艺人弹琵琶的双档合作演出，搭配扬琴的伴奏，形成了更符合情节和角色的声腔，甚至出现三人合作演唱的形式，表演灵活、轻便，深受观众喜爱。

四明南词的音乐分为唱腔、伴奏和器乐曲三部分。基本唱腔包括平湖调、赋调和慈调三种，后发展为五个常用曲调，即平湖调、紧平湖调、赋调、紧赋调和慈调，统称"五柱头"，还吸收了绍兴乱弹的戏曲腔调，运用杂曲小令。伴奏音乐富有独特的韵味，乐队的演奏并不简单地跟随唱腔旋律，而是巧妙地衬托出唱腔的意境，时而停顿，时而奏响，形成了独特的支声复调效果，令人陶醉。

四明南词的器乐曲多为江南丝竹乐曲，经过改编而成，如《三六》（又名《梅花三弄》）、《四合如意》、《柳青娘》、《将军令》、《得胜令》等，曲调复杂，婉转动听。唱词大多采用七言句式，偶尔使用十字句，平仄相间，格律严谨，文辞优雅，曲调细腻动人，备受文人雅士的喜爱。

四明南词的书目主要分为开篇和正书两大类，又可细分为短篇和中长篇。演唱的传统书目以世情类题材为主。开篇部分在演唱正书之前进行，时长约 6 分钟，传统开篇包括《八仙庆寿》，现代的开篇有《西湖十景》《关夫子》《千年古刹保国寺》《夜景》等。

短篇书目则常用于庆贺活动，通常持续 20 到 45 分钟，作品包括《蟠龙镯》《风雪山神庙》《包公断寿礼》《南沙岛上小英雄》等。中长篇书目演唱时间短则 7 天，长可达数月，作品有《百鸟图》《鸾凤双箫》《双珠凤》《珍珠塔》《雨雪亭》等，其中，《雨雪亭》更是四明南词传统书目中的代表，深具特色。

宁波走书

宁波走书，别称"犁铧文书"或"莲花文书"，大约诞生于清道光至光绪年间（1821—1908）。这一用宁波方言叙唱的走唱曲种，犹如一条灵动的河流，流淌于宁波市慈溪、余姚、奉化、镇海、象山，以及舟山市定海、普陀、岱山、嵊泗，甚至扩展到绍兴市上虞和台州市临海、天台、黄岩等地。

宁波走书的起源可追溯到农民在田间劳作时的即兴唱和，简单的民间故事被生动地用小曲演绎出来。到了清光绪年间，专业演唱班社的出现，让这种艺术形式从"坐唱"发展为"走唱"，因此得名"走书"。

随着艺人们的流动，宁波走书的表演形式和声腔逐渐分化为两大支流：在镇海等地，活跃的走书被称为"蛟川走书"，而在舟山群岛流传的则称为"瀚州走书"。尽管它们的基本唱调和表演形式大致相同，但在伴奏乐器的配置、传统书目的题材以及使用的方言上却各具特色。

宁波走书的表演活动俗称"唱书"。一个主唱在台上走动，仿佛化身为戏曲中的人物，动作生动而富有表现力。演出通常伴随1—4人的小乐队，乐器和声交织，形成美妙的合奏。演出分为"里走书"和"外走书"两个阶段。最初，演唱者自奏月琴，表演动作幅度较小，称为"里走书"。随着演出形式的演变，伴奏乐器增多，包括四胡、琵琶、扬琴和三弦，演唱者开始徒手演唱，动作变得更加活泼，这便是"外走书"。自20世纪50年代起，宁波走书的表演形式经历了进一步的创新，男女双档、女双档的表演形式相继出现，给观众带来了耳目一新的体验。

在说唱过程中，宁波走书融汇了文、白两种风格，唱词以七言上下句为主，不拘泥于平仄的严格要求，只要顺口即可，但偶句的尾字必须押韵。根据情节和人物的需要，演唱者偶尔还会唱起民间小曲。演唱时，艺人多用本嗓，注重气息的流畅与走板的稳健，宛如行云流水般自如。

宁波走书常用的基本曲调包括四平调、马头调、赋调、慈调和三顿（板），艺人们亲切地称之为"五柱头"。其中，前三种曲调合称为"老三门"。此外，还有"二簧""还魂调"，以及吸收了武林调和四明南词的平湖调的"大陆调"。唱段的结构在早期以四句、六句为一曲，腔调相对单一；而后期则发展出"以腔接腔"的组合唱法，各种唱腔灵活交替，音乐丰富多彩，特别适合叙事性强的书目演唱。

宁波走书的传统曲目多数为叙事长篇，故被称作"书"。其中，蛟川走书因为演出历史类和侠义类题材较多，还被称为"武书"。长篇传统书目的题材丰富，涵盖讲史类、世情类、侠义类、公案类等，内容交融互动。有较大影响力的作品有《白鹤图》《乾坤印》《十美图》《八窍珠》等50余部。现代题材的书目同样精彩，如《红色娘子军》《野火春风斗古城》《三斗六老虎》等20余部，将传统与现代巧妙融合，生机勃勃。

金华道情

道情，又名"渔鼓""词筒"或"竹琴"。它的起源可以追溯到唐代道曲，后来逐渐演变成以说唱本地重大社会新闻为主的表演，因而又被称为"唱新闻"；同时，由于其内容常常劝人为善，也被人们称作"劝世文"。金华道情作为叙唱类道情曲种，广泛流传于金华、义乌、衢州、东阳、浦江、武义、兰溪等地。由于各地方言的差异，艺人们常常在道情前加上当地地名，比如金华道情、义乌道情，仿佛在为每个地方的故事赋予独特的色彩。

金华道情的具体起源并无文字记载，大约在明代中后期，这一曲种便逐渐传入金华和义乌等地。到了清代，道情在这些地方已然成为一种普遍的民间艺术。根据现存的曲目资料，专家们认为金华道情在清末和民国初期达到了鼎盛，演出者大多是盲人或半盲人。

早期的金华道情演出主要由瞽目艺人主唱，演唱形式通常为一人单口坐式说唱（单档），伴奏乐器则以渔鼓（又称"情筒"

或"新闻筒"）和简板（又称"夹子"或"龙须"）为主。渔鼓长约 80 厘米，直径约 10 厘米，由韧性十足的毛竹制成，一头覆以生猪油皮，发出清脆的声音；简板则由两根长约 50 厘米、宽约 1.5 厘米的毛竹片组成，一头经过火熏烤而弯曲成龙须状，寓意"船行江湖顺利"。

简功是道情伴奏的基本功。演唱时，艺人坐在凳子上，用左手的食指和拇指夹住简板的根部击打发声，右手斜倚渔鼓，三指并拢轻轻敲击。艺人通过击打渔鼓和简板，模拟出锣声、鼓声、鞭炮声、马蹄声、喇叭声以及刀枪碰撞声等多种音响效果，仿佛在为听众描绘一个生动的场景。

金华道情的基本曲调被称为道情调，其曲调唱腔以上下句变化为主，灵活多变，能长能短，可悲可喜，艺人们根据情节的需要，随心所欲地发挥自己的个性化唱法。在不同的流行区域，曲调的名称也各有不同，辅助插入的民歌小曲调也有差异。例如，在金华周边，常用的小调仅有宫灯调，而在武义县，艺人们则将山歌调、花鼓调等民歌小调融入演唱中，形成了各具特色的表演风格。

金华道情的曲体结构丰富多彩，除了某些摊头的上下句反复吟唱外，基本上都遵循"起、迭、落"的结构，唱腔形式变化多端。道情以唱为主、以说表为辅，唱句大多为七字句，奇句起韵，偶句押韵，词句通俗易懂，常常夹杂着四字句和五字句，让人备感亲切。演唱的正书曲目中，人物的道白常常穿插其间，增添了戏剧的色彩。

金华道情的故事情节中，主要人物多用金华话表达，而丑角等角色则使用当地方言俚语，偶尔还夹杂外地方言。许多曲目的故事发生在清代中晚期金华府及其周边地区，题材主要集中在世情类和公案类，内容相互交融。有些曲目的内容，艺人们甚至用银钱从官府的案牍中购买，再经过加工编撰，这种方式被称为"买口供"，因此金华道情的传统曲目常常带有独特的地域特性。

金华道情的传统演出曲目以中、长篇故事为主，曲目分为摊头和正本。摊头是开篇，作为正本的前奏，是吸引听众的短篇曲目，内容多为风趣幽默的小故事。此外，还有无说白的单纯唱词等。正本则是中长篇，有 420 多部。现代曲目也超过 100 部。主要曲目包括《孟姜女》《双刀记》《借银记》《尼姑记》《金锁记》等。这些曲目，如同一幅幅生动的画卷，描绘着金华地区的风土人情与历史故事，令人流连忘返。

临海词调

临海词调，又称"台州词调""才子词调"或"仙鹤调"，以台州话说唱，传承着浓郁的地方特色。这一叙唱类摊簧曲种，主要在临海、天台、温岭、黄岩、仙居等县（市、区）流传。

临海词调起源于海盐腔，大约在明朝中叶形成。清嘉庆年间，台州知府洪其绅在临海创办了停云社，这是一个文人聚集的自娱性社团，大家在这里吟诗作对、赏画听乐、唱曲交流，成了临海词调的温床。清末至民国初期，临海词调的爱好者和艺人们如雨后春笋般结社，文人组成的演唱团体如成文社、近圣社和昭德社等，被称为"长衫派"，也被称为"文人词调"。这些社团在临海城内活动，以自娱为主，早期演出多在佳节或社内成员的婚庆、孩子的满月、寿诞等喜庆场合进行，完全是出于对艺术的热爱，不收取报酬。

与之形成鲜明对比的"短打派"，也就是以谋生为目的的职业艺人行会组织，如逍遥社、凤韵社等，他们在屋外空间搭棚，在庙会集市等地演出，并收取酬金。虽然表演形式与文人词调大体相似，但演唱的曲目内容和文辞则更为通俗。

在 20 世纪 30 年代之前，临海词调的演出几乎全由男性艺人担纲，他们根据戏剧角色的不同，分为生、旦、净、末、丑等行当。民国二十三年（1934），艺人何公望和杨悟生开办了词调学习班，吸纳了少数女学生，从此开创了女子登台演唱临海词调的先河，打破了传统的性别界限。

临海词调的演唱形式以多人说唱为主，通常由 8—9 人围坐而唱，有时甚至可达到 10 多个人。开篇曲目由 1 个艺人独自奏三弦、琵琶或二胡，为主唱，其他人则担任伴奏。伴奏乐器丰富多样，包括二胡、三弦、扬琴、琵琶、檀板、鼓板、竹笛、洞箫和碰钟，其中以二胡为主。除了檀板由旦角演员掌握外，其他乐器的演奏者往往身兼数职，形成了一个和谐的音乐团队。

临海词调的曲调唱腔以南词摊簧音乐和平湖调为基础，吸收了昆曲的某些曲牌和民间俗曲，形成了自己独特的风格。唱词中，方言俚语相对较少。唱腔讲究"字清、腔圆、音准、板稳"，说唱的语言则多用台州书面语，丑角的对白中偶尔夹用苏州话，增添了幽默感。

临海词调的演出曲目分为两大类：开篇（俗称"由头"）和回书（俗称"正书"）。传统的开篇曲目多以颂扬忠贞与爱情的历史题材为主，文人词调的主要开篇曲目包括《佳人待郎》《春夏秋冬》《渔樵耕读》《貂蝉拜月》《大庆寿》等。

回书的曲目多源自清乾隆年间成书的戏曲剧本选集《缀白裘》，从中选取故事情节和人物，改编为折子戏。而山头词调的曲目则相对通俗，演唱内容以选回为主，通俗易懂，极具地方特色。

总之，临海词调宛如一朵绚丽的花，在台州的文化土壤上悄然绽放，承载着历史的印记与人们的情感，成为这一地区独特的文化名片。

平湖钹子书

平湖钹子书，旧称"说因果"，也被称为"因果调""刮子书"或"单片子"，在中华人民共和国成立后曾被称为"农民书"。它以吴语太湖系的平湖方言说唱，流传于浙江的平湖、嘉善、嘉兴、桐乡以及上海的金山、奉贤、松江等地。因其主要使用的乐器是钹子，1958 年被正式定名为"平湖钹子书"。

据传，平湖钹子书起源于明万历年间（1573—1620），由平湖的秀才范昶所创，演绎出"善有善报，恶有恶报"的因果关系，像为人们传递道德的警钟。清末至民国时期，平湖钹子书兴盛起来，成为当地文化生活的重要组成部分。

最初，平湖钹子书以唱为主，传统曲目多围绕"仁孝为先""劝人为善"的主题展开。然而，自 20 世纪 30 年代起，演唱内容逐渐从"才子佳人"转向"武侠仗义"，演唱方式也随之演变，逐渐形成了以唱为主、夹杂说白的风格。到了 20 世纪 40 年代中期，平湖钹子书以说为主、说中夹唱的演唱模式愈加成熟。

平湖钹子书的说、表和白都以平湖方言为基础，生动而富有地方色彩。说白时，第一人称的代言使用平湖语带中州韵，而第三人称的叙述和人物内心活动则多用平湖方言俚语。演唱书目中，除了唱词和说表外，还穿插着韵文套语的《赋赞》，数量多达百首，短则十几句，长则数百句，吟诵间塑造人物形象，描绘场景，让人身临其境。在传统书目中，角色的起音通常使用"官腔"——"中州音"，而现代书目中则可能使用普通话或各地方言，让演出更加丰富多彩。

平湖钹子书的演出形式简约而富有韵味：一个艺人左手持单片钹，右手用竹签敲击钹沿，随着节奏说唱。竹签的击打，按照书目情节和唱腔的需要分轻重缓急，节奏稳健，宛如一场声乐的盛宴。

旧时，平湖钹子书艺人常常走街串巷，演出场所不固定，主要有三种形式：一是在乡村、集市的空地上，艺人站在长凳上演唱；二是在春社、秋社、青苗社、新年社以及各种庙会上，艺人参与或主持祭祀仪式，演唱钹子书目；三是在书场或茶馆演出，分日夜两场，每场演唱2—3小时。书场的表演中，艺人们增加了醒木、折扇等道具，表演形式更加多样化，坐姿说表，站姿自奏自唱，灵活应对不同情节的需要。

平湖钹子书的唱腔简练而质朴，充满乡土气息。其核心唱腔为"1、5、3、1"，上下句紧密相连，形成独特的韵律。唱腔分为西乡调和东乡调，西乡调在民歌和其他曲种的基础上发展而来，包含慢调、急调、连环句等多种形式。

平湖钹子书的唱词大多为七字句，曲调属于五声宫调，有时也会交替使用羽宫。乐段通常由上下两句或起承转合的四句构成，落音以主音为主，结尾处的拖腔更是其特色之一。演唱时，单曲反复是其基本结构，音调、节奏、速度都可以根据书目情节和人物情感进行灵活变化。

传统的平湖钹子书演唱曲本被称为"脚本"，因其根植于农村，所以内容多围绕因果报应、醒世惊俗、城乡逸闻和历史演义等传奇故事，主题紧扣民间疾苦、婚姻自由和对伦理道德的倡导。

平湖钹子书的演出曲目分为开篇和正书。开篇多反映平湖的地方风景与风俗。正书的题材更为广泛，有讲史类、侠义类、世情类、神怪类等。现代改编的平湖钹子书曲目也不断推陈出新，如《小城春秋》《白毛女》《铁道游击队》《林海雪原》《智取威虎山》等，将传统与现代完美结合，续写着平湖钹子书的辉煌篇章。

独脚戏

独脚戏，又称"滑稽"，是一种充满趣味的曲艺形式，源自小热昏的演出传统。早期，这种表演只由一个艺人独自完成，在杭州方言中，角色被称为"脚色"，于是便有了"独脚戏"这一名称。如今，这一艺术形式在杭州、宁波、绍兴、嘉兴、湖州等地以及上海和江苏南部地区广受欢迎。

独脚戏的开创者是杜宝林，他以艺名"小热昏"而闻名。民国三年（1914），他受邀在杭州的盖世界游艺场开业时演出，凭借短小精悍的笑话与三敲赋的演唱，他迅速俘获了观众的心，这标志着"独脚戏"的崭露头角。

独脚戏的表演艺术独具魅力，演员通过幽默而机智的对话、独白和演唱，将可笑的人物与搞笑的事件娓娓道来。它以逗笑为核心，运用夸张、误会、巧合、对比、诡辩等多种手法，营造出轻松愉快的氛围。表演中，讲述的艺术技巧更是重中之重，早期以杭州方言为主，20 世纪 30 年代后，上海方言逐渐取而代之。

唱腔则融合了南腔北调、戏曲流派及民歌等元素，形成了丰富多彩的音乐风格。

独脚戏的表演形式多样，既有一个人独自演绎的"单卖口"，也有两人或三人共同表演的形式。早期，以一人表演为主，后来发展为两人对话，主者被称为"上手"，另一人则被称为"下手"。他们的表演通常是在一张桌子前，桌上摆放着折扇、木鱼等道具，为表演增添了不少趣味。20世纪50年代，三人独脚戏逐渐兴起，表演形式更为丰富。为了增强效果，某些曲目还会采用具有象征性的人物装扮，进一步提升演出的视觉冲击力。

杭州的传统独脚戏曲目多达一百个，经典代表作如《水果笑话》《过清和桥》《火烧豆腐店》《学剃头》等。这些作品不仅为观众带来了欢笑，也成为这一独特艺术形式的宝贵遗产。

武林调

武林调，又称"杭曲"，这门艺术的名字源于元代时的杭州，彼时的杭州被称为"武林"。它曾在杭州、嘉兴、湖州等地广为流传，采用杭州方言进行说唱，是一个叙唱类走唱曲种。武林调的根源可以追溯到唐代佛教的俗讲，到了清末民国初年，由杭州的"宣卷"（宣讲宝卷）演变而来，逐渐发展出独特的风貌。

在传统的武林调演出中，演员们根据各自的特长，分为生、旦、净、末、丑等不同角色。演出通常由2—5名艺人共同完成，唱和说交替进行，以唱为主，角色之间的对话幽默风趣。此外，还有2—4名伴奏者，整齐划一地操控着3—5种不同的乐器，为演出增添了音律的色彩。舞台上，靠后摆放着一张书桌，桌前用有花纹或图案的幔子围起，桌子两侧则是披着红色椅幔的椅子，营造出热闹的气氛。表演区则在桌椅前，右侧是伴奏区，2—4名伴奏者使用二胡、鼓板、小三弦等乐器，形成了一幅生动的演出画面。

武林调的演出场所主要是茶馆、书场、堂会和曲艺场。演唱时，演员们以固定的身份和性格出现，而在角色众多的曲目中，常常由一个演员扮演多个角色，展现出他们的精湛技艺。演员以本色化妆，不穿繁复的戏服，而是借助手帕、折扇等简单的道具，通过生动的动作和表情来塑造角色，形成一种轻松活泼的表演风格。演出时，演员们说中夹唱，唱中夹说，使观众在欢声笑语中领略到故事的魅力。

武林调的唱腔丰富多样，主要的曲调包括"宣卷调""平板""满江红""游魂调""二六板""大陆板"等。其中，"宣卷调"又被称为"念经调"，分为男宫和女宫，男宫称为"大经调"，女宫则叫"小经调"。早期，艺人们还常用一些地方民歌的旋律，如"春调""山歌调"等进行演唱，给武林调增添了浓厚的地方色彩。随着时间的推移，武林调的基本唱腔逐渐确定，民歌小调则主要作为插曲使用，20世纪50年代后，几乎不再使用。

武林调的唱词多以七字句为主，偶尔也会夹杂十字句，常见的"加冠"句式以及上下句结构使得歌词韵律感十足。其歌词通顺流畅，富有生活气息。早期的曲目多以宝卷和世情类题材为主，如《琵琶记》《百花台》《失罗帕》等。随着时间的推移，民间传说和其他戏曲剧目也逐渐融入其中，如《封神榜》《宝莲灯》等。此外，武林调还创作了许多颂扬新人新事的现代曲目，如《刘胡兰》《红岩谱上英雄多》《姑娘闹海》等，展示了这一艺术形式的生生不息和时代变迁。

杭州摊簧

杭州摊簧，俗称"杭摊"，又名"安康"，是一种流行于杭州及嘉兴、湖州、宁波一带的独特曲艺表演形式。它的传统曲目称为"回目"，产生于清代中期，以杭州方言为基础，属于叙唱类摊簧曲种，是南词摊簧（俗称"前摊"）中的一支。

在传统的杭州摊簧演出中，艺人们以代言体的方式分角色自奏乐器坐唱，展现出浓厚的文人气息。它的基本艺术特征在于融合了说唱，强调声腔的优雅与戏文的韵律。演出时，艺人们通常不施粉黛，被亲切地称作"摊簧先生"，观众能更直接地感受到他们的才华。

杭州摊簧一般由5—7人组成一个演唱班，有时会扩展到9—11人。演唱时，艺人们各司其职，自奏乐器，分工明确："生"拉胡琴，"旦"弹琵琶，"净"奏三弦，"末"敲鼓，"丑"打板。随着人数的增加，乐器的丰富程度也在提升，11人的编制甚至包含了扬琴和管乐器，为演出增添了层次感。除主唱的生、旦、净、末、丑外，其他伴奏者则默默奉献，营造出和谐的音乐背景。这种11人的乐队组合，成了杭州摊簧后期搬上舞台的音乐伴奏基础。

杭州摊簧的唱词以七言为主，文辞典雅、句式整齐，既押韵又平仄分明，展现出极高的语言艺术。表演时，演员会模仿所饰演的人物，动作幅度不大，但用声腔艺术区分角色特征。说白时，不同角色的口音多样，有的使用中州音，有的则用杭州本土话、扬州话或苏州话，形成鲜明的个性。

早期的杭州摊簧演出常常应乡绅、官宦和富商的邀请，在节日和喜庆的时刻举行，被称为"唱堂会"。这种演出不仅是一种艺术享受，更是社交活动的一部分。

杭州摊簧的基本唱调由平板、急板和流水板组成，分为男宫和女宫（早期并没有女演员，女宫角色由男演员担任）。唱腔注重依字行腔，要求字声精准，阴阳分明，吐字清晰。调子中常借用戏曲曲牌和民歌俗曲，插曲如《曲头》《引子》《点绛唇》等，为演出增添了丰富的层次。随着杭州摊簧的发展，戏曲曲牌逐渐融入其基本唱调，杭州摊簧形成了独特的说唱艺术曲调，其还常用一些民间小曲，如《采茶调》《杨柳青》《山歌调》等。杭州摊簧还有许多赋调，由基本调和曲牌片段加以组合变化而成，用来描绘一些回目中的人物，也称"赋赞"。

杭州摊簧的演唱曲目被称为书目，代表性的作品包括《单刀》《僧尼下山》《青凤收徒》《疯僧扫秦》《西湖春秋》等，分为"前摊"和"后摊"。早期的书目多源自昆剧《缀白裘》，被称为"前摊"，其文辞雅致，唱腔婉转抒情。而"后摊"的书目则更加通俗，反映社会底层的世情故事，唱词简洁明快，通常以七字句为主，表演形式以一丑一旦为主，丑角的唱词幽默风趣，趣味十足，深受观众喜爱。

杭州评词

杭州评词，俗称"杭州小书"，又名"文书"，曾被称为"说唱书"，是一种生动的曲艺形式，以杭州方言进行说唱，属于叙唱类弹词曲种。它在杭州及绍兴、诸暨等地广泛流行，源自南宋时期的"说话"中的"小说"，经过岁月的洗礼，逐渐演变为今天我们所熟知的艺术。

杭州评词的演出主要在茶馆和书场进行。表演时，演员在书台上坐定，自奏胡琴，用带有浓厚地方色彩的杭州方言把故事娓娓道来。每场演出通常先唱短篇，随后进入正书，节奏轻快而富有层次感。20世纪50年代初，演出形式迎来了创新，三弦的加入使得男女双档表演应运而生，丰富了观众的视听体验。

传统的表演形式中，书台中央放置一张半桌，桌前围着华丽的幔子，桌面上则摆放胡琴（二胡）、醒木、折扇、手帕、茶杯和茶壶等道具，演唱者坐在桌后，仿佛一个讲故事的智者。表演分为"表白"和"说白"两种形式。表白时，演员化身第三人，夹叙夹议，用生动的杭州方言叙述故事的发展，手势和表情更是让情节鲜活起来。而"说白"则是第一人称的代言，称为"官白"，这时生角使用中州韵，且角则主要使用杭州语，小旦与丑角则用苏州方言，形成了鲜明的个性。

杭州评词的唱腔曲调源于南词，随着时间的推移，不断吸收当地民歌的小调，逐渐形成独特的风格。基本曲调称为"平调"，以七言句式为主，韵律分明，流畅自然。根据不同角色和情感的变化，演唱中又衍生出了喜调、怒调、悲调、快板调等多种唱腔。喜调旋律婉转舒展，偶尔大跳；怒调则激昂高亢，常用快速演唱与激烈的旋律来表达角色的愤怒；悲调低回，节奏缓和；快板调则中速流畅演唱，常用拖腔，旋律层次丰富，一般用于抒发悠闲雅致之情。

杭州评词中的演唱曲目被称为"书目"。长篇书目在说唱中交替进行，被称为"正书"，而只唱不说的短篇曲目则叫"提唐诗"。其唱词多为七字句或加衬词，结构对称，双句押韵，通俗易懂，犹如耳边的轻语。提唐诗则完全用七言韵文演绎，富有韵律感。

传统的长篇书目多以世情题材为主，如《珍珠塔》《十美图》《双珠凤》《玉蜻蜓》等；侠义题材如《粉妆楼》《三门街》等；神怪类则有著名的《白蛇传》《红蛇传》《青蛇传》等。短篇曲目同样丰富多彩，包括《韩信问卜》《江边老渔翁》《西厢记》等，更有滑稽的开篇《半字开篇》，让人忍俊不禁。杭州评词的每一次演出，都是一次文化的传承与再现，让观众在欢声笑语中感受曲艺的魅力。

杭州评话

杭州评话，俗称"杭州大书"，也称为"说书"，它在杭州、宁波、绍兴、金华等地广为流传。作为一种独特的曲艺形式，杭州评话以杭州方言为载体，主要是讲述而非演唱，偶尔穿插韵诵七言句式的"赋赞"，让人恍如置身于古老的故事之中。

这一艺术形式起源于南宋时期临安（今杭州）瓦子勾栏中的古代曲艺"说话"和"讲史"，在明末清初逐渐成熟并兴盛。清嘉庆至道光年间（1796—1850），王（春乔）派和谢（万春）派两大流派相继形成。1839 年，艺人王春乔带领众人成立了杭州评话社，标志着这一艺术的正式组织化。民国四年（1915），评话社更名为杭州市评话温古社。在中华人民共和国成立前，杭州评话的表演兴盛，吸引了众多观众。

传统的杭州评话表演通常由一个说书人独自进行（偶尔会有双档表演），他们用杭州方言娓娓道来各种故事。演出主要在茶馆和书场进行，书台上横置一张围有桌围的半桌，桌后是加高的靠背椅，桌面上摆放着茶壶、茶杯、醒木、折扇和手帕等道具，营造出浓厚的文化氛围。演员大多以坐姿演出，但为了更好地塑造人物或推动情节发展，他们有时也会站立或小幅度走动，增强表演的生动性。

在讲述中，评话人以第三人称的"表"讲述故事，生动描绘人物的内心活动，展开情节，语言流畅而富有节奏感。表演中常常穿插"噱头"（也称"嬉头"），让故事更具趣味性。演员模拟故事中的人物，称为"起脚色"，他们的表演动作往往模仿戏曲中的人物的动作。第一人称的语言称为"白"，分为"官白"

和"私白"等多种形式。"表"和"白"主要以散文为主，但也包含一些韵文，如"挂口""引子""赋赞""韵白"等。

"挂口"是角色的自我介绍，"引子"则是说书人对故事的引导，而"赋赞"是艺人们口口相传的描绘人物形象、穿戴特征以及背景环境的韵文，增强叙事的节奏感，仿佛低吟浅唱，带来音乐般的韵律感。"韵白"则以韵文的形式叙述情节或总结书情。

杭州评话的演出曲目称为书目，传统书目多为长篇故事。每回书目中，艺人们都会巧妙设置"关子"，引发悬念。一部传统的长篇书目可以连续演出 1—3 个月，而在众多传统书目中，有 50 多部影响深远，内容和题材各具特色。有讲史类故事、历史演义类英雄传记、侠义类故事、公案类故事、神怪类故事等。每一段故事都仿佛带领观众穿越了时空，去体验那段辉煌的历史与传奇。

温州莲花

温州莲花，别名"唱哩啦哩"，是一种源自温州道情的曲艺形式，使用温州本地方言演唱，是浙南地区的第二大曲种。它在温州市的郊区以及乐清、永嘉、平阳、瑞安等地广为流传，尤其是在温州鹿城区和永嘉县，它更是人们喜爱的文化瑰宝。

温州莲花的全名应是"莲花乐"或"莲花落"，其表演形式多样，最初为一人演唱，分为坐台和排街两种形式。在佛诞节、集市等特殊场合，艺人们会在庙宇和祠堂内登台演唱，称为坐台。而排街则是游唱，艺人们逐家逐户地走唱，带来欢声笑语。自 20 世纪 50 年代起，演出形式逐渐演变为两人坐唱，称为"双档"，有时也会增加到三人演唱。其中，主唱（"上手"）手持道情筒（即"渔鼓"），而另一人（"下手"）则持简板，击节助唱，配合默契，演出气氛热烈。

温州莲花的伴奏乐器与道情相似，分为大莲花、小莲花、对口莲花和讲唱莲花。前两者的主要区别在于下乐句甩腔和衬腔的长短不同；对口莲花的唱腔和大小莲花相同，但在接腔时，甲、乙两人都会加上一个"哎"字，活跃气氛，演唱方式更具互动性，常常在街头巷尾带来阵阵笑声。

温州莲花的曲调简洁而富有韵律，上下两个乐句构成单乐段循环，曲体大多使用五声音阶，每句后面都有甩腔的点缀。除了"讲唱莲花"外，温州莲花一般只唱不说，唱腔曲调丰富多样，包括"开始曲""道情窦""悲腔""慢板""中板""叠板""凤凰尾"等。其曲调与民歌相近，词句通俗易懂，注重发音的清晰、节拍的明确，演唱时高低快慢各有变化，给听众带来不同的感受。

温州莲花的唱词以七字齐言句为主，也有五言和十言句式，偶句之间常押韵。有时第一句也会押韵，称为"起韵"，为了增强气氛，有时会在换韵后再换回来，称为"插花韵"，使得表演更加生动。

温州莲花的曲目丰富多彩，分为大、中、小和小段头，共有250多部传统曲目，其中长篇曲目近百部。大多数曲目围绕世情题材展开，部分则与民间宗教信仰相关，展现出浓厚的地方色彩。此外，还有许多反映温州民俗民情和乡土气息的传统长篇，如《刘文龙》《双江渡》《赐金牌》《九曲伞》《高机与吴三春》等。这些传统长篇曲目的演唱时间通常在10小时左右（分为3—4场），而中篇曲目则在3—4小时，带领观众在声声唱腔中领略温州独特的文化魅力。

绍兴宣卷

宣卷，简称"宣讲宝卷"，俗称"讲经"或"讲善书"，起源于宋元时期的讲经文，源头可追溯到唐代的"变文"，那是一种边唱边讲的叙述方式。宣卷是融合了宗教色彩的说唱艺术，主要用于祭祀和祈福。绍兴宣卷在清末至民国初期形成，以绍兴方言为基础，流行于绍兴、萧山、上虞等地的农村，成为绍兴五大曲种之一。

宣卷的内容丰富多样，通常包括佛教教义、民间故事等，主题多围绕惩恶扬善、和睦邻里展开，非常贴近人们的生活。其文本形式为散韵结合，语言通俗易懂，故事情节引人入胜，使听众易于理解。演出时，艺人会把卷本放在桌上，依照卷本进行演唱，因此得名"宣卷"。

在旧时，宣卷艺人的社会地位相对低下，许多艺人并非专业人员，且存在"父不传子"的习俗，师徒关系也不太严格。然而，自20世纪90年代起，绍兴宣卷的传承方式发生了显著变化，越来越多的艺人开始从父辈学习，出现了"传子也传女"的情况。

绍兴宣卷主要分为"平卷"和"花卷"。"平卷"仅使用木鱼击节，演唱者不需要伴奏，只依赖清亮的歌声。而"花卷"则在木鱼伴奏的基础上，增加了二胡、三弦或月琴，让演唱更为丰富。过去以"平卷"为主，自20世纪90年代起，逐渐以"花卷"演唱为主，通常由3—4人组成班队。

演出时，艺人围坐在桌子旁：一个面朝南的"禄位"（"书位"）负责翻卷本，通常担任旦角；一个面朝东的"福位"
（"鱼位"）以高音木鱼击节，通常担当杂色角色；而面朝西的
"寿位"（"醒位"）则击醒木以增强演唱声势，并标示唱调的
转换。若有四人演唱，则还会有一个"茶位"，负责斟茶；若只
有三人，则"书位"或"醒位"会兼任这一角色。其中，"鱼
位"往往是多才多艺的角色，也是演唱时的指挥，宣卷班通常以
"鱼位"为首，组成团队，受雇于人，在神诞、庆寿、贺迁和祭
奠等场合演唱。

　　绍兴宣卷的唱调称为"宣卷调"，唱词的基本格式是七字
或十字齐句，音乐上则以上下句的组合为主，结束时常以"南无
阿弥陀佛"作为腔尾。除了基本的宣卷调外，唱腔还吸收了多种
外来曲调，依据情节和情感的变化恰当地穿插演唱。例如，有绍
兴调腔的"阴四平""佛莲花""启奏调"等，还有来自绍剧的
"二凡浪板"生腔，以及民间小调如《阴世调》《行聘调》等，
快板的"连板"唱腔则在紧张激烈的情节中使用，形成了独特的
艺术风格。

　　绍兴宣卷的唱本，即卷本，通称"宝卷"，大致有一百本。
宝卷的结构包含韵文与散文，相互交织，韵文占主导，每个卷本
分为多个回目，表唱与表白相对较少，类似戏曲剧本。开篇常以
"某某宝卷初展开，诸佛菩萨降临来"作为引子，结尾则大多是
劝善的长篇教诲。

　　卷本的内容多样：有的与佛教经典相关，如《刘香女宝卷》
《目连宝卷》等；有的与戏曲相似，如与绍兴调同目的《西厢
记》《琵琶记》《粉玉镜》等，还有与绍剧或越剧同目的《凤凰
图》《三官堂》等。民间传说故事也被收录其中，如《珍珠塔》
《玉蜻蜓》等。其中，《卖花龙图》《割麦龙图》和《卖水龙

图》合称"龙图宝卷"，是艺人们常演的曲目。短段传统曲目包括《八仙庆寿》《花名宝卷》《庆寿宝卷》等，诸多精彩内容让人沉浸在绍兴宣卷的艺术魅力之中。

绍兴词调

绍兴词调，俗称"花调"，是以绍兴方言演唱的叙唱类弹词曲种，带有一丝地方特色的韵味。它起源于旧时的民间艺术，通常由3—9个盲艺人分角色演绎动人的故事，广泛流传于绍兴市区及周边地区。传说中，绍兴词调与元明时期盛行的词话有着深厚的渊源。

演唱的内容大多充满了庆贺、祝愿的色彩，常在喜庆的场合如婚礼、三朝、接轿、做寿、剃头、乔迁等进行表演，被称为"堂会"。在平日里，还有娱乐性质的演唱，称为"无事书"。但他们绝不会参与丧事或祭祀活动。在喜庆的场合，演唱通常以庆寿（白天）或寿赐（晚上）开场，接着唱一段节诗，最后再演一回正书，整场表演持续4—5个小时，气氛热烈而欢快。

绍兴词调的演唱方式为坐唱，分为三品、五品、七品和九品。演唱者通常自弹自唱，3人或5人分角色演出。三品通常包含三弦、二胡和扬琴，弹三弦的艺人一般为男性，被称为"弦位先生"。五品则增加了月琴和提琴；七品还引入了琵琶和笙；九品则再添箫和双清，形成丰富多彩的演出阵容。

在演出中，生、旦、净角使用绍兴方言——"中州韵"演唱，而丑角则用绍兴土话，偶尔夹杂苏白的元素。表演手法独特，融合了说、唱、表、噱、奏，通常以唱为主，白话对话较少，唱词往往采用代言体，生动而富有表现力。

　　绍兴词调的唱腔分为蓑衣谱、本调和十字调三种，此外还有一些小调俗曲。蓑衣谱又分为子喉（假嗓）和大喉（真嗓）。子喉蓑衣谱主要用于小生、小旦和小丑角色，通常由女性艺人担任；而大喉蓑衣谱则是老生、老旦和净角的专属唱腔，通常由男性艺人演唱。本调唱腔悲怆且拙朴，适合用于哭诉和悲叹的场合；而十字调则因其曲折优美、委婉动听的特点多用于抒情。三种唱腔之间可以自由转换，形成丰富的音乐对比，给观众带来耳目一新的体验。

　　演唱者不仅是演唱者，还是伴奏者，他们将唱腔与伴奏紧密结合，使得句式变化和十字调中的拖腔、行腔若断若续，伴奏连绵不绝，展现出"雅俗共赏、唱调欢快、绘声绘色、喜庆热烈"的独特风格。

　　绍兴词调的长篇曲目分回目演唱，称为"回书"或"正书"，短篇曲目则称为"节诗"。这两类曲目均无抄本，依靠口耳相传，因而在唱词中时常会出现误差。绍兴词调的回书在人物对话和交流方面表白较少，更多地采用代言体，类似戏曲的演出本。

　　回书的内容大多围绕才子佳人的故事展开，结局往往是欢喜团圆的。传统的回书曲目有 18 部，如《珍珠塔》《白玉戒》《梅花戒》《白狐裘》等，每场演唱根据喜庆场合的需要选择合适的回目，但如今许多回书曲目已经失传。而节诗则相当于弹词中的开篇，共有五六十部传统曲目，其中经典的包括《十二花名》《二十四节气》《百鸟节诗》《宫怨》等，每一部都如花般绚烂，承载着绍兴深厚的文化底蕴与历史传承。

唱新闻

唱新闻，又称为"锣鼓书"，起源于清末，是用宁波方言来叙述和演唱时事新闻的一种艺术形式。它在宁波市镇海、象山、慈溪、奉化以及舟山市定海、普陀、岱山等地流行，因为所唱内容大多是时事新闻，因此得名。

过去，唱新闻的艺人大多是盲女瞽男，生活在社会的底层。他们在城市街道、船码头、村庄里演唱，四处奔波，特别是在农民中有广泛的影响。只有唱功较高的艺人才能进入茶楼或书场演唱。

过去，唱新闻的盲艺人是坐着演唱的。演出以唱为主，说的部分较少，通过声腔艺术来叙述故事情节和塑造人物形象。演唱方式有一人独唱和两人合作唱两种。一人独唱时，艺人左腿上放着一个小鼓，左手拿着小锣，右手拿着鼓槌和竹片，自己击锣和鼓来伴唱。两人合作独唱时，一人主唱打板，另一人在旁边敲锣擂鼓相伴。伴奏乐器也很简单，主要有小鼓、小锣、鼓槌或竹片，有时甚至用杯碗代替。

演出前，唱新闻会先打锣鼓几次，称为"闹场"；开始演唱时，会先唱4—6句应景的唱词，叫作"书帽子"；然后打锣鼓一阵；随后演唱正式的内容。由于演出场所不同，唱新闻有不同的称谓：在庙会或集市上演唱，称为"唱灯头"；进入书场演唱，称为"唱场子"；站在民宅门口演唱，称为"唱门头"；走进居民天井或厅堂里演唱，称为"逻便场"；在船上为旅客演唱，称为"唱火轮"或"唱航船"。

唱新闻的曲调分为宁波和舟山两种。宁波唱新闻的曲调以当地民歌小调为基础，借鉴了四明南词和宁波走书等曲种的曲调和唱腔。歌词大多是七字句式，也有长短句式，偶句押韵，通俗易懂，带有浓厚的口语特点，使用宁波方言来演唱。基本的曲调有镇海调（即新闻调，由镇海民歌马灯调演变而来）、慈调、哭调、悲赋调等。

舟山流行的唱新闻的曲调有长韵调（也称为"流水板"）、短韵调（也称为"三弯调"）、赋调（也称为"慢板"）、哭调等。它们的共同特点是将歌唱化的说白和朗诵化的歌唱结合起来，既像说话又像唱歌，能够相互连接。长韵调是舟山唱新闻的基本曲调，演唱速度适中，以叙述故事情节为主。

唱新闻的演出曲目被称为"书目"，传统的书目以时事类题材为主。主要的中、长篇书目（称为"正书"或"当家书"）有《吊发圆》《钉鞋记》《借珠花》《元宝记》等，其中《吊发圆》是象山唱新闻独有的曲目；短篇（称为"开场书"）有《癞头抬老婆》《光棍调》《劝赌》《打养生》等。

永康鼓词

永康鼓词，通俗称为"唱故事"或"唱公事"，是一种以纯正的永康方言为基础的单口说唱的叙唱类鼓曲。它形成于清代中期，在金华永康、武义、磐安等地以及丽水部分地区流传，其中以永康和武义最为兴盛。历史上，永康鼓词的演出者大多是盲艺人，都是男性，民间称之为"唱故事先生"。清末至民国初期，是永康鼓词最为繁荣的时期，知名的鼓词艺人多达百余人。

永康鼓词的表演以单人坐唱为主，只需一张凳子即可。艺人身穿长衫，端坐板凳上，右手中指、无名指和小指扶着放在右腿上的扁鼓，用拇指和食指夹着鼓棒击鼓，同时用小竹夹板击节说唱。扁鼓，俗称"鼓板"，形状像盆，因此也被称为"盆鼓"。演出前，艺人会先以扁鼓和竹板奏击，通常演奏一曲戏曲音乐，称为"闹台"，用来吸引听众和营造气氛。曲目中的鼓点有二击鼓、三击鼓、六击鼓、火枪鼓、大鼓等五种击打方法，也会击打鼓边等，用来渲染曲目中不同的情景。

永康鼓词在开始演唱之前，通常会先唱一段称为"摊头"的开场诗词，有七言四句或八句。正文即为演唱的曲目。在每个长篇曲目的回目之间和情节发展的关键处，会设置关子，以制造回目之间的悬念。永康鼓词的演出场所不固定，过去艺人会在街巷间进行表演，或者受邀到人家里演唱。现在大多在庙宇祭拜神佛的时候，受邀前去演唱，或者在应邀参加寿庆等民俗活动时演唱。一场演出通常演唱1部曲目，持续3—4小时，中间有休息时间。

永康鼓词的音乐曲调以当地民歌小曲为基础，吸收了乱弹戏曲音乐元素。基本的调式叫作"鼓词调"或"鼓词腔"，又分为慢板、哭调、中板、快板和散板。有些曲目还根据人物的喜怒哀乐，分为喜调、悲调、怒调和水平调等。

永康鼓词以唱为主，散韵相间。唱词主要采用七言上下句，使用当地方言押韵，有时加上冠词和衬字，也有长句和短句，较为自由。散说部分主要叙述故事梗概。以说唱者的身份简要叙事，或者评议曲目中的人物，称作"说表"。为人物代言称为"说白"。

永康鼓词传统曲目有200多部，以世情类题材为主，也涵盖了公案和侠义等题材，曲目内容相互交织。唱本按照篇幅分为长、中、短篇本三种。传统的曲目主要包括《五女拜寿》《水红菱》《双金钱》《芙蓉扇》《玉钗记》《结发记》等。

苏州弹词

苏州弹词与苏州评话合称为"苏州评弹"，是以苏州方言为基础的说唱叙唱类弹词曲种。它起源于苏州，流行于长三角太湖文化圈一带。由于苏州评弹的内容大多是由家庭纠纷、爱情婚姻的风波而引发的案件和官司等故事，艺术表演风格婉约、精致、文雅，因此又被称为"小书"。

明代后期，苏州弹词经过长期的演变和发展，在民间越来越流行，并传到了浙北地区。清朝咸丰年间（1851—1861），苏州弹词已经在嘉兴、湖州等地的城镇盛行起来。20世纪40年代初，苏州弹词传入杭州，后又逐渐传播到了绍兴、宁波等地。在浙江境内，苏州弹词主要流行于杭州、嘉兴、湖州、宁波和绍兴等地。

苏州弹词的演出形式以"档"为单位，包括单档（1个人演唱）、双档（2个人演唱）和三档（3个人演唱）等。无论有几个演员，苏州弹词都是坐着说唱的，只有在必要的时候才会短暂地移动或站立。演员自己操持三弦、琵琶等乐器伴唱，既有说又有唱，但以说为主。演出时的主要道具有折扇、醒木、手帕、茶杯、茶壶等。

苏州弹词在形成和发展过程中吸收了各种艺术形式的精华，形成了丰富的艺术手段，包括说、噱和弹唱等。它借鉴了昆曲和京剧的表演技巧，结合听觉艺术的特点，运用嗓音变化、身体动作和面部表情等，成为一种综合性的说唱艺术形式。

苏州弹词的主要艺术技巧包括说功、唱功和起脚色。说功是苏州弹词最为重要和难以掌握的技巧，要求口齿清晰、吐字有力，苏州话纯正，语言表述清楚、准确，词汇丰富，同时还要求语气语调的轻重缓急、抑扬顿挫恰到好处，富有节奏感和韵律感。唱功上与其他说唱曲种的要求相差不大。起脚色包括语言和形体的模拟，听觉和视觉两个方面的表演。

苏州弹词的唱词一般采用七字句式，有时会加上衬字和垫字，注重平仄格律，按照苏州方言进行押韵。苏州弹词的唱词结构是"起—叠—落"，唱腔结构是"起—平—落"。弹词所唱的原本是吟诵的曲调，会根据语言声调和语气进行行腔，明确易懂，流畅清晰，富有情感，注重韵味。由于演唱者和所说书目的不同，苏州弹词形成了多种不同风格的唱腔流派。

苏州弹词演出的曲目称为"书目"，以长篇为主。1 部长篇书目通常每天演出 1 回，演说时间为 45—100 分钟，连续演唱两三个月。在浙江传承并经常演出的传统长篇书目包括《文武香球》《杨乃武与小白菜》《白蛇传》《顾鼎臣》《描金凤》等。具有影响力的新编历史题材类长篇书目有《董小宛》《西太后》《包公斩白妃》《沈万三》等。在新编的现代题材书目中，有影响力的长篇有《李双双》《神医劫难》《血碑记》等，中篇有《新琵琶行》《冤家夫妻》《白雪丹心》等，短篇有《位子》《热心人》《上岗》等。

传统体育、游艺与杂技

非遗集

翻九楼

翻九楼，又称"吊九楼"，是一项流行于浙江萧山、东阳等地的杂技表演。它通常见于祈雨、祈福、祛凶辟邪和祈求平安的仪式中。

据萧山和东阳等地的情况分析，"翻九楼"可能源于"孟姜女哭长城"的传说。孟姜女的丈夫万喜良在修筑长城时死于非命，孟姜女的哭泣导致长城倒塌，秦始皇打算处死孟姜女，但在见到她后改变了主意，想要她入宫。孟姜女不愿意，于是提出三个条件来拖延时间，其中之一就是要建起九九八十一层的洪楼来超度万喜良。

洪楼，又称"鸿楼"，俗称"九楼"，指的是用于超度亡魂的高楼，可能是由49张桌子叠成的9层楼或81张桌子叠成的13层楼。洪楼象征着亡魂升天道路上的难关，翻越这些难关才能到达天堂，因此该表演被称为"翻九楼"。洪楼炼度道场是专门为超度死于非命的亡魂而建的场所。

传统的洪楼炼度道场需要三年时间才能完善。第一年称为"起九楼"，第二年为"温九楼"，第三年才是"翻九楼"。整个仪式以道场为中心，由道士主持，结合法事进行。在第三年进行的翻九楼表演，是一项非常惊险且难度极高的活动。随着传承及演变，很多仪式和项目逐渐消失，只有翻九楼作为杂技和体育竞技活动被保留下来。

据传，翻九楼分为大九楼和小九楼。大九楼是由 49 张八仙桌叠成金字塔形状的结构，但已经失传。现在我们所说的翻九楼通常指的是小九楼。它通常是在宗庙前的宽阔场地或者房前屋后较大的空地上用 9 张八仙桌搭建起的 9 层楼台。9 层楼台有 2 根粗大的杉木埋立在地下，称为"九龙柱"，每根柱子顶上有 4 根绳索向四方拉扯，称为"九龙索"或"九楼索"，2 根柱子之间的桌子层叠，并紧绑在九龙柱上。楼台上还搭建有祭台，祭台分为高低 2 层，高祭台有 3 层，高达 10 多米，非常惊险。低祭台由 1 张八仙桌组成，上面摆放着香炉、红烛、茶和酒等祭品；高祭台上摆放着猪、羊、鸡等祭品，以及香烛和文书等。

9 层楼台的右侧用 18 根竹子两两相对搭建起九重门。九重门的出口处还搭建了一座"仙桥"。仙桥的南面竖立着"圣竹"，圣竹的南边放置了火盆。此外还有旗子、牛角号、经书、酒樽、幡，以及鼓、锣、钹、号等乐器，还有五雷令牌、震铃、龙角、龙鞭、超度文书、法衣、纯阳帽、钢叉、流星锤、纸扇等道具。

一切准备就绪后，主持道士点燃香烛向六方参拜，东家在 9 层楼台四周按逆时针方向洒鸡血以祈求平安，这是祭台的仪式。之后，主持道士与仙师进行净场。随着锣鼓声和道旗的引导，人们抬着神轿跨过仙桥，穿过九重门，绕过圣竹，进入活动场地。请神之后，主持道士开始做法事，念经唱咒。同时，2 个九楼仙师开始整理行装，准备翻九楼。九楼仙师进入场地后，主持道士开始诵读翻九楼文书，并在念完文书后将其焚烧。随后，正式开始翻九楼。

调吊

调吊，是一项绍兴市独有的传统体育杂技项目，以纯粹运用肢体语言在空中进行悬挂表演为特点。它诞生于清代中后期，表演者在一条或两条悬布上运用肢体语言，展示各种动作，不仅有吊动作，还辅以舞蹈，因此被称为"调吊"。表演者还可以装扮自己。调吊是绍兴目连戏中的经典节目，被称为"男吊"或"七十二吊"。

绍兴的调吊起源于江湖艺人在绍兴地区的表演。最初，它只是江湖艺人的杂要，被称为"三上吊""杠上单吊"等，演员将头上的辫子吊在高悬的绳索上，做一些简单的前后左右摆动动作。清末时，绍兴出现了第一位有名的调吊艺人金阿祥，他在不断的摸索和实践中创造了"十八吊""三十六吊"甚至"四十九吊"的复杂动作。鲁迅在少年时期曾观看过男吊表演，并在《女吊》一文中对男吊的精彩演出进行了具体描写。

调吊表演的场合主要有三种。一种是在目连戏演出中进行"男吊"表演。根据剧情需要，演员裸足赤臂，以筋斗亮相，然后跃上悬布，开始进行各种动作表演。另一种是在运动场上，作为一项民间体育项目进行表演。将4辆自行车排成四方形，在自行车上搭建棚架，再架设横梁和吊布，表演者在4辆自行车上骑行的同时，在悬挂的吊布上展示精彩的动作。还有一种是在舞台上，作为一项独立的空中杂技表演。在舞台正上方悬挂6米以上高度的吊布，表演者在吊布上进行表演。

调吊的表演特点主要有三点。首先，调吊是纯粹的肢体动作表演，演员从上台到下台，没有一句台词。其次，动作生活化。调吊的动作大多是艺人通过观察动物和凭日常生活中的灵感创造出来的。例如，看到青蛙纵身跳入水中，就有了"青蛙劈水"的动作；看到鱼跃出水面，就有了"鲤鱼跳龙门"的动作。最后，表演难度极高。演员没有安全带等保护装备，也没有其他辅助设备，只靠自己在吊布上完成旋转、翻转等各种动作。演员按照单条布和双条布的顺序进行表演。他们时而突然腾空飞起，时而猛地扑下，时而钻入钻出吊布环，时而飞旋翻滚，在吊布上展示出各种惊险的动作。

九狮图

　　九狮图，亦称"颠狮子"或"拉线狮子"，是一种充满活力的表演艺术，属于线狮的独特流派。它巧妙地将人类的动态表演与道具狮子的灵动结合在一起，生动地模仿狮子在奔腾与跳跃时的雄姿。该活动主要在浙江省的永康与仙居一带流传。

　　九狮图的历史可以追溯到宋朝，早在明朝洪武时期（1368—1398），永康石桥头村的篾匠胡大棠便首次创作了"三狮图"，寓意吉祥、平安与丰收。随着时间的推移，到了清代，拉线狮子在永康和仙居一带越发盛行，形成了单狮、三狮乃至五狮的多样化表演。民国二十七年（1938），石桥头村的胡望仪与胡新妙将五狮改进为七狮，并在狮架上方绑上两只固定的守门狮子，创造出如今所称的"九狮图"。同时，横渡村的吕兴通与吕凤仪等人也将传统的子母双狮图发展为九狮图，丰富了这一文化表现形式。

　　九狮图的魅力在于它并不直接以人体舞蹈为核心，而是借助精巧的道具与巧妙的操控，通过38根纤绳将狮子的每一个跳跃、每一番旋转都栩栩如生地呈现出来。这也是"拉线狮子"名

称的由来。表演时，七狮的扑腾、闪避与翻跃，犹如猛兽在林间狂奔，因此被称为"颠狮子"。

　　基本的九狮图道具包括 1 个高耸的狮笼（也称"狮架"）、9 只金发狮子和 1 个色彩斑斓的绣球，由 11 名操作艺人默契配合，拉动纤绳操控狮子舞动。当表演开始时，4 名长管先锋吹响激昂的号角，随后锣鼓声轰鸣，气氛顿时热烈起来。突然，1 只被称为"狮王"的大狮子如闪电般冲出狮笼，前扑后闪、左腾右挪、上跳下跃，仿佛在进行一场狂欢的舞会。随着节奏渐渐放缓，"狮王"轻巧地叼住高悬的绣球，摇摆扭动，表现出喜悦的憨态。

　　紧接着，"狮王"转身引出 4 只幼狮，他们跷腿搔痒、舔毛、挠耳，尽显柔情万种。此时，狮笼上方的 2 只狮子也在灵动跳跃，履行着守门的职责，七狮同舞，嬉闹声此起彼伏，瞬间，气氛再度达到高潮。就在观众们沉浸在这热烈的表演中时，"狮王"忽然昂首一跃，撞开顶端的绣球，里面的2只幼狮也紧随其后，慢慢爬近"狮王"，被其温柔地拥抱，场面温馨动人。随着最后的高潮落下，狮笼顶端的龙口喷涌出清水，象征着甘霖从天而降，寓意着风调雨顺、天下升平。

道具狮笼是由杉木条精心打造而成的，分为笼体、挑头和绣球三部分。狮笼高305厘米，上笼与下笼的设计巧妙而独特，原本的扶手设计已被改装为万向轮，让表演更加流畅。狮笼的两侧镶嵌着精美的镂花回笼档和彩色流苏，前方则是华丽的黄铜圆柱，上方装饰着龙腾戏珠的图案，挑头更是装饰有小龙，整体设计富丽堂皇。

道具狮子则由竹片编扎而成，金黄色的外表用染好颜色的牦牛毛包裹，配合38根长短不一的纤绳，灵动而富有生气。11名操作艺人头戴绒花英雄巾，身着蓝色或红色的紧身箭衣，裤子为灯笼裤，脚踩轻便布鞋，形成一幅生动的画卷。

鼓乐手们气势磅礴，12名乐师携带长管先锋号、唢呐、大鼓与钹，奏出激昂的乐曲，助力九狮图的精彩表演，带来一场视觉与听觉的盛宴。

十八般武艺

五常十八般武艺，又名"五常拳灯"，是一项源远流长的民间武艺，起源于明代，鲜活地融合了健身、防身、竞技，具有观赏性。它在杭州市余杭区五常一带广为流传，成为当地的文化瑰宝。

相传，明正德七年（1512），历任刑部尚书、太子少保等职的大臣洪钟，在告老返乡后，将自己多年所学的十八般兵器操练法传授给乡亲们，旨在让乡亲们保家卫国，强身健体。他以各种木质材料制作出独特的兵器，上面雕刻着栩栩如生的龙凤图案，形成了五常特有的刀、枪、剑、戟、棍、锤、耙、镗、斧等十八种木制兵器。同时，他创编了 108 套操练套路，甚至把家中的长凳都变为练习的武器，创作出"凳花套路"。如今，杭州市五常社区仍然保存着一套百余年前由村民集资制作的木质十八般兵器，成为珍贵的历史遗产。

在五常十八般武艺中，基本器械共有十八种、十九件，绝大多数是长杆兵器，其中不乏生活中的器具或与农具相似的物品。它们大致可分为以下几类：以砍刺为主的带刃器械，如龙刀、凤刀、方天戟；以击打为主的棒棍器械，如五常棍、金瓜锤、李公拐、枣逆槌；还有砍、击兼备的刃槌类器械，如文耙、阳镗、笔艺爪（也称"判官笔"）。长柄器械被称为"长十八"，短柄的刀、剑、鞭、锏等则被称为"短十八"，而三节棍、流星、索套等以绳链连接的器械则被称为"软十八"。

表演时，各种器材的展示伴随着击打音乐的节奏，气氛越发热烈。每场表演并非立即进入激烈的打斗，而是先进行"请手"，表演者持器械端立，向观众拱手致敬。如果是双人对演，则需要相互拱手，表达谦恭之意。随后，表演者敏捷地摆出一个武术步势，亮相之后，各种套路便依次展开。

套路的展开在空间上可分为上、下、前、后、左、右、正、侧等方位，既有攻势也有守势，转换自然流畅，随着锣鼓的节奏越来越紧凑，操演的节奏也随之加快。除了对练，砍杀用的刀斧类动作，起势套路是慢条斯理的磨砺动作，似乎在传达着"欲善其事，先利其器"的深意。最终，随着鼓声的猛击，锣鼓声戛然而止，表演者收拢器械，恢复常态，再次向观众拱手致意。如果是双人对演，二人也需相互行拱手礼，以示尊重。

五常十八般武艺中还蕴藏着丰富的刀谱拳经，包括《青龙偃月刀谱》《笔艺抓谱》《龙鱼斧谱》《金刚鞭谱》《四门拳经》《武松打虎拳》等，这些经典的武术谱文巧妙结合了五常方言和武林术语，每一句都蕴含着技术要领，为演练提供指导。

在操练时，伴随的锣鼓演奏被称为"拳灯鼓"或"长拳鼓"，主要使用的乐器有锣、鼓、钹，鼓声如同节奏的指挥。表演时，中央设有两只鼓，左右则是锣和钹，若是排练阵容较为庞大的"威武阵"，中间会增加一只大鼓，两旁则设置小锣和小钹，气氛愈加热烈。

总之，五常十八般武艺融合了娱乐、健身与竞技，不仅是贴近农村生产、生活和文化的活动，也是节庆和庙会中不可或缺的精彩表演。每一场展示都将武术的魅力与乡土文化交织融合，令人陶醉不已。

高杆船技

高杆船技，起源于明末清初，经历了清代中后期和民国时期的辉煌，成为桐乡及周边地区的一项独特的水上民间体育活动。这项杂技不仅是一种娱乐形式，更是一种生动的民间文化活动。其精神内核根植于蚕神信仰，表演则是桐乡蚕花水会中的一项重要祈神活动，通常在清明节前后三天隆重举行。

高杆船杂技的表演地点需要选择水面开阔、视野良好、交通便利且水流平缓的地方。最早的表演场地在桐乡马鸣庙东侧漾口。如今，桐乡的高杆船杂技遍布洲泉镇夜明村、清河村、坝桥村、马鸣村等地，这里是杭嘉湖地区著名的水乡和蚕乡，因蚕桑生产习俗而孕育了这种独特的艺术形式。其中，清河村的双庙渚高杆船杂技表演尤为热闹和隆重，历史悠久，吸引了众多观众。

高杆船杂技的表演道具多样，包括农船、石臼、木板、竹子、升箩、绵绳索（或白丝绸）、红绸布和大蒲团（或小废轮胎）等。在表演之前，需要对这些道具进行仔细的检修和拼接。首先将 2 条木船并拢固定，以提高稳定性，然后在船头放置 1 块木板，木板上放置 1 个重重的石臼，臼中竖起 1 根长毛竹（即"总竹"）。总竹的 1/3 处用 4 株小毛竹固定，在向上 1/3 处穿上 1 个大升箩，而竹梢上则穿上 1 个小升箩，表演者的动作多在这 2 个升箩之间进行。由于重力的作用，竹梢自然成弧，与水面平行，表演者稍有不慎便会跌入水中，既刺激又充满挑战。

桐乡素有"蚕乡"的美誉，当地人尊称蚕神马鸣王为"蚕花娘娘"，会在蚕季时祭拜蚕神，祈求蚕花丰收。高杆船杂技的表演者被称为"蚕神"，他们身穿白衣白裤，象征着蚕宝宝的健康色彩。表演者如同蚕宝宝般，灵活地爬上高杆，双手双脚并用，身体一伸一缩，展现出敏捷的身姿，仿佛在表达蚕儿的健康活泼。整场表演包含 18 个动作，如顺撬、反撬、反张飞、硬死撑、扎脚背等。虽然如今能完整表演全套动作的人并不多，但他们的每一个动作都极具表现力。

高杆船杂技的表演动作大多模仿蚕的形态与行为，例如坐大蒲团、咬大升箩、咬小升箩，动作间上下摆动、左右摇晃，仿佛蚕宝宝在小桑枝上啃食叶子。而反张飞则表现蚕吃饱后懒洋洋地休息的样子；扎脚背、扎后脚、扎脚踝则展示了蚕成熟时，扭动着准备化茧的情景；蜘蛛放丝则形象地再现了蚕吐丝时不慎掉落的诙谐画面。其他一些富有观赏性的动作，如顺撬、反撬、围竹、掮竹等，为整个表演增添了更多的精彩与趣味。

高杆船杂技以其独特的文化底蕴和生动的表演形式，成为连接水乡人民与自然、历史的重要纽带，展现了桐乡地区深厚的民间艺术魅力与丰富的文化内涵。

掼牛

掼牛，这项独特的传统民族体育活动，源于回族古尔邦节（又称"宰牲节"）宰牛的仪式，融合了嘉兴当地回族对武术的热爱，发展成人与牛之间的精彩对抗。

掼牛大约始于元代，最初是回族为了庆祝宰牲节而进行的活动。早在宋末，嘉兴就已经有回族人居住，随着元代河南、山东等地回族人的大量迁徙，清真寺在嘉兴相继建立，使这里成为浙北地区回族人的活动中心。嘉兴是我国重要的水稻种植区，而牛不仅是农耕的好帮手，更是回族人的重要食物来源，正是在这样的关联背景中，掼牛应运而生。

掼牛逐渐成为回族古尔邦节的重要组成部分。在农耕之余，热爱武术的回族青年们将这一宰牲节的活动演变为民间的"掼牛"，不仅强化了体魄，还传承了民族精神，大批掼牛高手涌现出来。20 世纪初，这项活动在嘉兴、上海等地渐渐演变为一种娱乐表演，赢得了大众的喜爱。1982 年，嘉兴掼牛入选第二届全国少数民族传统体育运动会的开幕式表演项目。在观看表演后，国务院原副总理万里曾称之为"中国式斗牛"。然而，嘉兴掼牛与西班牙的斗牛大相径庭，它展现的是人与牛之间的和谐角力，体现了力量美和民族精神，完全没有残忍和血腥的场面。

　　嘉兴掼牛的主要技术动作包含单臂掼、双臂掼、顶掼和扛掼四种。单臂掼中，掼牛士面对牛，右（左）手托住牛的下颌或抓牢牛鼻绳，左（右）手紧握同侧或对侧的犄角，右（左）手用力向上推，左（右）手向内拉，牛头因此抬起并扭曲。当牛的重心不稳时，掼牛士抓住时机，双手合力、顺势迈步，运用全身的力量将牛压倒。

　　双臂掼则由掼牛士双手握住牛双角，用肩顶住牛的下颌，使牛头上仰，通过双手相反的发力方向造成扭曲，同时用力下压，待牛重心不稳之时，将其摔倒。

　　在顶掼的过程中，掼牛士同样握住牛双角，用头顶抵住牛的下颌，双手则拧住牛头并向下压。在牛失去平衡的瞬间，掼牛士用全力将其摔倒。

　　扛掼则是掼牛士或面对牛或背对牛，潜入牛身下，强有力地将牛的前腿扛起，最后将其摔向侧面。

　　掼牛的竞赛或表演程序充满仪式感。首先，牛角吹响开场号，挑逗士牵引着牛进场，绕场一周，介绍牛的品种、重量和特点，随后通过挑逗使牛兴奋。接着，掼牛士和助手上场，两人合演"排打功"热身，随之四面牛皮鼓声、锣声阵阵，助手接过掼牛士的斗篷后退场；最后掼牛士面对愤怒的牛，迅速选择时机抵住牛双角，将牛头拧向一侧，面对牛的拼命挣扎，掼牛士紧紧抱住牛头，用肩部抵住牛下巴，运足力气将身体向牛的颈部压去，牛顿时失去平衡，轰然倒地。掼牛的绝技可用"一拧一扛一压"来形容。

　　在掼牛竞赛中，评判标准分为三个级别：牛"失蹄"、倒地和"四脚朝天"。其中"四脚朝天"是最高的荣誉。通过这一系列精彩的动作和技巧，嘉兴掼牛不仅展现了回族文化的独特魅力，也成为人和牛之间和谐共处的象征。

迎罗汉

迎罗汉，这一源自南宋时期的传统节日活动，汇聚了武术与民俗的精华，成为浙江省缙云县一项独特的游艺盛事。

回溯到南宋建炎三年（1129），当时宋高宗御令韩世忠、岳飞等名将抵抗金兵的入侵，苏州人胡森迁居至缙云，积极响应号召，组织了一支习武自卫的队伍，名为"罗汉班"。随着时间的推移，到了明嘉靖三十四年（1555），戚继光在处州（今浙江丽水）招募将士抗倭，缙云的陈冕被推荐为戚家军的处州军把总。陈冕在缙云广泛招募习武人才，将他们编入罗汉班，成为处州军的中坚力量，跟随戚继光在台州和福建沿海屡次与倭寇激战，立下赫赫战功。随着历史的发展，缙云的罗汉班表演逐渐演变为一种定型的娱乐节目。通常在庙会、寺庙开光或重大节庆活动时进行迎罗汉表演。例如农历五月十三的金竹村迎胡公、七月初七的张山寨献山庙会、九月初九的赤岩山迎三将军等，罗汉班总是热情参与，俗称"迎案"。

罗汉班一般以村为单位，参与者少则四五十，多则百余人。每年迎罗汉表演前，村里会推举一位德高望重的首事人，并举办"结班酒"，正式组成罗汉班。与此同时，班里会购置各类道具和乐器，特意请来武术师傅传授武艺与迎罗汉的相关套路。

活动的前一天，罗汉班的成员们沐浴更衣，以示对神佛的尊敬。活动当天，表演者身穿古代士兵的套裤或洁白的中衫，搭配鲜艳的红色灯笼裤，束着宽大的腰带，头戴英雄帽，齐聚在村里的殿堂广场上。旗帜飘扬，队列整齐，刀枪林立，气氛庄严肃穆。待到吉时，鼓乐声震天，鞭炮齐鸣，村中德高望重的老人主持点烛燃香，敬献三牲五谷，恭敬膜拜。随后，一个壮汉用嘴咬破公鸡的鸡冠，鲜血喷洒而出，并被涂抹在幡旗和刀枪棍棒上，罗汉班的成员们开始挥舞手中的兵器，摇旗呐喊，鸣锣放炮，祭旗仪式宣告结束。

接下来，罗汉班中的先锋、锣鼓和钹声震天开道，阵头旗和神幡在前引领，首先在村庄内外踩街，之后进入阵式表演。踩街期间，表演者不断展示手中的器械，抵达指定地点后进行各种精彩表演。表演阵式丰富多样。

（1）罗汉阵：各"罗汉"以单刀在前后左右猛砍，逼迫观众后退，为表演腾出空间。绕场一周后，盛大的表演正式开始。

（2）叠罗汉：这是迎罗汉的压轴戏，数十人紧密配合，叠成各种形状，如观音扫殿、叠水井、开荷花、七丁珠、对纸马和凤凰拜观音等，场面壮观，令人叹为观止。

（3）耍武：罗汉班成员轮番上阵，展示舞刀花、四门叉、滚钢叉、拳术、棒术、双刀对杀、刀盾攻防及舞棍、拆拳等精彩武术和动作，特别是罗汉拳和滚钢叉最具有代表性，展现出表演者的超群技艺。

迎罗汉表演伴奏的乐器主要是先锋和锣鼓。先锋乐器在罗汉班出发和踩街时长鸣不绝，而锣鼓则在队伍踩街或走阵时演奏，通常演奏《满江红》，并根据不同阵式变化出《盾牌锣》《大魁锣》《扑灯蛾锣》等乐曲，伴随着刀术、拳术和棍术的精彩套路，气氛愈加热烈。

迎罗汉不仅是一场武术的盛宴，更体现了缙云人民对文化传承的坚定信仰，展现出深厚的民俗魅力与团结精神。

传统美术

非遗集

乐清细纹刻纸

乐清细纹刻纸，作为中国剪纸艺术的璀璨明珠，其以精湛的刀法、如丝般细腻的图案和丰富的表现力，与北方剪纸的粗犷豪放形成鲜明的对比，被誉为"中国剪纸的南宗代表"。

起源于明代的乐清民间剪纸，以独特的风格和多样的题材，深深扎根于当地的民俗文化。每一幅作品都与乐清的传统习俗息息相关，比如重阳糕上插的"登糕旗"、绣花鞋上的"铰花"、龙灯装饰的"龙船花"。如今的乐清细纹刻纸，正是在这些传统元素的基础上发展而来，成为一种无可替代的工艺美术品。

其中，最具特色的"龙船花"是春节期间龙灯上的耀眼装饰。龙船花的纹样由直线条组合而成，构成了二方连续和四方连续的几何图形，形态各异，有人字、喜字、菊花等六十多种，仿佛在诉说一个个生动的故事。

在制作龙船花时，艺人将图案分为三层：最外围的图案简约而典雅，描绘着传统的花鸟、葡萄、松鼠等，俗称"柳条"；中间层是主要部分，刻有各式几何图形，排列得井然有序；而最内层，只有约2平方厘米的面积，是艺术家展现技艺的极致空间，上面被精细地雕刻出鱼鳞纹或双鱼图案，与其他直线形的纹样形成鲜明对比。

乐清细纹刻纸以纤细、工整的线条和清秀的外观闻名，讲究在细腻的表现中追求完美。图案以龙船花为主，通过直线条构建出传统纹样，挖空的部分呈方形，强烈的黑白对比更是让动植物的形态跃然纸上，生动而富有表现力。

在材料上，乐清细纹刻纸主要使用连史纸、毛边纸和宣纸等优质手工纸。而在制作彩色纸时，则通过染色白纸来呈现绚丽的色彩。制作工具包括油盘、刻刀、磨石、粉袋、剪刀和挡柱等，其中，刻刀是创作的灵魂，刀锋锐利，能够精确地刻画出每一个细致的图案。

制作流程像一次艺术的旅程，经历设计画稿、精刻样张、依样晒图、整合用纸、按图刻花，直到最终的验收包装，每一步都蕴藏着匠人的心血和智慧。

用乐清细纹刻纸制作的精致小作品，成为案头欣赏和家居布置的绝佳选择，也有如《水浒一百零八将》《红楼梦》等一些大型作品，令人叹为观止。简单作品通常一周可完成，而精细作品则需 10—15 天，巨幅作品则需耗时 1—2 个月。

自中华人民共和国成立以来，在党和政府的重视与推广下，乐清细纹刻纸开始走向更广阔的世界。20 世纪七八十年代，乐清细纹刻纸的发展达到了高峰，其作品远销 30 多个国家和地区，成为文化交流的重要桥梁。

金石篆刻

"金石"这个词最初指的是青铜器、钱币、碑版及刻石等，随着时间的推移，到了清代，它的范围进一步扩展，涵盖了铜镜、瓦当、砖、兵符、玺印和封泥等。而"篆刻"则是一门将篆字书写与石刻技艺相结合的独特艺术。

中国篆刻艺术，以石材为主要媒介、以刻刀为创造的灵魂、以汉字为表现的核心，源于古代印章制作的技艺，其根源可以追溯到3000多年前的殷商时期。秦汉时期是印章艺术发展的初次巅峰，到了明清时期，篆刻艺术的流派逐渐形成，篆刻艺术迎来了又一次辉煌的高峰。近现代的金石篆刻，更是以西泠印社为重要代表。

西泠印社成立于清光绪三十年（1904），是中国历史最悠久、影响力最广泛的金石篆刻研究组织。创始人丁辅之、王福庵、吴隐和叶为铭4位浙派篆刻大师，选择在杭州孤山的西泠桥畔共同创立该组织，因此其得名"西泠印社"。历经百余年的传承与发展，西泠印社融汇了诗、书、画、印的艺术特色，其声誉早已辐射至日本、韩国、东南亚、北美和欧洲等地，获得了"天下第一名社"的美誉。

西泠印社不仅承载着浙派篆刻的传统，更在传承中不断创新，开放包容，毫不拘泥于门派之见。它既尊重各个篆刻流派，也对诗词、书画、赏鉴及金石考据等艺术与学术领域给予同等的重视，广泛邀请散居四方的金石书画鉴定专家，共同探讨艺术的无穷魅力。

民国二年（1913），近代金石书画泰斗吴昌硕担任西泠印社首任社长，他的声望吸引了众多印人云集于社内。此后的社长如马衡、张宗祥、沙孟海、赵朴初和启功等，皆是篆刻领域的翘楚。百余年来，西泠印社人才济济，李叔同、黄宾虹、马一浮、潘天寿、沈尹默、傅抱石、丰子恺等艺术大师成为社团的中流砥柱，海外印人如河井荃庐、长尾甲、青山杉雨等也纷纷加入，共同构筑了一个艺术的殿堂。除抗日战争时期等特殊时期外，西泠印社至少每年春秋两度举办雅集，逢五、十周年更会举办隆重庆典，彰显其活力与影响力。

不少西泠印社的社员已成为近现代篆刻艺术的宗师。例如，吴昌硕以其雄强朴茂的印风，成为近现代中国印坛的巨匠。王褆、韩登安、陈巨来、方介堪等人的印风各具特色，追随者无数。潘天寿、傅抱石、罗福颐、沙孟海和方去疾等人的印学论著，在中国近现代印学的发展中具有举足轻重的地位。马衡、商承祚、马国权及蒋维崧则是金石研究领域的权威。

金石篆刻的技法在数千年的演变中，逐渐形成了篆法、章法和刀法三大技术体系。每一枚印章的制作都需要这三种技法的完美结合。篆法关注刻印文字的结构和笔法，章法则讲究字体的搭配，而刀法则是刻制印章时的技巧，它让篆刻艺术飞升至更高的境界。

金石篆刻艺术涉及考篆、审名、辨印、论材、章法、字法、笔法、刀法和用印法等众多方面。印字的过程如同艺术的舞蹈，意、笔、刀缺一不可。其中，意主笔，笔为次，刀则听命，三者兼备，方可称为完美。刻印必须先学习篆字，掌握篆字必须研读书籍，若无对经史的熟读与对六书的博通，则终究难以避免平庸。章法的讲究在于"字有字法，章有章法"，字的多少，文的朱白，印的大小，画的稀密，皆须以正为本。刀法则细分为"冲、涩、迟、留、复、轻、埋、切、舞、平刀"，同时兼具"中锋、偏锋、阴刀、阳刀、顺刻、逆刻"等多种技艺，构成篆刻艺术的丰富内涵与深刻魅力。

宁波朱金漆木雕

宁波朱金漆木雕，又称"金漆木雕"，是一项根植于浙东地区的古老民间技艺，融合了雕刻与漆艺的精华。这门艺术不仅仅是手工技艺的体现，更是木雕、髹漆和妆金的完美结合，因此得名"朱金漆木雕"。

早在河姆渡文化时期，浙东的先民便已能创造出世界上最古老的木雕与漆器。到了唐宋时期，这种独特的民间手工艺开始逐渐成形，以木雕、漆器和饰金为特色，这一时期正是宁波朱金漆艺术发展的重要阶段。在那个时代，只有皇亲国戚、显赫的官宦之家，以及皇帝赐封的道观和神佛造像才能享用朱金漆的华丽装饰。宁波天童寺和阿育王寺内的佛像与殿堂建筑上，都能见到朱金漆木雕的身影。此外，由于宁波是日本遣唐使的主要登陆口，许多朱金漆的原材料和技艺也在这一时期传播到了日本。元明时期，朱金漆木雕达到了巅峰。

明代之后，朱金漆木雕走进了百姓的日常生活，成为日用陈设、佛像雕刻和家具装饰的热门选择。在婚嫁喜庆的日子里，精美的"千工床"和"万工轿"更成了不可或缺的装饰。此外，朱金漆木雕还被用于迎神赛会和灯会的雕花木船、鼓亭、台阁等的装饰，展现着人们对美好生活的向往与追求。清代以来，朱金漆艺术迎来了更加繁荣的时期，鸦片战争后通商"五口"的开启，推动了朱金漆木雕技艺的进一步发展，其分工愈加细化，商业化的趋势愈加明显。

宁波朱金漆木雕以樟木、椴木、银杏等纹理细腻的木材为材料，采用浮雕、圆雕、透雕等多样技法，再经过上漆、贴金和彩绘等工序，运用沙金、辗银、开金等精湛技艺，使得每一件作品都古朴而生动，金光闪烁，宛如流动的艺术。其色彩以朱红为主，特色在于漆的光泽而非单纯的雕刻，依靠金箔的贴附与朱红漆的点缀，展现出独特的华美。因此，漆工在修磨、刮填、上彩、贴金和描花的过程中，尤为讲究技巧。

制作朱金漆木雕的工具包括工作台、雕刻刀凿、钻、刮刀、拉锯、砂皮、锉刀等，雕刻的流程则是从图稿（俗称"打图样"）开始，经过刷样上板、打坯、修光等多个环节，层层递进，最终呈现出精美的艺术品。

在古代，朱金漆木雕的主要原料是天然大漆，髹漆的材料则涵盖生漆、桐油、瓦片灰、朱砂粉、银朱、银粉等，工序繁复而讲究，包括木胎糙漆、补槽孔、上朱红漆、贴金、扫金、上彩等，宛如一场华丽的舞蹈，精致而富有层次感。

宁波朱金漆木雕分为建筑雕刻、佛像雕刻、日用品装饰雕刻和小型欣赏品雕刻四大类型。现存于宁波市博物馆的"千工床"和"万工轿"，便是朱金漆木雕日用品装饰类的杰作，而天一阁中的秦氏支祠和大戏台则是建筑类的代表作。

东阳木雕

东阳木雕，源自浙江省东阳市，因而得名，是浙江省三大名雕之首（另两者为青田石雕和乐清黄杨木雕），更是中国四大木雕中的佼佼者（其余三者为乐清黄杨木雕、福建龙眼木雕和广东潮汕金漆木雕）。

东阳木雕的历史可追溯至秦汉时期。经过唐代的初步形成，宋代的不断发展，直至明代技艺成熟，东阳木雕最终在清代迎来全盛期。民国时期，东阳木雕的生产方式从家庭作坊转向工厂制造，甚至在新加坡等地设立工厂，产品远销海外。

如今，东阳木雕已发展出数千个花色品种，应用范围相当广泛，主要可分为四大类：建筑装饰木雕、家具装饰木雕、陈设欣赏木雕和宗教用品木雕。每一类别都蕴含着丰富的文化内涵和艺术价值。

在表现题材上，东阳木雕涵盖了人们耳熟能详的多种题材，主要分为六大类：吉祥动物、寄情花木、民俗风情、怡情书法、风流人物和抽象图案。吉祥动物的雕刻作品中，龙、凤、麒麟、蝙蝠和鹤等形象栩栩如生，象征着吉祥如意；寄情花木则包括梅兰竹菊、莲花和牡丹等，展现了自然的和谐美；风流人物则描绘了那些被人民敬仰和崇拜的历史名人和神话角色等；抽象图案则如同装饰性的韵律，以云纹、水纹、草纹等多种形式，赋予作品更为独特的视觉效果。

在选材方面，东阳木雕对木材的要求极为严格，选用的木材不仅坚韧，质地细腻，纹理优雅，木色纯净，而且不易变形。常见的材料有香樟木、檀木、椴木等高档天然木材，它们为雕刻提供了良好的基础。

在工具方面，东阳木雕的雕刻工具可分为木工工具和雕刻工具。木工工具包括大小锯、斧头、凿子等，而雕刻工具则有硬木槌、小斧头、雕花桌等。此外，磨刀石、钢丝锯和凿坯机等工具也是必不可少的。

东阳木雕的雕刻技艺以装饰性浮雕为主，大部分作品采用平面雕刻技法，结合多层次浮雕和散点透视构图，形成独特的艺术风格。平面浮雕多以樟木、椴木为主，而高档家具则多用花梨木和红木。其作品通常为本色木雕，保留了原木的天然纹理和色泽，展示出一种高雅的气质，因此又被称为"白木雕"。在油漆方面，东阳木雕的色泽与档次密切相关，一般颜色越深，档次越低，反之，颜色越浅，档次则越高。

东阳木雕的常用技法种类繁多，包括薄浮雕、浅浮雕、深浮雕、镂空雕等，每种技法各有千秋，适用于不同的雕刻需求。无论是单一技法的运用还是多种技法的结合，都能使每件作品完美无瑕。

东阳木雕的制作流程从设计、取料开始，经过剔地、粗坯雕、细坯雕、修光、刻线、装配、油漆、检验、包装等多个环节，方可完成。有些高明的雕花师傅甚至能在没有设计的情况下，直接在花板上自由雕刻，将绘画、设计和雕刻融为一体，每一刀都蕴含着高超的技艺与深厚的文化底蕴。东阳木雕，正是这样一门将传统与创新完美结合的艺术，令人叹为观止。

乐清黄杨木雕

乐清黄杨木雕，因其取材于珍贵的黄杨木而得名，是一种独具观赏性的圆雕艺术。它主要流传于乐清市柳市镇一带，逐渐传播至杭州及其他地区。黄杨木以其生长周期缓慢、质地坚韧、色泽黄亮、纹理细腻而闻名，光滑如象牙，仿佛每一块木材都蕴藏着自然的精华。明末清初的文学家李渔曾将其誉为"木中君子"，足见其珍贵与独特。

黄杨木雕在宋、元时期，初露锋芒。在明清时期，其影响范围逐渐扩大，至今已有900多年的历史。清道光二十年（1840），乐清柳市的艺人叶承荣雕刻的太上老君道祖像引起了广泛关注。受到乐清板凳龙上的圆雕戏曲人物的启发，叶承荣父子以黄杨木为材，雕刻出济公、佛像、仙女和罗汉等案头艺术品，标志着乐清黄杨木雕已经融入日常生活，成了案头的装饰佳品。

到了清末至民国初年，乐清黄杨木雕的创作题材已不限于神仙和僧佛的故事，还涵盖了诸多民间传说、古典戏曲和历史故事。诸如《封神榜》《白蛇传》《西厢记》《西游记》《三国演义》和《水浒传》等经典题材，都在乐清黄杨木雕中得到了生动展示。

乐清黄杨木雕是一种立体圆雕艺术，雕刻师根据黄杨木的特性构思作品，运用细腻的技法与刀法，巧妙地刻画出人物或其他对象的特征与神态。雕刻时，刀法圆熟流畅，如行云流水。经过细致的打磨与修整，木雕作品浑然天成，流露出古朴而端庄的气质。

早期的乐清黄杨木雕题材较为单一，以神话传说和宗教题材为主，雕刻技法保持着传统工艺的精髓。大多数神佛雕塑以立体圆雕形式呈现，姿态多为站立或盘坐，背景则以精美的花朵、莲瓣和唐草等透雕、浮雕装饰，宛如一幅生动的画卷。

传统乐清黄杨木雕的表现内容主要集中在神话故事和历史人物上，单体作品以主角为中心，辅以拼接成套的形式，或静或动，或坐或立，生动地刻画出人物的神态与情感。由于黄杨木的纹理与人物肤色相近，雕刻的作品自然而然地呈现出天人合一的感觉。

乐清黄杨木雕的人物造型虽然不严格遵循西方现代艺术的人体比例，但其作品独具鲜明个性，创作方法和块面比例均显得独树一帜。每件作品纹理清晰，刀法细腻，栩栩如生，仿佛人物随时都能走出画框，与观者交流。

在雕刻工具方面，乐清黄杨木雕主要分为翁凿和占铁两大类。翁凿坚固有力，常用于粗坯雕刻，而较小巧的占铁则适用于细部雕刻与修光。这两类刀具又细分为打坯凿、平凿、圆凿、蝴蝶凿、三角凿和雕刀等六种，使得雕刻师在雕刻过程中游刃有余。

乐清黄杨木雕的制作工艺复杂且讲究，工序达十多道，涵盖构思草图、泥稿制作、选择木料、粗坯雕刻、镂雕实坯、细部修理、擦砂磨光、细刻、打蜡上光及配合脚盆等多个环节。每道工序都需要艺人全神贯注、一丝不苟，整个制作过程不仅用料考究、刀工科学，更是雕刻技法细腻精湛的体现。

青田石雕

青田石雕，是一种源自浙江省青田县的传统雕刻技艺，以青田石为材料，雕制出各式各样的精美工艺品。它不仅是地方传统美术的瑰宝，更入选了中国首批国家级非物质文化遗产名目，承载着千年的文化底蕴。

青田石雕之所以得名，正是因为其所用的青田石。这种石材的成矿年代可以追溯至距今 1 亿 4000 万年的侏罗纪晚期至白垩纪时期。考古学家的发现表明，青田石雕的历史可以追溯到新石器时代的崧泽文化时期。1999 年，湖州市千金镇的砖窑中出土了一块"石璜"，经专家鉴定确认其是崧泽文化时期以青田石雕制成的饰品，这一发现将青田石雕的历史推至 6000 年前，早于绍兴六朝古墓出土的青田石雕卧猪足足 4000 年。

宋代，对青田石的开采逐渐增多，到了元朝初期，青田石治印的传统已初见端倪。明代更是开启了青田石篆刻的辉煌时代，著名篆刻家、国子监博士文徵明的长子文彭，成为有史以来第一位使用青田石治印的人，他称青田的灯光冻石为"无上之品"。清代，青田石雕作品屡获江南贡品之荣，并随着国际贸易的兴起，远销海外，甚至参加国际展览，赢得了世界的瞩目。西泠派的开山鼻祖丁敬、著名治印家赵之谦、篆刻大师吴昌硕等，都对青田石情有独钟。

青田石以其细腻温润的质地、雅致的色感和适中的硬度而闻名，雕刻时刀锋轻快，手感极佳。它具有纯、净、正、鲜、透、灵六大特性，和福州寿山石、昌化鸡血石、内蒙古巴林石并称中国"四大名石"，素有"印石之祖"和"石中君子"的美誉。

青田石的色彩丰富多样，按照颜色可分为青、黄、白、蓝、绿、紫、棕、褐、黑、花十大类。此外，还可细分为旦洪石、封门石、白垟石、尧士石、塘古石、季山石等十余类，拥有兰花冻、灯光冻、五彩冻、金玉冻、黄金耀、封门青、龙蛋石、竹叶青等一百多个品种。其中，封门青、灯光冻、黄金耀、龙蛋石被誉为青田石中的极品，而青田蓝带、蓝星、紫罗兰、山炮绿则是最新崛起的"新星"。

青田石的雕刻工具主要包括凿子、雕刀、车钻和刺条。凿子用于打坯、戳坯、镂刻以及修整；雕刀则有平口刀、圆口刀和斜口刀，用于刨、戳、镂、刮、刻和剔；车钻则用于打孔和造型，类型多样；而刺条则是青田石雕中重要且简单的工具，形状各异，适用于不同的雕刻需求。

青田石雕的制作工艺流程包括选料布局、打坯戳坯、放洞镂雕、精刻修光、配垫装垫、打光上蜡和落款刻字等多个步骤。青田石雕技法多种多样，包括圆雕、镂雕、浮雕、线刻和镶嵌等，因材施艺，因色取俏。其中，以圆雕最为常见，而镂雕则显得尤为独特。青田石雕的表现手法主要分为写实和写意两大类，写实风格尤为突出。这些精湛的技艺，主要依靠口头传承，令人感受到传统艺术的深厚魅力与生生不息。

麦秆剪贴

　　麦秆剪贴，作为一种传统民间美术，巧妙地将麦秆这一简单的自然材料转化为生动的艺术作品。根据《浦江县志》记载，早在明代末期，麦秆剪贴艺术便在浦江地区悄然兴起。古时，麦秆剪贴代替刺绣用于装饰麦秆团扇和草帽，后来演变为挂屏、台屏等实用的艺术品，至清代更是发展成为一种独具特色的工艺，常被用作婚嫁、祝寿、开业和乔迁等场合的礼品。

　　浦江麦秆剪贴的制作手法多样，主要分为平贴和立体贴两种形式。根据麦秆的颜色，麦秆剪贴分为本色、彩色和水墨色三种。本色保持着麦秆原始的自然色泽，未经任何漂染；彩色则涵盖了赤、橙、黄、绿、青、蓝、紫等多种鲜艳的色调，依据作品的需求而染色；而水墨色则借鉴了水墨画技法，将麦秆染成深浅不一的水墨色彩，宛如烟云缭绕，富有诗意。

　　制作浦江麦秆剪贴的工具也颇为丰富，包含刀、笔、镊子、垫板、尺、针、夹子、冲头，以及用于涂胶水的玻璃片等。主要原料是大麦秆。此外还需要纸、布、黏合剂等辅助材料来丰富作品的表现力。

　　在选用麦秆时，通常挑选大麦秆的第一、二节，经过剖刮、漂白、染色、拼接等多道工序，才能将其制作成完美的贴画。粘贴时，白胶是最佳选择，而平贴则可以使用普通胶水。制作时，纸张方面会选择植绒纸（用于贴画或作为底板表层）、金纸银纸（用于镶边装饰）以及拷贝纸（用于绘图、描图、拼麦秆）等。

　　浦江麦秆剪贴的工艺流程颇为讲究，首先将麦秆薄片漂白、染色和压平，然后根据设计好的图案进行剪贴。这一过程通常包括选稿、析图、描图、取料贴图（根据图案拼接麦秆）、剪刻和粘贴等步骤。

　　浦江麦秆剪贴在选材上非常讲究，工艺精细且复杂。它突出的自然质感，源于特种大麦秆本身的光泽，使得作品中的花鸟呈现出阴阳变化、雨露风晴的独特艺术效果。麦秆剪贴画在保留自然光泽和纹理的基础上，巧妙吸收了绘画、剪纸、雕塑等多种艺术表现手法，令作品的光泽、纹彩和质感越发富有艺术感染力，展现出一种自然古朴、典雅大方的独特魅力。每一幅麦秆剪贴作品，仿佛都在诉说大自然的故事，带领观者走进一个充满诗意的艺术世界。

仙居花灯

　　仙居花灯，以其独特的工艺和绚丽的色彩，成为民间艺术的瑰宝。其灯面图案采用刀凿和针刺的技法，灯片上巧妙地镂刻着各种影像，令人叹为观止。最特别的是，这种花灯通身没有一根骨架，而是由大小不一、形状各异的灯片折叠粘贴而成，因此又被称为"针刺无骨花灯"。传说仙居花灯起源于唐代，因此它也被称为"唐灯"。

　　据说，在唐贞观年间，仙居一个年轻的秀才为了救治病重的母亲，深入山林采药至天黑。不料，他迷了路，正当绝望之际，忽然一个仙女携着灯从天而降，关切地询问他的遭遇。得知他的遭遇后，仙女深受感动，送给他一盏神奇的灯，告诉他这盏灯轻巧而能飞，灯光照射之处便是回家的路。秀才在神灯的指引下，顺利返回了家中，母亲的病也因此痊愈。为了纪念这次奇遇，秀才仿照神灯的样式制作了花灯，并悬挂在厅堂前，结果引来了众人的赞叹，众人纷纷效仿。从此，这盏灯便被称作"神灯"或

"仙灯"。

自盛唐以来，仙居花灯的声誉日益远播。到了明代，其技艺逐渐成熟，仙居的明代民居建筑上也留下了精美的花灯雕饰。明清时期更是仙居花灯发展的鼎盛时期。

仙居花灯的工艺独特而迷人：首先是"针刺"，所有灯面的图案均由刀凿和针刺成型，透光时留影如梦；其次是"无骨"，整个花灯没有任何骨架，全由大小不等、形态各异的纸质灯片折叠而成。当花灯被点亮时，五彩斑斓的光辉透过针刺的小孔，宛如玉石般莹润剔透，仿佛轻纱般柔和。因此，仙居花灯在民间灯彩中被誉为"灯海明珠"。

仙居花灯的经典品种繁多，包括花篮灯（因形似花篮而得名）、荔枝灯（造型夸张简约）、龙凤八卦灯（以八卦和龙凤图案为针刺图案）、绣球灯（块头灯的代表）、珠蓝灯（又称"状元灯"，寓意状元及第）、贡灯（宫灯，传说为皇帝所贡）、葫芦灯（灯片最多的花灯），以及十二生肖灯、菊花灯、宝石灯、喜庆灯、花瓶灯、球灯等。

仙居花灯分为单灯和组灯、静态和动态。静态灯饰以单灯为主，常悬挂于厅堂、廊檐、门楣、楼阁和书房，既美化空间，又渲染喜庆氛围；而动态灯饰则多为组灯，围绕某个主题，由多个花灯和其他造型的装饰结合而成。一组花灯往往由几十甚至数百只灯及组合造型构成，呈现出一场无与伦比的视觉盛宴。古代仙居的组灯流传至今的形态有：古亭灯、长旗灯（仿辕门旗）、牌坊灯、财神灯（灯身形似花轿，寓意"灯到财到"）、宝塔灯、走马灯、轿里狮子灯（藏有丝绸制成的活动狮子）以及鲤鱼跳龙门灯（集灯艺和舞蹈于一体，取材于"鲤鱼化龙"的传说）等。

仙居花灯的灯片一般由四层纸组成，分为两种组合方式：一种是从外到内依次为面纸、增色纸、遮光纸和透光纸，适合晚上观赏，称为"夜灯"；另一种则是由外层面纸、增色纸、增色纸和透光纸构成，适合白天或在亮的环境中观看，称为"日灯"，显得光彩夺目。

制作仙居花灯的工具多种多样，包括绣花针、缝衣针、锥子、针杆、剪刀、凿子、刷子、匀胶棍、针刺蜡板或肥皂、胶水、绳子、细铁丝、木槌、染料等。

仙居花灯的制作过程颇为复杂，制作一盏花灯需经历10—20道工序，有的甚至高达50—100道工序。制作步骤一般包括：开纸、染色、裱面纸、起样、绘图纸、裁纸（穿纸钉）、剪纸（凿孔）、裱里纸、针刺、开片、折痕、竖灯、穿挂灯线、贴苏、装饰等。这一系列工艺的精细与繁复，让每一盏仙居花灯都成为艺术的结晶，闪耀着传统文化的光辉。

硖石灯彩

硖石灯彩，源自浙江海宁硖石镇，是一种独特而迷人的传统工艺美术品。它不仅仅是一种观赏品，更借助灯光的魅力，展现出无可比拟的审美价值。灯彩造型雍容华贵，工艺精湛，典雅秀美。尽管尚无确切的记载显示硖石灯彩的起源时代，但在唐代的宫廷中，灯彩的身影已悄然浮现，而到了宋代，灯彩更是风靡一时。

南宋时期，随着临安的定都，邻近京城的硖石镇深受其文化影响，灯彩业得到了迅猛发展，硖石灯彩也因此被选为贡品。每到暮春时节，海宁硖石的灯会便会如火如荼地举行，灯会上各种灯彩争奇斗艳，令人眼花缭乱。到了清乾隆至嘉庆年间，灯会更是热闹非凡，演灯、顺灯、斗灯的盛况不断上演。进入清末民国初期，硖石灯彩的制作从小型向大型发展，涌现出亭台楼阁、宝塔等建筑模型，以及龙舟、采莲船等独特品种。

有趣的是，历史上硖石镇并没有很多专门以扎灯为生的艺人，制作灯彩的匠人多是丝绸、土布、药材、米业等行业的商号老板和伙计，甚至包括医生、画师、教师等多种职业的人。清代之后，专门制作灯彩的民间艺人、组织和企业开始崭露头角。

硖石灯彩的魅力在于其精细化的制作、规模化的呈现、复杂的结构和丰富的品种。硖石灯彩可分为大型灯彩（或称"主灯"）和小型灯彩两大系列。大型灯彩包括亭灯、台灯、楼阁灯、宝塔灯和舟船灯等，形状各异，层层叠加，繁密与空疏相结合，宛如一座座华丽殿堂。它们由灯片、拗彩、流苏等部件精心镶嵌而成，壮丽宏伟，出游时需多人共同抬举，因此也被称为"抬头灯"。

小型灯彩则包括宫灯、篮灯、器物灯、鸟兽鱼虫灯和瓜果灯等。这些小灯彩灵活多样，既可以悬挂于廊檐上，也可以手持、竿挑，或依墙而置，甚至摆放于床头、书柜之上，通常成对或成组而放，更显喜庆氛围。宫灯在小型灯彩中尤为出众，款式繁多，采用灯笼为基本结构，融入绘画、书法、拗彩、光影等多种艺术表现手法，造型各异，包括球形、方形、六角形、亭式宫灯以及可以转动的走马灯等。

硖石灯彩上的图案分为静态和动态两种。静态图案通常描绘飞鸟走兽、草木鱼虫、十二生肖、神鬼妖仙等，而动态图案则多为立体造型，兼具动画效果。

制作硖石灯彩依赖于灯彩本身的造型技术以及装饰艺术的呈现。在创作之前，首先要构思灯彩的艺术形象。在传统灯彩的创意过程中，还需进行"认灯"，即报备将要在灯会上展出的灯彩品种。

制作灯彩的传统骨架材料主要是竹篾（现今多用金属丝），光源则使用蜡烛、油灯或固体动物油脂加灯芯，而黏结材料则是用淀粉加明矾水调制而成的糨糊。制作工具包括锯子、竹刀、劈篾刀、刨子和各种钳子等。

在装饰方面，硖石灯彩使用的材料多种多样，包括宣纸、色纸、绵纸、罗纹纸、高丽纸等，染料则包括烟墨、朱砂、石绿、藤黄等多种色彩。此外，装饰材料还有绫绢、绸帛、流苏、珠串、玉佩等。制作工具如尺子、裁纸刀、镇纸、刷子、画笔、刻刀等也是必不可少的。

　　硖石灯彩的装饰工艺流程包括灯片制作、绘图、镂刻、针刺、糊封和结彩等步骤。每一盏灯彩的制作，既是对传统技艺的传承，也是对艺术创意的无限追求，展现出独特的文化魅力。

骨木镶嵌

　　骨木镶嵌，这一独具宁波特色的传统手工艺，宛如一曲古老的旋律，在民间工艺美术与家具、建筑的交融中生动奏响。它以牛骨、象牙、贝壳、黄杨木、红木、花梨木、螺钿、铜片、蜡石等天然物质为材料，经过精细的雕刻和打磨，将精美的花纹嵌入木制底板，最终呈现出一种既古朴典雅又明丽动人的艺术效果。这种工艺常见于家具、屏风、文具以及其他日常生活器具之上，成为人们日常生活中不可或缺的美学元素。

　　明末清初，宁波骨木镶嵌悄然兴起，清乾隆至道光年间更是达到巅峰时期，名扬海内外。而在晚清至中华人民共和国成立前，宁波骨木镶嵌曾一度衰退。然而自中华人民共和国成立后，这一传统技艺再次焕发出新的生机与活力。

　　从历史遗存的实物中，我们可以窥见宁波骨木镶嵌的演变轨迹。早期作品多以黄橘、花梨木等珍贵硬木为底板，嵌材则以黄杨木为主，象牙和牛骨作为辅助。而到了盛期，牛骨成为主要嵌材，辅以黄杨木、象牙、螺钿等多种物质。到了晚期，樟木和白木取而代之，牛骨成为唯一嵌材。

　　宁波骨木镶嵌的艺术魅力在于其利用自然材料的本色，展现出黑白相间的独特装饰效果。以红木和花梨木为主的底材，搭配亮丽的玉白色牛骨或珠光色螺钿薄片，构建出一种古朴而典雅、沉着而明丽的风格。

　　这项工艺的应用范围极为广泛，涵盖了多个品类：日常家具如床、榻、衣箱、八仙桌、茶桌和沙发；日用器物如砚盒、首饰箱、镜箱和花盆架；建筑装饰如门窗、挂落和凭栏；欣赏品如挂屏、座屏和落地屏；等等。每一件骨木镶嵌作品，都既体现了艺术性，又具备极高的装饰性，造型古拙、纯朴，散发出高雅大气的气息。

　　在图案设计上，宁波骨木镶嵌可大致分为四类：人物故事、山水风景、花鸟静物以及装饰纹样和文字体。前两类作品前期多描绘名胜古迹和风景，主题鲜明，而晚期作品则显得杂乱，缺乏集中主题。花鸟题材常常蕴含吉庆祥和的寓意，如蝙蝠、佛手、桃子、石榴等图案，装饰纹样则包括灵芝、暗八仙等传统纹样。

　　在构图布局上，宁波骨木镶嵌可分为两种。一种是临摹当时书画家作品的"丹青体"，另一种是由民间老艺人凭借经验设计的"古体"，形成了各具特色的艺术表现形式。在表现形式上，作品可分为高嵌、平嵌、高平混合嵌三种，早期和盛期以高平嵌和高嵌为主，晚期则以平嵌为主。

　　制作宁波骨木镶嵌的工具种类繁多，包括工作台、钢丝锯、钻头、刀凿等。此外，还有一系列辅助工具和漆料工具，以确保每一件作品的精致与完美。

　　在木材的选择与处理上，要求精细，牛骨的净化、用刀修平整的处理也至关重要。整个制作过程包括拷贝设计图、贴花、钉骨、锯花、排花、胶花、凿槽、平底、修边、胶合、刨平、线雕、髹漆等多个环节，每一环节都蕴含着工匠的智慧与心血。

　　宁波骨木镶嵌，不仅是工艺的传承，更是文化的积淀，承载着宁波人民的智慧与情感。

嵊州竹编

嵊州，这片被誉为"竹编之乡"的土地，其竹器加工的传统历史悠久。自 1995 年正式更名以来，嵊州以其"中外竹编第一家"的美名，傲然屹立于竹器工艺的舞台上，成为全国最大的工艺竹编厂所在地，竹编加工点遍布全市产竹区，产品更是远销海内外。

东晋时期，著名诗人许询在嵊州定居后，曾为一把精美的竹篾团扇吟诵："良工眇芳林"，"篾疑秋蝉翼。"这不仅彰显了团扇的精致，更证明了早在 1600 多年前，嵊州的竹编技艺已经达到了相当高的水准。

宋元时期，嵊县及周边地区的达官显贵，每逢元宵节，都会在大门两侧悬挂由竹篾编织的精美花灯，灯光映照下，宛如繁星点点。民间有用竹篾编制龙形道具的习俗，春节时，热闹的舞龙迎春，将喜庆的气氛推向高潮。

明清两代，嵊州的竹编艺术如雨后春笋般蓬勃发展起来。竹编艺人穿梭于乡间，带着工具和技艺为百姓编织托篮、香篮、鞋篮等生活必需品。清光绪元年（1875），嵊州首次出现竹编作坊，开启了竹编产品的批量生产。到了 20 世纪初，嵊州的竹编产品更是走进国内外特产展览会，屡屡斩获奖项，名声大噪。

嵊州竹编的品类丰富多样，分为日常生活用品、家庭装饰品和工艺欣赏品三大类。日常生活用品如篮、盘、瓶、罐、盒、钵、包等，巧妙地融入了动物形态的设计，实用之余更添观赏价值。家庭装饰品如屏风、灯具等，则为家居增添了一抹优雅的气息。工艺欣赏品则体现了艺人们的精湛技艺，动物、人物、建筑物的形态宛如艺术品般精致，经过多重编织技法和防蛀处理，作品展现出独特的艺术魅力。

在丰富的竹子品种中，嵊州特别钟爱毛竹、早竹、水竹和青篱竹等。毛竹被誉为"编织之王"，用途广泛，能够制作出各种精美的竹制品；早竹则常用于普通型和中档产品的制作中；水竹则以其优美的纹路被用于图案编织中；而青篱竹则是编织精致产品的绝佳材料。此外，冬季砍伐的竹子由于其韧性，更加适合用于竹编，且不易被虫蛀。

竹编工具同样多样，篾尺、篾刀、剑门、刮刀、手钻等是艺人们日常工作的必备工具。而制作过程的第一步是竹丝篾片的加工，从锯竹、卷节到刮篾、抽丝，每一道工序都需要艺人们的心血与耐心。想象一下，最细的竹丝一寸间可排160根，精湛的技艺在指尖流淌，编织出美丽的花纹。

随着时间的推移，嵊州竹编创造并形成了四大工艺特色：竹编模拟动物、漂脱、花筋、篮胎漆。竹编模拟动物是指艺人根据动物的形态进行编织，让这些作品栩栩如生。漂脱工艺使竹篾洁白光亮，宛如天鹅绒般柔滑。花筋工艺是指在篾片上印上各种花纹，为产品增添无穷的魅力。而"篮胎漆"则是将漆膜涂刷在竹编产品上，使其光洁如新，耐水性更佳。

经过长期的传承与发展，嵊州竹编形成了六千多个品种，三百六十多种图案，涵盖了日常生活用品、工艺欣赏品和家庭装饰品等多类别，仿佛一幅幅丰盛的艺术画卷。其制成的产品轻巧牢固，耐沸水冲泡，展现出独特的实用性与美观性。

东阳竹编

东阳竹编以浙江东阳本地的水竹、金竹、毛竹等天然材料为原料，运用独具特色的编织工艺制作而成。它在宋代以编织元宵节的龙灯、花灯、走马灯而闻名。到了明清时期，东阳竹编技艺更加成熟，产品被选为贡品。清末至民国初，它进入了全盛期，艺人们技艺高超，有关作品甚至在 1915 年旧金山巴拿马万国博览会和 1929 年西湖博览会上获得奖项。

东阳竹编制品不仅作为日常生活器具使用，还成为地方民俗节日的必备物件。民国时期，竹灯不仅用于元宵节庆的场合，也用于扫墓祭祖的场合，成为当时民俗节庆的主要工艺品。

东阳竹编品类繁多，既实用又具欣赏价值。它可以分为立体竹编和平面竹编两大类，按用途也可以分为主实用的器皿器具类、主欣赏的陈设品类和建筑装饰类。具体来说，有人物、动物、陈设品、仿古品、装饰品、家具、灯具、竹丝镶嵌、竹编书画艺术品、竹艺园林建筑、竹编墙纸等二十五个大类，几千个花色品种。

东阳竹编的题材以构图简洁的人物、动物、神话传说和民间故事为主。在传统的东阳竹编中，尤其是在食盒、提篮制作中，器物正面或侧面编织有"福禄寿喜""幸福美满""吉祥如意""风调雨顺"等吉祥字样。

尽管东阳盛产各种竹子，但是制作东阳竹编要选用背阴朝阳、生长时间长的竹子，一般要求三到四年生竹，而且竹节要长，竹子上下粗细均匀，要选择入冬以后立春之前收割的竹子。

制作东阳竹编需要使用篾刀、刮刀、牵钻、压钻、锯、开竹铜刀、榔头、篾尺、锉刀、排针、钩针等工具。

东阳竹编的工艺流程包括设计、取材、造型脱胎、卷节、剖竹、开间、劈篾、劈丝、抽丝、刮篾、编织、着色、上漆、防霉防蛀处理、装配等环节。

东阳竹编的传统编织技法主要有挑一压一、挑二压二、挑三压三、挑一压二、翻簧阴雕等十六种方法。

东阳竹编在其历史发展过程中吸收了书法、绘画、雕塑、漆器、针织、藤编等多种技艺的长处，最终形成了独特的民间艺术风格。

彩石镶嵌

彩石镶嵌是一种传统工艺，它以色彩丰富的天然叶蜡石为材料，运用浮雕、高浮雕、平磨等技法进行配石镶嵌，集石雕、木雕和漆器等多种工艺于一体。传统彩石镶嵌主要分布在温州市鹿城区、瓯海区和瑞安市陶山镇。

彩石镶嵌可以分为实用品和观赏品两大类。实用品包括宗教用品，如庙宇大型壁画或佛壁座屏，以及日常用品，如家具装饰。观赏品则主要有对联、匾额、挂屏、插屏、落地连屏和壁画等。

传统彩石镶嵌常用的浮雕技法有浅浮雕、高浮雕和擎雕，而镶嵌技法则包括平磨平嵌、满地嵌、高嵌、平贴和镶嵌结合。在题材表现上，常见的有人物、花鸟、走兽等，充满了浓厚的民间乡土气息和地域特色。

根据传统彩石镶嵌的制作工艺，材料可分为主材料和辅助材料两大类。主材料包括天然叶蜡石、红木、花梨木和樟木等，而辅助材料则包括漆料、胶类、蜡墨和蜂蜡等。制作传统彩石镶嵌需要使用切割机、曲线锯、雕刀、锉刀、刨和凿等工具。

彩石镶嵌的制作过程包括设计图稿、勾描外形、木工打板、布局排样、刻板取地、墨拓外形、描画内形、切岩待配、贴石配色、装饰板框、锯石镶嵌、加温粘贴、精雕细刻、捉蜡垫补、彩绘描金和装衬修饰等多道工序。

乐清龙档

乐清龙档，其身躯由多节木头巧妙连接而成凳形，宛如一条活灵活现的木龙。龙身上雕刻着栩栩如生的人物与动物，古人称之为"板凳龙"。这一传统技艺源于浙江省乐清市翁垟镇雪湾村，以精湛的工艺、细腻的雕刻、巧妙的构造以及辉煌的色彩而闻名遐迩，成为浙南地区独特的民间艺术瑰宝。

据传，乐清龙档的制作工艺始于明代，距今已有五百多年的历史。乐清坐落于浙江南部的海岸线旁，依偎在瓯江的怀抱中。由于古代堤坝常年失修，风灾与洪水时常侵袭，民众为了祈求风调雨顺、五谷丰登，便用樟木等材料制作出龙档，以此消灾避邪，保佑平安。

最初，人们用竹篾扎成龙头与龙尾，然后用樟木等创作出板凳龙，这便是乐清龙档的雏形。旧时每年正月初十，乐清西乡一带的村民们都会齐聚一堂，抬出各自的龙档，伴随着锣鼓声响，开始一场热闹的巡游。这一传统逐渐演变为一种民间文化娱乐活动。如今，乐清龙档在每年的元宵节中再次焕发光彩，巡游结束后龙档会被小心保管，以备来年再用。

巡游时，乐清龙档的阵势壮观：彩旗飘扬，灯牌闪烁，锣鼓声声，长号悠扬。长竿灯笼在前引路，十几对红灯笼紧随其后，龙船之后，便是那气势磅礴的乐清龙档，最后是龙尾灯和一支在欢快吹打的鼓乐队。整条龙档由身强力壮、身着统一服饰的年轻人共同背负，气氛热烈，令人振奋。

　　乐清龙档的长度一般在二十到四十米之间，分为十二节、二十四档。每一节的头尾和中间部分都镶嵌着精美的雕刻，龙身上方则装饰着立体圆雕的人物造型，而档背上则雕刻着栩栩如生的浮雕场景。龙头和龙尾上装饰着木制旗杆、牌坊、亭台楼阁，甚至飞檐斗拱、栏杆龙柱，亭台楼阁内更雕刻着各种历史人物与精彩的故事情节。整条龙档上装饰着一百多个民间传说和戏曲故事，七百多个圆雕人物，宛如一个微缩的文化博物馆。

　　龙档的制作材料主要是坚固的樟树和田泥树。通过木工的巧手，樟树和田泥树被锯成块状或扁长形，再被加工成档板与档背，表现各种戏剧人物与民间传说等题材。樟木被雕刻成龙头、人物与牌坊，田泥树则用来制作档板、档背和档柄。

　　在整体雕刻完成后，工匠们会进行油漆与色彩的描绘，整条龙档被涂上鲜艳的朱红色，贴上金箔，五彩斑斓的色彩交相辉映。最后，在每个档板中间点亮灯笼，随着巡游的进行，乐清龙档如同一条光辉灿烂的巨龙，气势恢宏，令人叹为观止。

　　乐清龙档不仅仅是木雕的艺术，更融合了油漆、彩绘、竹编、刺绣和建筑等多种工艺。制作过程中使用的工具包括锯子、木刨、刀具等。工序繁复而细致，涵盖了构思草图、选择木料、雕刻、修整、上色、制作彩旗与灯笼等环节，最终汇聚成一件令人惊叹的艺术作品。

黄岩翻簧竹雕

　　翻簧竹雕，这一竹刻艺术的瑰宝，因其雕刻于毛竹内壁的簧面而得名。翻簧竹雕在浙江省台州市黄岩地区流传已久，别名"翻黄""贴黄""反黄"等。它的起源可追溯至清乾隆至嘉庆年间（1736—1820），在同治年间（1862—1874）逐渐成熟，至今已有数百年的历史。

黄岩，这片土地不仅是翻簧竹雕的发源地之一，更是保存这一传统工艺流程最为完整的地方之一。清道光八年（1828），方絜创作的贴簧小插屏《老子骑牛图》被认定为目前所知最早的黄岩翻簧竹雕作品。生于清咸丰三年（1853）的陈夒典（字尧臣）则是这一工艺的早期完善者，他开设了黄岩历史上首家专门生产翻簧的店铺——"师竹馆"。

黄岩翻簧竹雕的产品丰富多彩，主要可分为三大类：观赏品、实用品以及二者结合的精美作品。这些作品包括挂屏、台屏、竹对联、笔筒、茶叶盒、花瓶等，题材涵盖了山水风景、花鸟人物、亭台楼阁和书法艺术等，繁花似锦，尽显自然之美与人文气息。

翻簧竹雕的传统工艺犹如一曲优雅的乐章，工匠们首先将毛竹锯成竹筒，去掉节与青，留存柔韧的竹簧。经过煮、晒、压平等工序后，竹簧被胶合或镶嵌在木胎或竹片上，经过精心打磨，搭配红木等装饰材料，最终制成花瓶、茶叶盒、笔筒、台屏和雅扇等精美工艺品。每一件作品上都雕刻着各种人物、山水、花鸟或书法的图案，雕刻技法以浅刻和线条阴刻为主，笔触宛如在竹面上轻轻舞动。

到了 21 世纪，黄岩翻簧竹雕不断创新，工匠们将数片簧板无缝拼合，利用竹簧在特定条件下的延展性，创造出荷叶盆等异形产品，开创了毛竹留节取簧技术，使得单片竹簧长度可达一米，打破了传统工艺中必须去节的限制。整个制作过程包含选料、劈簧、造型、雕刻、上漆等主要工序，以及数十道辅助工序。

在黄岩翻簧竹雕的世界里，工匠们使用的工具繁多，包括篾刀、手锯、刨刀、砂布轮等。雕刻技法丰富多样，既有阳刻、阴刻的变化，也有薄浮雕、贴簧雕、线雕和彩绘等装饰手法。浮雕技法在不足半毫米的簧面上施展，难度之大可想而知；而线雕则运用国画白描手法，雕刻时手腕轻盈如波，呈现出岩石的纹理，疏密有致，刚柔并济，最终创造出如梦似幻的光感效果。

黄岩翻簧竹雕以其细腻柔美、婉约秀丽的风格，展现出虚实对比与巧妙构思的艺术特色。代表作品如清代方絜的《苏武牧羊》《老子骑牛图》，以及中华人民共和国成立后，陈方俊的《昭君出塞》、罗启松的《贵妃出浴》、顾启望的《文竹方胜式屉盒》和《六角糖果盒》等，它们皆是这一传统工艺孕育的璀璨明珠，承载着悠久的文化与深厚的艺术底蕴。

锡雕

锡雕，俗称"打镴"，是浙江永康地区十大传统五金手工技艺之一。这门技艺的历史可追溯至五代，距今已有 1000 多年。到了宋朝，锡制品在民间广泛流行，锡器制作工匠应运而生。到了明清时期，永康的锡艺达到了辉煌巅峰。

在那个年代，永康的锡雕工匠大多以走村串户的方式谋生，少数开设了店铺。每年春节过后，他们便肩挑炉子和工具箱，跋山涉水，奔赴各地寻觅活计。

永康锡雕的每一件作品都是纯手工制作的，古色古香、典雅朴实，雕刻技艺细腻精湛，令人惊叹。那些栩栩如生的动物造型，或张扬，或含蓄，宛如在诉说自己的故事；而雕花篆刻更是细致入微，传神而富有灵气。由于锡材对人体无害并且具有保鲜、净化的功效，它因此被誉为"绿色金属"，如同大自然赋予人类的礼物。

永康锡雕的作品种类繁多，主要可分为生活用品类、礼品类、祭祀礼器类和摆件类。生活用品类，有茶壶、茶杯、酒壶、酒杯、茶叶罐、食品罐、花瓶、菜盒、筷子、勺子、首饰盒、脚盆、灯盏、镇纸、腰间挂件、扇坠以及婚嫁用品等，琳琅满目，富有生活气息。

礼品礼器类包括焚香炉、熏香炉、镏台、禅杖锡环、烛台、锡制八卦、佛前宝莲灯、净水瓶、木鱼垫等，每一件都蕴含着深厚的文化与信仰。摆件类更是别具一格，如"56 对"（计112 件）、"36 对"（计 72 件），其中包括象征吉祥的八仙道具，寓意风调雨顺的持剑、乌龙、琵琶、黄凉伞组成的"四大天王"，还有琴棋书画、十二生肖，以及刀、枪、剑、戟、斧等十八种兵器。此外，还有以荷花、梅花、菊花、佛手、喜鹊为造型的壁挂、瓶鞍、剑磬，以及人物、动物、植物花卉、山川景观、建筑景观等各类造型摆件，寿字、福字和神话传说摆件等，让人目不暇接。

制作永康锡雕的工具种类繁多，主要包括各类锤子和锉子、剪刀、铁钳、镴板、大小熔锡锅、小瓦炉与炭、模具、刮刀、松香等，每一件工具都是工匠们创造美好作品的得力助手。

永康锡雕的工艺流程，包括选锡、熔锡（俗称"烊镴"）、浇制锡板、画样、裁剪、敲打（成型）、锉磨（去毛刺）、拼接、零部件制作、抛光（车工）、雕刻等一系列复杂的工序，每一道工序都凝结着工匠们的智慧与心血，最终化作一件件传承千年的艺术品，让人感受到那份独特的韵味与情感。

瓯塑

瓯塑，俗称"彩色油泥塑"或"彩色浮雕"，是温州地区独特的民间艺术。它的制作材料主要是桐油与泥的精细混合物。工匠们运用堆塑技艺，创造出精美的作品，常用于寺庙装饰、民间嫁妆。瓯塑的源头可以追溯到汉代，起初是从中国漆器艺术中的堆漆工艺演变而来的，堆漆技法就像在器物上堆砌出花纹的魔法，令每一件作品都蕴含丰富的文化底蕴。

到了宋代，随着漆器生产的兴起，官方设立了专门的管理机构，民间的漆器作坊也随处可见。杭州和温州成了两大重要的漆器生产区域。宋代以后，温州的宗教活动越发盛行，民间许多艺人开始将堆漆工艺运用于佛像和门神的装饰，细致地雕刻出他们的五官与衣纹，令这些神像和门神越发威严庄重。在佛教寺院中，堆漆更是被用于匾额、柱上的对联、案桌的图案装饰。甚至古建筑的藻井、隔断和灯盘，富贵人家的床、柜、梳妆台和礼品盒等，也纷纷采用了这一精美的工艺。那个年代，工艺品的表面有的呈现自然的灰褐色，无光泽，有的则经过髹色、贴金或饰银，散发着典雅的气息。

清末至民国初年，温州的堆漆艺人谢森宝对传统工艺进行了大胆的创新，他将大漆改为桐油，并用粗糙的瓦灰代替香灰，创作出独特的油泥。20世纪50年代初，著名的堆漆艺人谢香如又进一步创新，用白陶土替代瓦灰，并将矿物质颜料直接调入油泥中，创造了色彩斑斓的彩色油泥塑，极大地提升了作品的表现力。由于温州位于瓯江之滨，这种独特的彩色油泥塑也被称为"瓯塑"。

瓯塑以其丰富的色彩和独特的表现形式而著称，色彩鲜艳且不易褪色，与环境和谐共融，作品仿佛一幅幅生动的画作。瓯塑的主题涵盖广泛，包括风景画、青山绿水，与泼墨和泼彩相结合的作品、花鸟画、人物画，以及与沥粉画相结合的瓯塑画、装饰性壁挂等。无论是建筑物的装饰，还是人物肖像，瓯塑总能展现出独特的艺术魅力。

瓯塑的主要原材料是油泥，由熟桐油、精制白陶粉和各种矿物质颜料混合而成，形成红、黄、蓝、绿、黑、白、赭石色等丰富的色彩块。辅料则包括松节油、醇酸清漆、透明亮光面漆等，使作品更具光泽与保护性。而瓯塑的底板材质多样，有杉木板、梨木板、花岗岩、大理石、玻璃、瓷板等，只要表面光滑，均可作为底板，但以木板为主。

制作瓯塑所需的工具多种多样，包括瓦特儿（又称"牙蹄儿"）、各式刀具、松针刀、油漆刷、毛笔、调色盘等。瓯塑的制作，首先要进行稿子处理、调色和套色、涂漆，再经过堆塑、清理灰尘与杂质，最后喷上保护漆等，最终呈现出一件件令人赞叹的艺术作品。

瓯绣

瓯绣，又称"画帘"，是一项源自温州的传统刺绣艺术。温州古时被称为"瓯"，因此这种刺绣技艺便得名"瓯绣"，主要分布在温州市的鹿城区，以及瑞安、永嘉、平阳、苍南等地。它与湘绣、苏绣、蜀绣和粤绣齐名，共同构成了中国刺绣艺术的璀璨星河。

瓯绣的历史悠久，起源于古代民间妇女的绣房习作，最初是为了装饰生活用品，后来逐渐演变为一门精致的刺绣工艺。

20 世纪 60 年代，温州瓯海仙岩慧光塔出土的三方"双面绣经袱"，经专家考证，竟是北宋时期的作品，显示了瓯绣深厚的文化底蕴。根据其刺绣针法，可将瓯绣的技艺追溯到唐代的锦衣工艺。

北宋末年到元末明初，温州的戏文盛行，戏服的刺绣业如雨后春笋般发展起来。南宋时期，永嘉杂剧中的一些唱词甚至提到了瓯绣，彰显了这一工艺在当时的普及与重要性。在元、明、清三代，温州民间的佛寺兴旺，信徒们献上绣制的神佛像、宝盖、莲座、长幡和帐帏等。瓯绣在祭神拜佛的活动中也占据了重要位置。与此同时，瓯绣与苏绣等其他刺绣技艺相互融合，民间流行的"绣花罗裙"成了男女青年定情的信物，体现了瓯绣在社会生活中的广泛影响。

到了清道光末年至咸丰初年，温州开始出现专业的绣铺。清宣统二年（1910），温州的艺人们开始制作瓯绣画片，使得瓯绣逐渐发展为一种艺术欣赏品。民国时期，青田人甚至开始将瓯绣画片出口，直到第一次世界大战爆发，这一盛况才宣告结束。

瓯绣的特色在于将传统与现代的题材巧妙结合，尤其是以人物绣见长。艺术上，瓯绣通过构图、绣理和色彩的完美结合，呈现出生动的绣面。瓯绣的材料主要由绣线和底料构成。常用的绣线称为"撒线"，由多股丝线合成，拥有超过一百种颜色，每种颜色又可细分为三十多种色阶，色彩的丰富程度令人惊叹。底料则选用轻薄耐用的材料，如棉、麻、绸、缎、绢和尼龙，但以绸、缎（白）为主，确保每一针每一线都能展现出最美的效果。

在制作瓯绣时，工匠们使用的工具犹如画家的调色板，除了装裱工具外，还有羊毛针、吸水海绵、绣花剪、绣绷、绷架（也称"绷凳"）、搁手板等。瓯绣的传统工艺大致分为六个步骤：

画稿、临缎、着色、上绷、刺绣和装裱。首先，工匠们需要进行设计与勾稿，通常以国画为基础；接着，把画稿拷贝到绣面上，使用水彩颜料为绣面着色，甚至可以用毛笔直接在绣面上作画；然后，将着色的绣地固定在绷上；然后，进行刺绣；最后，将其烫平整和装裱，镶嵌于镜框之中。

瓯绣的针法多达几十种，旧时以平针为主，而后逐渐演变出齐针、侧针、施针等，以侧针为主，这使得瓯绣的作品更显厚重与质感。经过一代又一代艺人的探索与创新，瓯绣最终形成了构图精炼、绣理分明、针脚齐整、针法多样、绣面生动、色彩鲜艳悦目的独特风格。

瓯绣的作品大致可分为实用品和观赏品两类，其中观赏品为主流。实用品又可细分为宗教用品与日常用品。宗教用品多为寺庙所用的刺绣装饰，如神佛绣像、衣袍、幡帐、宝盖和莲座等；而日常用品则包括绣衣（如旗袍）、拖鞋、荷包、被面、床单、枕套、坐垫等，以戏服为主的舞美饰品也颇具特色。历史上，瓯绣的观赏品以画片为主，有数百种规格，涵盖人物、山水、花鸟、走兽等七八百个品种，仿佛一场视觉盛宴，令每一位观者流连忘返。

浦江剪纸

浦江剪纸，作为浙江金华地区最具代表性的民间艺术，流淌着浓厚的地方文化气息。在浦江，古人极为重视祭祀活动，常常用纸剪成形态各异的物件和人像，或作为祭品，或与逝者一同焚烧。剪纸不仅是祭祀祖先的供品装饰，更是传递情感与祝福的重要媒介。

　　根据清代与民国时期流传下来的大量剪纸样本可知，明清时期是浦江剪纸的鼎盛时期，其辉煌延续至民国时期。清代，浦江的剪纸艺术达到了一个新的高度，尤其是戏曲人物剪纸，更是以独特的造型和多样的手法吸引了众多目光。阴剪与阳镂相结合的技法，既有折叠的层次，又有色彩的衬托，展现出精巧细致的匠心，使浦江剪纸形成了独特的艺术风格。

　　浦江剪纸的品种繁多，各具特色，其中最为著名的包括以下几类。

　　（1）戏曲人物剪纸。这是浦江最具代表性的剪纸形式，以当地人喜爱的婺剧故事和民间传说为题材，鲜活生动，仿佛将舞

台上的人物一一呈现在纸上。

（2）窗花。这种剪纸在浦江的民间传承得最为广泛。旧时，农村的门窗多用白色皮纸装饰，透光性极佳。春节时，红色窗花被贴上窗棂，映衬出喜庆的氛围。浦江的窗花，其角花常常由秋菊、龙凤等图案制成，中央则贴上圆形或扇形的剪纸图案，让整体效果更加突出。

（3）喜花。这是浦江民间最流行的剪纸种类。旧时，女子在出嫁前会制作大量剪纸作为嫁妆，常见的图案有"龙凤呈祥""麒麟送子"等，象征着美好的祝愿，俗称"利市"。

（4）灯彩花。这种剪纸专门贴在灯笼上，题材多涉及神话传说和民间戏曲。每年农历正月十五，浦江都会举行观灯活动，无论是走马灯、宫灯，还是行灯，剪纸都为其增添了色彩与生机。

（5）绣稿花。古代的妇女学习剪纸，往往将其用于制作刺绣花样。她们将剪好的图案粘贴在布料上，再进行刺绣，形成如枕顶花、帐幔花等美丽的装饰。

（6）现代创作的剪纸。这种剪纸采用写实主义手法，注重透视与光影的变化，展现出独特的现代气息，画面整体感强，形式丰富多样。

传统的浦江剪纸以剪为主，主要材料和工具包括笔、特制的"镂花剪"、毛边纸（多用红纸，现代则多采用彩色宣纸）等。而现代的浦江剪纸则兼具刻的工艺，使用刻刀和底板等工具。

浦江剪纸的技艺代代相传，许多精美的剪纸样稿都来自文人画稿与剪纸艺人的创作。传统的熏样制作工序大致分为以下几个步骤：首先用毛笔勾画草稿，然后将草稿剪成图样，接着将图样粘贴在另一纸上，喷水湿润，再用松烟或煤油烟熏出轮廓，最后揭起图样纸，便形成了黑白分明的熏样。

浦江剪纸以戏曲人物剪纸闻名于世，其技巧在于对线条的阴阳选择、块状大小的处理以及点面分布的拿捏。通过阴剪、阳剪和阴阳结合的剪法技艺，浦江剪纸达到了自然流畅、刚柔相济、形象优美的艺术效果。

传统的浦江剪纸技法丰富多样，主要包括多层折叠剪法、阴阳剪法、顺剪法、暗口剪法、花纹剪法和影剪结合等，每一种技法都如同一扇窗，透视出浦江深厚的文化底蕴与艺术魅力。

桐庐剪纸

桐庐剪纸，是中国南方剪纸艺术的典型代表之一。发源于浙江桐庐的这门艺术，因得天独厚的地理位置而历史悠久、广为流传。富春江蜿蜒而过，孕育了这片土地的独特文化。尽管桐庐剪纸的确切起源难以追溯，但据乾隆年间的《桐庐县志》记载，早在五代时期（907—960），桐庐就已经开始使用剪纸。而到了清代，家家户户剪窗花、贴门神的热闹场景，映衬出浓厚的民俗氛围。

桐庐剪纸的题材丰富多样，涵盖了山水风景、花草树木、人物故事、走兽飞禽以及民间传说等，具体可大致分为以下几种。

（1）喜花剪纸。这是一种在婚嫁喜庆场合使用的剪纸，颜色大红，象征着生机与吉祥。喜花的外形多样，有圆形、菱形、方形等，图案中常见龙凤、鸳鸯、喜鹊等吉祥元素，尽显喜庆的氛围。

（2）山水剪纸。桐庐的秀丽山水为这一类剪纸增添了江南特有的灵动气息，形成了桐庐的山水剪纸特色，仿佛把大自然的美景凝聚在一片纸上。

（3）民间传说剪纸。这些剪纸以在桐庐山水间流传的故事为题材，展现了本地及浙江其他地区的人物、历史和风俗等，让人们在对美景的欣赏中感受到浓厚的地方文化。

桐庐剪纸的表现形式丰富多样，大致可以分为六大类。

（1）祭祀花：这种剪纸的颜色通常是鲜艳的大红色，图案包括百吉、双喜、寿字等，常用于祭祀活动，寓意着对先人的尊敬与怀念。

（2）灯彩花：色彩斑斓，外形突出，内容以"五谷丰登""福寿平安"等吉祥话语和戏曲人物为主，点亮了节日的夜空。

（3）喜花：女方将喜花贴在新娘的更衣房、大门等地方，而男方则将喜花贴在洞房和院子里，传递着对新人的祝福。

（4）寿花：这种剪纸通常被贴于院墙和大门上，以表达对长辈的祝寿，常见的图案有"百寿图""松鹤延年"等，寓意福寿绵长。

（5）丧花：在丧礼中，灵柩前会摆放大量五色纸花和由剪纸制成的祭品，营造出庄重的氛围，表达对逝者的悼念。

（6）绣样花：这些剪纸常用在帽子、衣服和鞋面上，再以丝线刺绣，图案有山水、花鸟等，彰显吉祥与富贵。

桐庐剪纸的创作手法多样，涵盖了单色、套色、点彩、衬色、填色到立体等，展现出丰富的艺术表现力。传统的桐庐剪纸主要用到剪刀和纸，常用的纸有普通红纸、彩色宣纸等。如今，随着技艺的发展，剪纸艺人们也开始使用刻刀、蜡盘，以及各种色卡纸，拓宽了创作的边界。

桐庐剪纸的工艺流程分为：起稿画样、订纸、剪刻、成品修改、粘贴、装裱。主要技法包括折叠、阴刻、阳刻、刺孔和刀法等，每一件作品都蕴含着匠人的智慧与热情。

总而言之，桐庐剪纸以其凝练的艺术语言、厚重的文化底蕴、玲珑剔透的细节以及含蓄华丽的风格，深深吸引着每一个观者。桐庐的剪纸艺人们更是应邀前往英国、西班牙、丹麦、挪威、日本等国家，参与剪纸艺术的国际交流，将这门传统艺术推向更广阔的舞台。

嘉兴灶头画

灶头画，又称"灶壁画"，是民间艺人用水彩和水粉颜料，在农家的柴灶上绘制出各种吉祥图案和文字的独特艺术形式，是江南水乡独特的民间艺术。

虽然江南灶画的确切起源至今仍无定论，有学者猜测它起源于汉代，而另一些人则认为它始于明代，但是无论怎样，这一艺术的魅力至今依然熠熠生辉。灶头画在浙江地区广为流传，各地的画风各具特色，或繁或简，考究程度迥异，尤其是嘉兴的灶头画，因其独特的风格更具民俗研究和审美价值。

在嘉兴的农村，柴灶不仅是烹饪的工具，更被视作家庭的象征。每家每户都拥有一座柴灶，承载着烧菜做饭的职责。曾几何时，嘉兴地区遵循着"灶成户"的传统，一座灶头便代表着一户人家。家庭的社会交往和村里的公共事务，往往围绕着这座灶展开。在人们的心中，灶上栖息着灶神，默默地监察着每个家庭成员的言行举止，掌控着他们的祸福吉凶。

嘉兴的农家一般将柴灶砌在厨房的一侧，依墙而建。过去，在海盐地区，新砌灶台之前，必须请风水先生选好方位，大家都

传统技艺

非遗集

龙泉青瓷烧制技艺

　　龙泉青瓷的烧制技艺是一门兼具创造性、技术性与艺术性的非凡手工艺，跨越了一千七百多年的历史长河。它源自浙江省龙泉市，由龙泉窑独特的工艺所塑造。龙泉窑因其青釉配方、反复施釉、厚釉烧成及开片控制等独特技术，成为在中国乃至世界陶瓷史上熠熠生辉的名窑。

　　龙泉窑的历史可追溯至五代。隋唐时期，龙泉窑开始小规模生产，到了北宋初年，逐渐发展并形成独特的风格和规模。而在南宋时期，龙泉窑迎来了它的巅峰，其制瓷技艺达到了前所未有的高度，梅子青和粉青瓷的成功烧制，彰显了这一工艺的绝妙之处。到了元代，龙泉青瓷则转换了风格，展现出雄厚大气的特质。尽管明代前期龙泉窑仍生产一些宫廷瓷器，但随着成化、弘治时期的到来，窑业逐渐衰退，窑数不断减少，直至清初仅存寥寥数家。中华人民共和国成立后，龙泉青瓷又焕发出新的生机与活力，步入了发展新纪元。

　　龙泉青瓷的传统烧制分为"哥窑"和"弟窑"两大类。"哥窑"以"金丝铁线"的美誉而闻名，典雅庄重，散发着古韵。黑胎紫口、铁足的设计，加上丰厚饱满的釉层，使得釉色淡雅清新，开片纹理如云烟般变幻，展现出浅白的断纹。它与官窑、汝窑、定窑、钧窑并称为"宋代五大名窑"。

而"弟窑"的作品则被誉为"青瓷之花",以晶莹剔透的质感声名远扬。厚釉白胎、丰厚的釉层散发着柔和的光泽,宛如温润的玉石,梅子青釉色更是珍品。器物边缘微露的白痕被称为"出筋",底部呈红色的则叫"朱砂底"。

龙泉青瓷既厚重又滋润,宛如翠玉,装饰华美而富有神韵,完美诠释了各个时代的审美观念。它的色彩从粉青、梅子青到天青、翠青等,开片纹理则包括冰裂纹、鳝血纹、百圾碎等,装饰技法丰富多样,如刻花、划花、印花等,纹饰题材涵盖动物、植物、人物和文字。通过多次施釉,龙泉青瓷最终呈现出如玉般的效果,迎合了人们对玉器的崇敬与追求。

龙泉青瓷的主要原料包括紫金土、瓷土、石英、石灰石和植物灰等,采用就地取材的方式,不同地域的原料及其配比也造就了釉色和莹润度的差异。器物的成型方法有拉坯、模压和捏塑,烧制温度高达一千三百多摄氏度,经过高温氧化后出窑,呈现出独特的艺术魅力。

传统的烧制工艺涵盖了原料的粉碎、淘洗、陈腐和练泥,器物的成型、修坯、装饰、素烧、上釉、装匣、装窑等步骤,最终在龙泉窑中用木柴高温烧成。龙泉青瓷在选材、釉料配方、造型和窑温控制上都展现了独特的技艺,发展出陈设瓷、装饰瓷、茶具和餐具等各类产品,完美结合了烧制技术与艺术表现。

龙泉青瓷品种丰富,实用瓷、文具瓷、陈设瓷、供瓷、娱乐瓷等一应俱全。实用瓷包括碗、盘、碟、杯、钵等;文具瓷有笔筒、笔架、瓷砚等;陈设瓷有人物雕塑、花瓶、挂盘等;供瓷包括香炉、烛台、佛像等;娱乐瓷更是多样,如鸟食罐、象棋等。每类产品又有多种型号和式样,如莲瓣碗、盖碗、贯耳瓶、龙瓶、虎瓶等,尽展出龙泉青瓷的精致与美丽。

杭罗织造技艺

罗是一种透气性极佳的丝织物，杭罗则是杭州地区独特的产品，由艺人独具匠心地用纯桑蚕丝编织而成，分为横罗和直罗两种，其织法结合了平纹和纱罗组织。杭罗与江苏的苏缎和云锦并列为我国东南地区的三大丝绸瑰宝。杭罗以其清晰的孔眼、轻柔滑爽的质地而闻名，穿上身后令人备感舒适清凉，它耐磨耐洗，常用于制作帐幔、内衣、裙裤等。古代的"罗裙"和"罗帐"等物件，使用的正是这种精美的丝织品。

罗的生产历史可追溯到新石器时代末期，有学者认为那时便已经诞生了类似的织物。到了战国和秦汉时期，罗的织造技艺有了显著提升，罗逐渐分化为素罗和纹罗。三国时期，罗的织造技艺已达到相当高的水准，传说中孙权的妻子赵夫人织造的轻薄罗縠，犹如缥缈的烟雾般轻动，帐幔中凉意自生。唐代时，罗已经广为流行，越州（今浙江绍兴）的越罗更被视为贡品。到了宋代，罗的织造技艺达到了高峰，杭州开始用罗制作灯彩。元代，罗依旧在全国范围内流行。明代初期，杭州设有官营的织染局，规模宏大，罗的生产占据了重要地位。清代时，杭州的丝织业更是繁荣昌盛，罗的品种日益丰富。即使到民国时期，杭罗仍然是杭州丝织产品中生命力最为旺盛的一种。

杭罗的织造工具主要是独特的罗织机。此外，杭罗的织造过程还需要清水缸、翻丝车、篗子（六根竹箸交错成的工具，用于卷绕翻丝后的蚕丝）、纤管、沙盘、经杆、掌扇和牵丝车等多种辅助工具。

杭罗的织造流程复杂，整个过程包含十余道工序，每一道都有着严格的操作要求。大致可分为原料蚕丝加工、经纬线准备、上机织造和精炼加工四大步骤。具体工序如下。

（1）蚕丝筛选分类：新进的农工丝要经过检验，以确定丝的均匀性和强度，然后进行筛选，优质者用作经线，稍差者用作纬线。

（2）浸泡：将分类好的蚕丝放入清水中，加入适量酸性溶液，煮沸二十分钟，再放入清水缸中浸泡以去掉胶质。

（3）晾干：脱胶后的蚕丝需在阳光下晾干，工匠用手轻轻拉抻、分离，使丝线恢复松软。

（4）翻丝：又称"调丝"，将晾干的蚕丝线卷绕在籰子上，以备后续的工序。

（5）牵经：将籰子上的丝线均匀地卷绕到经轴上，按照织物规格要求整齐排列。

（6）穿综：将经线穿过事先制作好的综片架，准备织造。

（7）穿筘：将经线穿入筘枪，确保织造过程的顺畅。

（8）打蜡：在织机上，将蜡均匀涂抹于经轴与经面上，以提升平顺度。

（9）摇纡：又称"卷纬"，把籰子上的蚕丝线卷绕到纡管上，这是织前的最后一步。

（10）织造：当经线和纬线都准备好后，便可在杭罗织机上穿梭，形成经纬交织的美丽图案。

（11）精炼：将织成的杭罗粗坯丝线悬挂于机筒中脱胶，再用清水漂洗、晾干，便得到半成品。

（12）染色：将半成品杭罗挂在机筒中，添加适当的染料进行染色，再漂洗、晾干，最终呈现出色彩斑斓的成品。

杭罗这一精妙的工艺不仅承载着悠久的历史，更因其轻盈柔软的特质，成为人们生活中不可或缺的优雅选择。

余杭清水丝绵制作技艺

丝绵，是用蚕茧（次品茧）精心制作而成的柔软棉絮，它洁白如雪、轻盈保暖。丝绵的制作对水质要求极高，常有"水清则丝白，水重则丝韧"的说法。塘栖的泗水庵和余杭狮子山的"狮子池"，清澈见底的泉水孕育了上等的丝绵，乡民们将这两处的水源作为制丝和制绵的宝贵资源。余杭所产的丝绵尤为洁白，因此被誉为"清水丝绵"。

余杭的清水丝绵制作遍及各地，其中以余杭和塘栖最为繁盛。其制作技艺追求"清、纯、匀",即:所用水源必须清澈,才能确保丝绵的洁白;丝绵要纯净,杂质必须去除干净;兜厚薄需均匀,确保每一寸丝绵的完美。

早在宋代,余杭的清水丝绵就被视为贡品,在元、明时期同样享有盛名。到了清朝,余杭丝绵的声誉更是达到巅峰,康熙年间的丝绵更是远销日本。清宣统二年(1910),南京召开了中国历史上第一次由官方主办的国际性博览会——"南洋劝业会",余杭清水丝绵凭借其洁白柔软的特质,赢得了国内外商家的好评,获得了大奖。1929 年,首届西湖博览会在杭州举行,苏晋卿作坊制作的清水丝绵斩获特等奖,声名远扬。

清水丝绵采用纯手工制作,明代宋应星在《天工开物》中详细记录了丝绵制作的技艺。这门技艺由蚕农世代相传,明代的古法制作工艺至今仍被完整保留。

制作清水丝绵,除需要一颗热爱手工艺的心之外,还需准备一些独特的工具。

(1)布袋:用于装茧,通常由原色白布制成,长约一尺,宽约半尺。

(2)铁锅:用来煮茧,确保茧子在高温下释放出丝胶。

(3)木盆:剥丝绵时使用,现代也有人用塑料盆代替。

(4)缸:一般是小陶制水缸,"做大兜"时用。

(5)竹竿:用于晾晒丝绵,帮助丝绵在阳光下自然干燥。

(6)绵扩:又称"竹弓",是一种专用工具,通常用一段约两尺长的竹片削成薄片并弯成半圆形。

清水丝绵的制作工序分为以下几大步。

(1)选茧:采用次品茧进行制作,确保质量。

(2)煮茧:将茧子装入布袋,袋口扎紧,放入锅中,加入老碱、香油和水，旺火煮约 1 小时，使丝胶溶解。

（3）漂洗：将煮好的茧在清水中彻底洗净丝胶。

（4）剥茧制作"小兜"：轻轻剥开茧子，取出蚕蛹，像戴手套一样将茧套在手上。

（5）做大兜：在水缸上安装绵扩，挂上坠子让其浮在水面，然后将小兜绷到绵扩上，用力拉扯成大兜。

（6）晾干：将大兜上的丝绵五兜一串，挂在竹竿上晾晒，其晒干后便成为丝绵的成品。

历史上，余杭清水丝绵的生产最初是家庭自给自足，后来逐渐发展到邻里之间互相帮助的"伴工做"。直到清代末期，开始出现作坊化生产，一些商家开始雇用农村妇女，在家中设立工场。民国时期，丝绵作坊如雨后春笋般涌现，余杭、塘栖、临平等地均有丝绵作坊，其中以余杭的苏晋卿作坊最为闻名。中华人民共和国成立后，余杭的丝绵生产迅速发展。2000 年后，虽然丝绵生产逐渐式微，但杭州市余杭区仍建立了塘栖镇塘北村蚕桑丝织文化生态保护实验区，以保护和传承这一珍贵的文化遗产。

双林绫绢织造技艺

绫绢，正是绫与绢的统称，犹如一对璧人，其中"花者为绫，素者为绢"。它们由纯桑蚕丝精心织制而成。绫呈斜纹组织，主要用于装裱书画，因在中国传统丝织品中名列前茅而备受推崇；而绢则以细腻、平整、挺括的平纹组织而著称，常用于代纸作画和书写。自古以来，绫绢便是文人墨客心中不可或缺的画纸和书写材料，特别是来自浙江省湖州市双林镇的绫绢，以轻如晨雾、薄似蝉翼的特质而闻名，质地柔软、色泽光亮，令人爱不释手。

绫绢的生产历史悠久，早在唐代，双林绫绢就已成为贡品。到了明代，双林倪家滩村的"龙绫"更是名声在外，龙眼突起、光泽夺目，世称"倪绫"，专供朝廷使用。明嘉靖年间（1522—1566），双林已发展成为拥有上千家织户的大集镇，因而也被称为"绫绢之镇"。

双林绫绢的品种丰富多样。绫的类型可分为花绫和素绫，花绫是以斜纹为基础织成的提花，素绫则是以斜纹或其变种为主的织物。代表性的品种包括如下几种。

（1）包头绫、帽顶绫：主要销往福建等地，用于裹头。

（2）裱绫：广泛流行于国内和日本，专用于装裱书画等，细分为洋花绫、云鹤绫和龙绫等。

（3）倪绫：被视为贡品，《双林镇志》记载："东庄倪氏所织者为佳，名为倪绫。"其独特的龙眼图案是其他作坊所织的绫无法比拟的存在。

（4）安乐绫（素绫）、板绫：颜色多为黑、品蓝、天青色，主要用于制作寿衣、海被等。板绫则常用于工艺品的锦标制作等。

绢的代表性品种有如下几种。

（1）包头绢：又称"小香罗"，常用于女性包头。

（2）官绢：这是朝廷的贡品，象征着尊贵。

（3）灯绢：专用于制作宫灯等工艺品。

（4）裱绢：主要用于装裱书画和装饰墙壁。

（5）矾绢：除了用于书画外，还可以制作风筝、屏风、绢扇等工艺美术品。

中华人民共和国成立后，双林绫绢的织造、染色和整理技艺不断发展，品种也愈加丰富，新增了重花绫、轻花绫、交织花绫、阔花绫、锦绫、金波绫、矾绢、耿绢等。花色图案如双凤、云鹤、冰梅、环花、锦龙、福禄寿喜、梅兰竹菊等，精美绝伦。2008 年，绫绢作为北京奥运会国礼，赠予来自世界各地的贵宾，显示了其独特的文化魅力。

在绫绢的织造过程中，需要一系列独特的器具：重约 350—400 千克的石元宝（底座长方形，中间凹形）、长 1.6 米的批床（上面放置滚筒），以及专用的刮子（长约 20 厘米、宽约 15 厘米，板上钉有 50—60 根针）。

整个织造过程可分为三个步骤：准备、织造和炼染。准备阶段包括经向和纬向的精细操作。经向需翻丝和整经，纬向则包括络丝、并丝和放纡等环节。对于仿古产品，还需增加批床和砑光这两道工序。

双林绫绢的传统手工技艺流程严谨细致，主要包括以下几个步骤。

（1）浸泡：选用优质白蚕丝，浸泡脱水后阴干。

（2）翻丝：将晾干的蚕丝放到绷架上卷绕。

（3）整经：将卷绕好的丝线按绫绢品种要求整齐卷绕在经轴上，准备织造。

（4）络丝：将丝线绕在六角竹签上。

（5）并丝：几根丝线合并成一根股线，增强强度。

（6）放纡：将合并好的丝卷绕到竹管或纡管上。

（7）织造、炼染：开始织造与染色，赋予绫绢以生动的色彩与图案。

（8）批床：两人合作，先批绫头再批绫身，随后用刮子整理经纬线和正反面，最后用菜油布轻抹，让绫绢更加光滑亮丽。

（9）砑光：利用石元宝反复磨压，使丝线的形状扁平，提升绫绢的密度、柔韧度和光滑度。

（10）检验与整理：最后对成品进行仔细检查与整理，确保每一寸绫绢都完美无瑕。

双林绫绢，承载着悠久的历史与文化，凭借令人惊艳的工艺与独特的魅力，继续在现代社会焕发璀璨的光辉。

天台山干漆夹苎技艺

天台山干漆夹苎技艺，是浙江天台民间工匠对木制品外表进行髹饰和保护的一种独特传统工艺。工匠们用原始生漆、苎麻等材料，通过层层包粘、反复打磨，再涂上朱砂等各种辅助材料，之后贴上金箔等，经过工艺处理后完成作品。该技艺融合了泥塑、木雕、髹漆、干漆、夹苎、灰漆、妆金、贴金、砑金、彩绘等多种传统手工艺，是一种优秀的综合工艺。

东晋时期，金漆—木雕干漆夹苎技艺已在天台民间应用。隋唐宋元时期，干漆夹苎技艺已经闻名遐迩，日本、朝鲜、尼泊尔、巴基斯坦等周边国家都将以干漆夹苎技艺制作的宗教文化艺术造像视为国宝。明代，天台山干漆夹苎技艺被广泛应用于宫殿建筑和装饰上。清乾隆年间，乾隆皇帝对该技艺制作的造像赞赏有加，促进了该技艺的发展，但也导致了这门技艺在民间的应用减少。抗日战争爆发后，该技艺因战乱而逐渐濒临消亡。中华人民共和国成立后，党和政府重新发掘这门技艺，使得干漆夹苎技艺迎来了新的发展。

干漆夹苎技艺被誉为中国工艺美术的瑰宝，它分为"脱胎干漆夹苎"和"木心干漆夹苎"两种。干漆夹苎技艺应用于木雕造像上，创造了漆金木雕造像珍品。这门技艺主要用于各种木质造像雕塑，以及泥塑、铜雕、石雕、匾额、寺院庵堂宫殿等建筑的饰面上。

干漆夹苎技艺所使用的原料包括：优质木材、原始生漆、桐油、苎麻、野生麻香樟、野生桐树脂、古瓦粉、火山灰、防火石粉、铁灰粉、五彩石粉、朱砂、铁红等共计十三种。

干漆夹苎技艺所需的工具包括：专用的木雕、泥塑工作台，木工工具，雕塑工具，夹苎工具，剪金工具，行金底工具（头发栓或称扁形刷子、头发捻头或称圆形刷子），贴金工具。干漆夹苎技艺的工序繁多，主要工序有四十八道，每道工序又包含若干小工序，一共有一百六十道工序。

干漆夹苎技艺的作品坚固、稳定、大气、不易变形和开裂，具有防水、防火、防虫的特点，能抵御撞击，抗风化时间长达千年。成品色彩鲜艳、光泽润亮，所制佛像造型优美、线条流畅、神态典雅。这门技艺主要应用于佛像制作和古建筑修复等领域。

张小泉剪刀锻制技艺

张小泉剪刀锻制技节的历史可以追溯到明代。明万历年间，一个名叫张思佳的徽州黟县人，在芜湖学习铁器制作技艺，学成后回到了家乡黟县，与他的儿子张小泉一起开设了一家剪刀铺，取名为"张大隆"。由于他们制作的产品质量精良，经久耐用，因此赢得了广泛的赞誉。

明崇祯年间（1628—1644），张小泉一家逃亡至杭州，他们在吴山脚下的大井巷搭起临时工棚，开办了一个剪刀作坊，仍然沿用"张大隆"的名字。清康熙二年（1663），为了避免同行冒充，张小泉决定将店名改为自己的名字"张小泉"，认为这样别人就无法冒充了。

据传，清乾隆四十五年（1780），乾隆帝在巡幸江南期间购买了一把张小泉的剪刀，带回宫中供嫔妃使用。这把剪刀的质量让嫔妃们赞不绝口。于是在次年，乾隆帝下旨将张小泉的剪刀正式定为宫廷专用剪刀。

张小泉一直秉承着他父亲的严谨和精益求精的制剪传统，他还改变了千年来传统的制剪方法，首创了镶钢锻制技艺。他在剪刀的刃口处镶嵌钢条，使其更加锋利耐用，而剪刀的剪体仍然采用全铁制作，使其更容易弯曲塑形，使钢的坚硬与铁的柔软完美融合。

经过数百年的发展，张小泉剪刀锻制技艺形成了七十二道工序。镶钢锻制的剪刀品种主要有信花、山郎、五虎、长头、圆头、平布等。张小泉剪刀传统形制造型，被英国 PHAIDON 出版社出版的《经典设计》一书收录。按年代排序，被编为 001 号。该书共收录 999 款产品，张小泉剪刀为唯一选自中国的产品。

制扇技艺（王星记扇）

王星记扇是杭州传统手工艺品中的瑰宝，它源于杭扇。杭扇的制作历史悠久。在北宋时期，杭州的制扇工艺已经声名远扬。南宋时期，杭州的制扇店坊云集，大部分集中在今天的河坊街和清泰街之间，甚至宋高宗赵构还给这一带赐名"扇子巷"。到了明清时期，杭扇的发展达到了鼎盛时期，它与杭州的丝绸和龙井茶并称为"杭产三绝"。

　　清光绪元年（1875），王星斋（1850—1909），来自一个三代均为制扇工匠的家族，在杭州的扇子巷创办了王星斋制扇工场。他和妻子陈英共同努力，在杭扇的基础上创新推出了黑纸扇。之后，他们又推出了真泥金满斗式花扇，并成为贡品。1929年，王星斋的儿子王子清在杭州开设了一家新的扇庄，由于避讳父亲的名字，将扇庄取名为"王星记"。此后，以西湖名胜"玉带""双峰""西泠"为扇名的檀香扇也问世了。

　　王星记扇的品种非常丰富，包括黑纸扇、白纸扇、檀香扇、宫团扇、羽毛扇、象牙扇、白骨扇、绢竹扇、香木扇、红木扇等等。其中，黑纸扇因为选料和工艺的考究而享有盛名，可以称为扇子中的精品。

　　王星记扇所采用的原材料全部是天然材料。黑纸扇的扇骨使用的是广西和贵州的棕竹，这种扇骨制作出来的扇纹路美丽，柔软而有弹性，摇动时非常轻盈。而黑纸扇的扇面则使用浙江富阳、瑞安等地的纯桑皮纸。

　　白纸扇的扇骨则以浙江安吉、临安产的两年以上的冬竹作为原材料。高档白纸扇的扇骨甚至使用檀香木、黄杨木、楠木、红木、乌木、湘妃竹、梅鹿竹、罗汉竹、象牙、白骨、玳瑁等材料。而白纸扇的扇面主要使用浙江富阳和安徽泾县手工制作的宣纸。

　　檀香扇的特点是"扇存香存"，采用的原料是来自印度、印尼等地树龄超过百年的檀香木。

　　王星记扇的制作工序因不同的扇种和使用的材料而有所差异。例如，制作黑纸扇需要经过制骨、糊面、折面、上色、整形、磨砂、整理等一系列主要工序，加上大小工序总计有一百六十多道。檀香扇的制作工序主要有设计、选料、锻料、开方、锯片、造型、装工、模具、喷花打洞、拉花、磨工、烫花、绘画、雕刻、拷钉、穿带、检验、系流苏或扇坠等。

王星记扇的装饰技艺丰富而精湛。扇面采用了泥金、泥银、剪贴、绘画、书法等多种工艺。扇子的大边装饰采用了阴雕、浅浮雕、银丝螺钿镶嵌和烫花等手法。扇头的造型也有近百种，包括圆头、平头、玉兰头、琴燕尾、葫芦形等。

王星记扇制扇艺人将多种技法融合在一扇之中，巧妙地将雕刻和镶嵌相结合、书法和绘画相融合，因此王星记扇被誉为"天下第一扇"。

龙泉宝剑锻制技艺

龙泉宝剑，原名"龙渊剑"，产于龙泉市，距今已有两千五百多年的历史，其制作从春秋战国时期就开始了。相传在春秋末期，越国的铸剑大师欧冶子在龙泉的秦溪山剑池湖铸造了三把名剑：龙渊、泰阿和工布。由于在唐代要对高祖李渊避讳，所以将"渊"改成了"泉"，称为"龙泉剑"。现在，欧冶子铸剑处还保留有剑池（古井）、剑池亭和欧冶子将军庙，统称为剑池湖遗址。

龙泉宝剑是中国古代兵器的代表，汉代后，其逐渐演变为官员的佩饰和将领的防身武器，成为权力和地位的象征，也是武术器械、道教法器和观赏工艺品。如今，香港的"万剑山庄"、广州的"拔刀斋"等古代兵器收藏馆都保存着宋、元、明、清以及民国时期的龙泉宝剑。20世纪80年代，在安徽巢湖、浙江永嘉等地的考古发掘中，还发现了清代的龙泉剑。

龙泉宝剑以寒光闪耀、柔韧并存的特点以及锋利的刃、精致的纹饰而闻名于世。它曾经作为国礼，赠送给美国总统尼克松、俄罗斯总统普京等国际友人。

龙泉宝剑的制造过程非常复杂，可以分为剑身锻造、剑鞘制作和装具配制三个部分。每个部分都有十多道工序，甚至有上百道工序。其中，剑身锻造是最关键的部分，包括配料、锻合、复合、镂刻、鎏金、砂削、淬火、修整、磨砺和装配等二十八道工序。龙泉宝剑的原料是拥有不同碳含量的铁和钢。锻造是关键，只有通过锻造才能将其铸成一把剑。

剑身上的花纹有云纹、水波纹、螺旋纹、卷云纹、松针纹、羽毛纹、龟纹等。剑身上还做了镂刻、错金银、鎏铜的装饰，剑外还有镂刻、鎏（镀）金银、镶嵌玉石的装饰，剑鞘上则采用雕刻、髹漆、裹鲨鱼皮等多种技法。

龙泉宝剑的品种多样。根据功能可分为武术健身剑、工艺礼品剑和艺术品收藏剑三类。其中，艺术品收藏剑是传统的手工工艺品，也是龙泉宝剑中的精品。根据剑的形状，又可分为长刃剑、短刃剑；还有单剑和双剑（俗称"雌雄剑"或"鸳鸯剑"）之分；按性能分，有硬剑和软剑两种。

竹纸制作技艺

竹纸，是以竹子为原料经过加工制作而成的纸张。富阳竹纸在唐五代时期就有着明确的记载。唐代，富阳所产的黄白纸是纸中的精品，从宋真宗时期（998—1022）开始就成为朝廷贡品，被列为"御用文书纸"。宋庆历年间（1041—1048），富阳竹纸成为科举考试试卷和"锦夹奏章"的用纸，声名远播。明清时期是富阳竹纸生产的全盛时期，当时生产的元书纸、赤亭纸、井纸被誉为"三大名纸"。

富阳竹纸品种繁多、质量优良、产量大，富阳与安徽泾县、四川夹江并列为全国三大造纸中心。富阳竹纸纸面光滑、色泽洁白、不易变色、不受虫蛀。根据制造方法和原料可分为白纸和黄纸两类；根据用途可分为书写用纸、祭祀用纸、包装用纸和日用纸。

制作富阳竹纸的主要工具和设施有纸槽、抄纸竹帘、帘床（也称为"帘架"）、纸架（也称为"接纸台"）、木榨（也称为"榨床"）、焙弄和鹅榔头。

富阳竹纸以当年新鲜的嫩毛竹为原料，最佳砍竹时间为农历小满前后各半个月。此时的嫩毛竹竹纤维细而柔软，长度介于针叶树和草类纤维之间，是一种优质的造纸原料。

从砍竹到成纸，整个过程大约需要六十天。整个工艺流程包括四个阶段，共有七十二道工序，其中主要工序有三十道。（1）原料采伐加工阶段，包括砍竹、断青、削青、拷白、落塘、断料等工序；（2）原料纤化（办料）阶段，包括浸坯、入镬、烧镬、出镬、翻摊缚料、挑料、淋尿、堆蓬、落塘、榨水等工序；（3）制作成纸阶段，包括脚碓舂料、拣料、掰料、浆料入槽、木耙搅拌、捞去粗筋、入帘抄提、压榨去水、牵纸、晒纸等工序；（4）纸品包装阶段，包括数纸、捡纸、整理成件、磨去纸边、盖印等工序。

富阳竹纸制浆技艺中的"人尿发酵法"、抄制技艺中的"荡帘打浪法"等都是富阳竹纸生产中的绝艺。此外，在富阳造纸技艺的传承中，还衍生出一年一度的蔡伦祭祀、纸工谚语、山歌和长篇民间叙事歌谣《朱三与刘二姐》等民俗文化。

湖笔制作技艺

湖笔，又称为"湖颖"，得名于浙江省湖州市南浔区的善琏镇。善琏毛笔的制作早在隋代就已兴起。南宋后期，由于战乱频繁，许多宣笔的制作工匠迁居湖州善琏，宣笔制作技艺也随之传入，逐渐完善了湖州制笔技艺。从元代开始，善琏制笔的声誉日益高涨。到了元末明初，湖笔取代了宣笔的地位。明清时期，湖笔还被作为贡品进呈给宫廷。清朝乾隆皇帝常使用名为"小紫颖"的湖笔，嘉庆皇帝还将三十支湖笔作为国礼赏赐给暹罗国（今泰国）的使臣。在清代，许多善琏的笔工离开家乡，在各地开设了笔庄，湖笔制作技艺逐渐传播到全国各地。

湖笔以其具备"尖、齐、圆、健"的毛笔"四德"而闻名于世。湖笔的产品种类繁多，主要有羊毫笔（使用山羊毛）、兔毫笔（也称紫毫，使用山兔毛）、狼毫笔（使用黄鼠狼尾毛）、兼毫笔（使用混合毛料）、鸡毫笔（使用鸡毛）五大类。其中，羊毫笔产量最大，一直以来都是最优秀的。

湖笔的制作工序可以分为三个部分，总共有一百多道大小工序，主要的工序由熟练的工匠们负责。其选料十分精细，制作非常精细，尤其注重锋颖的处理。其中，笔头制作是关键的工序，主要包括笔料（对用于制作笔头的动物毛原料进行拔取、分拣、分类）、水盆（也称为"水作工"，对笔毛料进行浸洗、筛选、梳理和整形，将其加工成半成品的笔头）、结头（也称为"扎毫"）；笔杆加工部分主要有蒲墩（也称为"打梗"，对用于制作笔管的竹梗原料进行检验和分选）；笔头与笔杆的装配和整体加工部分主要包括装套（将笔头和笔杆按照规格进行装配，制作笔帽将毛笔笔头套上）、牛角镶嵌（使用湘妃竹、凤眼竹等花竹梗或檀木、红木等材料作为笔的主杆，再用牛角进行镶嵌）、择笔（也称为"修笔"）、刻字等工序。

湖笔的制作非常讲究用料，对于笔料的产地和采集季节都有严格的要求。制作羊毫笔所使用的山羊毛主要采自嘉兴地区。制作兔毫笔所使用的山兔毛，过去主要采自江苏省南京市溧水的中山地区。而狼毫笔所使用的黄鼠狼尾毛则需要在东北地区进行采集。山羊毛和山兔毛都需要在冬季采集，因为冬季毛质更加成熟坚韧，而且毛笔锋颖的磨损较少。原料采购回来后，还需要精心挑选和分类。例如，羊毛料的分类就有四十多种，而兔毫毛料的分类则是按照根来进行，将黑毫、白毫以及不同颜色的花毫分别归类。

湖笔的制作尤其注重笔头的处理，追求锋颖。所谓"颖"指的是笔毛在自然生长状态下未受损伤的呈尖刺状的毛尖。一支好的湖笔具有整齐而透明的锋颖，笔毛既有颖且颖长，也就是说笔尖有良好的弹性和蓄墨能力，笔触既纤细又润泽。羊毫笔的"锋颖"因为在透光时呈现出暗沉的颜色，被称为"黑子"；而兼毫笔的"锋颖"则因为在透光时具有闪光的效果，被称为"白锋起"。制作兼毫笔时，还增加了一个小工序叫作"盘头"，由专门的工匠负责，用于检查和处理笔尖处的问题，例如清除残留的杂色毛等。

绍兴黄酒酿制技艺

绍兴黄酒的酿制历史如同一部悠久的史诗，早在两千四百多年前的春秋战国时期便开始谱写。南北朝时期，绍兴一带的黄酒已经声名远扬。南朝梁元帝萧绎在其回忆中提到，他年轻时常常在山阴贮藏甜酒，足见其受欢迎程度。到了唐宋时期，绍兴黄酒

的酿造技艺日益精湛，其迅速进入了全面发展的黄金时代，尤其是在宋室南渡后，越州一跃成为绍兴府，酿酒业如雨后春笋般蓬勃兴起。清代，绍兴酒更是风靡全国，成为酒中翘楚，乾隆皇帝南巡时更是屡次品尝这美酒佳酿。进入清末至民国时期，绍兴酒凭借其卓越品质多次摘得国内外大奖，声名远播，赢得了广泛赞誉。

绍兴黄酒的酿制原料需经过精挑细选，主要包括精选的精白糯米、优质的黄皮小麦和清澈的鉴湖水。糯米被誉为绍兴酒的"肉"，对其要求可谓苛刻：必须颗粒饱满、黏性十足、气味芬芳，且以当年新米为佳。小麦则是绍兴酒的"骨"，作为制曲的重要原料，须挑选完整饱满、粒状均匀、无霉变和虫蛀的上等小麦。至于鉴湖水，更是绍兴黄酒的灵魂，须清澈透明，富含促进微生物生长的各种微量元素。

绍兴黄酒的酿制极具季节性，流程也颇为严谨。农历七月开始制作酒药，九月酿制麦曲待用，至十月则开始制作淋饭（即"酒母"），在大雪前后展开投料发酵的第一步，待到次年立春时，酒液终于开始榨取、煎制、灌坛、封泥，最后贮藏陈酿，通常需三年后方可面世。

绍兴黄酒的种类多样，主要分为四大类：绍兴元红酒、绍兴加饭（花雕）酒、绍兴善酿酒和绍兴香雪酒。这些黄酒呈现出诱人的橙黄清透色彩，散发着馥郁的芳香，口感甘鲜醇厚，成为中国黄酒的杰出代表。

金华酒传统酿造技艺

古时的金华酒，源自金华府的婺江流域，包括金华、东阳、义乌和兰溪等地，以其醇厚的米香和独特的酿造技艺而著称。金华酒的精髓在于选用当地优质糯米，采用双曲复式发酵的方法，酿造出令人陶醉的美酒。

金华的酿酒历史可以追溯到西周中期。春秋战国时期，金华一带的酿酒与饮酒文化已经发展起来。唐代，金华酒"瀫溪春"（或称"谷溪春"）已名扬江南，成为各大城市争相追捧的珍品。五代吴越国的权贵们更是将金华酒列为贡品，彰显其地位。至宋代，金华酒的种类日益丰富，声名更是如虹。元代时，金华成为我国主要的产酒区域之一，步入辉煌。明代，更是将金华酒推向巅峰，金华酒被誉为"天下第一美酒"，风靡全国。然而，到了明代中后期，由于盲目扩张、品质下滑和冒牌现象的出现，金华酒开始走下坡路。尽管如此，民国四年（1915），金华酒依旧在巴拿马万国博览会上斩获金质奖，被折射出其辉煌的光芒。

金华酒的酿造技艺独具匠心，以白曲与红曲的结合为特色，完美融合了白曲酒的鲜香和红曲酒的色味。金华酒的代表作更是琳琅满目，如错认水、东阳酒、瀫溪春、寿生酒、白字酒（又名"丹溪酒"）、桑落酒、花曲酒、甘生酒等，展现出各自独特的魅力。

在酿造过程中，金华酒以优质的糯米、精良的酒曲和婺江水为主要原料，经过严格的工艺流程，酿造出美味佳酿。金华酒的酿造过程分为多个阶段，包括前期造曲的准备、前期酿造和后熟发酵，每个阶段都凝聚着酿酒师的智慧，遵循着复杂的技术规范。

酿酒的第一步是在端午节前后开始造曲，接着进入前期酿造阶段，这是整个工艺中最为烦琐的部分，是形成金华酒各品牌独特风味的关键。传统的金华酒酿造过程涵盖近二十道工序，诸如浸米、淋米、蒸米、摊饭、泡曲、下缸、拌曲、破皮、发酵、榨酒、沉淀、灌坛、蒸酒、封泥等，每一道工序都如同制作艺术品般精致。

封泥后，金华酒还需经过一段时间的储存，以进行后熟发酵，进一步提升其醇度与清香。尽管储存时间没有明确限制，短则一两个月，长则一两年，甚至更久，但过长的储存是不易的，保持酒的灵动与活力才是酿酒师的最终追求。

绿茶制作技艺（西湖龙井）

西湖龙井茶，是指杭州市西湖龙井茶基地保护范围内生长的符合龙井群体、龙井43、龙井长叶三种茶树品种的绿茶。它以"色翠、香郁、味醇、形美"四绝特征而闻名。

西湖龙井茶的历史虽没有确凿的记载，但一般认为可以追溯到唐朝。到了宋代，西湖的茶叶便已成为朝廷的贡品，荣耀加身。明代，西湖龙井茶如新星般迅速崛起，成为全国闻名的名茶。清代更是其鼎盛时期，乾隆皇帝对龙井茶情有独钟，四度亲临西湖茶区品茗，助推了龙井茶的声望，使之名扬四海。中华人民共和国成立后，西湖龙井茶更被选为唯一的"国宾礼仪茶"，用以招待外国贵宾，展现中华茶文化的博大精深。1959年，在中国"十大名茶"评选中，西湖龙井茶赫然位列榜首，成为茶界的骄傲。

西湖龙井茶的各个等级品质各异，但总体特征却惊人地一致：外形扁平光直，茶条表面光滑如绸，色泽黄绿油润。冲泡后，茶汤清澈微黄，香气如春风拂面，幽雅清高，滋味甘鲜醇和，令人仿佛置身于茶香四溢的山间。

根据采摘的嫩度和时间的不同，西湖龙井茶的芽叶可分为莲心（清明前三天）、旗枪（清明后至谷雨前）、雀舌（立夏前）、梗片（立夏后一个月）等。采摘时要求"早、嫩、勤"，使用单手或双手轻巧地提采，手心朝下，拇指与食指夹住嫩茎，轻轻向上提起，芽叶便轻柔地落入掌心。采摘的顺序自下而上，由内而外，确保每一片茶叶都"嫩、匀、净、鲜"。不采紫色芽叶、病虫芽叶和碎叶，绝不带走老叶、老梗和夹蒂。

西湖龙井茶的加工工艺更是如艺术般细腻，流程包括鲜叶摊放（在阴凉处薄摊两小时）、青锅（将鲜叶放入锅中用手将其炒干）、回潮（将杀青后的茶叶放到阴凉处薄摊回潮）、辉锅（将回潮的茶叶再次炒干成型）、干茶分筛（用筛子筛去黄片和茶末）、挺长头（将筛出的大叶再次放入锅中挺直）、归堆（将成品分包保存）、收灰（将成品茶放入铺有生石灰的缸中密封封存一周左右），每一道工序都至关重要。

传统的炒制技艺更是讲究，采用抓、抖、搭（透）、拓（抹）、捺、推、扣、甩、磨、压等手法。在炒制过程中，这十种手法灵活交替、有机配合，确保每一次动作都恰到好处，茶叶始终不离锅、手不离茶，保持茶叶的翠绿和外形的美观。一般情况下，一斤西湖龙井茶的炒制过程长达八小时，如此才能成就这杯香气四溢的佳茗。

海盐晒制技艺

象山的晒盐业历史悠久，早在北宋时期，象山就建立了著名的玉泉盐场，盐业生产已然形成了一定的规模，展现出其独特的历史韵味。玉泉盐场的辉煌延续至中华人民共和国成立初期，至今仍在这片土地上保留着与盐业密切相关的石碑、庙宇、祠堂和盐墩等古老遗迹，仿佛在诉说往日的辉煌。

清代之前，象山的制盐工艺主要依赖"煮海为盐"这一传统技艺，也被称为"熬波"。随着时代的发展，清嘉庆年间（1796—1820），象山引入了更为高效的板晒制盐技术，在清末，又引入了缸坦晒制的创新方法。中华人民共和国成立后，象山更是引进了"流、枝、滩"制盐法，随后又发展为平滩晒盐法，但依然保留着海盐晒制的传统手工技艺，让这项古老的技艺在现代焕发出新的生命力。

晒盐，亦称"晒制"，是借助阳光和风力，将海水蒸发，使咸卤最终化为盐的神奇过程。板晒法则是让卤水在特制的盐板上蒸发、浓缩成盐的独特技艺。在这一过程中，制卤的步骤与"刮泥淋卤法"和"晒灰制卤法"大致相同。卤水形成后，需要经过制板（用杉木制成盐板）、扛板（用于防雨和晒盐）、加卤、查板（检查盐板的平整度和卤水是否充足）、收盐、沥卤（将盛盐的盐箩放在苦卤缸上过夜，以回收苦卤并减少盐粒水分）、入仓等一系列工序，繁复而又细致。

平滩晒制，又称滩晒，是指在盐场内铺设平整的滩田，注入海水，依靠自然蒸发，让海水逐渐浓缩、饱和，最终结晶出洁白的盐粒。这种方法不仅降低了盐民的劳动强度，还推动了盐业的快速发展，为这片土地带来了新的生机与活力。

象山的海盐种类繁多，诸如煎制盐、撩生盐、盐砖、荆竹盐、晒制盐、渔盐、日晒特制细盐、加碘盐及生态原盐等。其中，古代的撩生盐、荆竹盐和盐砖被尊称为"贡品盐"，更是盐业的瑰宝，彰显了象山盐业的丰厚历史与独特魅力。

金华火腿腌制技艺

金华火腿，作为金华的传统瑰宝，以其美观的外形、诱人的香气、细腻的肉质和丰富的口感，成为浙江的骄傲。它的外皮薄如蝉翼，黄亮透光，肉色鲜红似火，肉质紧致而富有弹性，香气扑鼻，堪称色、香、味、形"四绝"之集大成者。自古以来，它便与西湖龙井和绍兴黄酒并列为"浙江三宝"，享誉世界。作为火腿中的翘楚，金华火腿采用的是古老而独特的腌制工艺，代代相传，至今依旧是传统手艺的代表。

金华火腿的起源可追溯到唐代，宋代金华火腿达到鼎盛时期，至今已有一千多年的历史。清光绪三十一年（1905），金华火腿在德国莱比锡的国际食品博览会上凭借其卓越的品质一举摘得金奖。民国四年（1915），金华火腿又在美国旧金山巴拿马万国博览会中荣获金质奖，成为中国火腿的代言人，享誉全球。

金华火腿的制作讲究"天时、地利、人和"。根据腌制的季节不同，金华火腿可分为三大类：正冬腿、早冬腿和早春腿。正冬腿腌制于隆冬时节，每年立冬到翌年立春前腌制，是火腿中的极品；而早冬腿则在初冬时节（重阳节到立冬或小雪期间）腌制，价格相对便宜；早春腿则是在立春到春分期间腌制，由于盐分较多，因此整体偏咸，但加工技艺却较为精细，工艺上比早冬腿更为精湛。

金华火腿的原料选用的是优质的猪腿，尤其以"金华两头乌"猪的后腿为最佳。金华两头乌猪因其黑色的头尾和白色的中部而得名。此种猪特别偏爱食用青绿饲料，生长周期较长，通常需要十个月以上，因此肉质格外鲜美。它们皮薄肉嫩，脂肪分布均匀，且瘦肉与脂肪比例适宜，能够积聚丰富的油脂，散发出浓郁的香味。

新鲜的猪腿毛重五千克左右。首先需要刮去表面的残毛与污血，勾去蹄壳，削平耻骨，去除尾椎，并将腿边修整成弧形，呈类似琵琶或竹叶的形状。随后，根据腿的大小、肉质的细腻程度及新鲜度，选择适宜的温度上盐腌制。一般来说，腌制时的最佳温度是八摄氏度左右，腌制时间大约为三十五天。在此期间，每隔一段时间就需要加盐，并且要确保盐分均匀渗透，这是金华火腿腌制过程中最为重要的环节之一。

在腌制完成后，火腿需要进行浸泡与刷洗。将火腿浸泡在十摄氏度左右的清水中，大约浸泡十小时，之后使用竹刷将表面清洁干净，随后再放入清水中漂洗两小时。洗净后的火腿两只一捆，挂在专用的晒腿架上，放置在阳光下进行晾晒。晾晒过程中，火腿的皮逐渐变黄，肉面开始析出油脂，经过长时间的日晒，火腿表面变得干燥，肉质坚硬。

当火腿基本干燥时，还需要进行整形。经过整形后的火腿被放置在通风良好的楼房木架上，继续发酵，直至火腿渐渐成熟，香气四溢。这一发酵过程大约需要六个月，其间火腿的皮面会变得枯黄，肉面则变得油润，偶尔会在表面长出绿色的霉菌，俗称"油花"，这是火腿在发酵过程中自然形成的。

发酵完成后，金华火腿还需要经过二次修整，进行定型。这一过程仍然需要依靠自然环境的温度与湿度，火腿将在通风的环境中继续发酵，并经过几个月的堆放与翻堆，进一步释放出浓郁的香气。每隔五至七天，工匠需要翻动堆放的火腿，以确保其均匀熟成。最终，经过数月的精心养护，火腿终于成形，散发出扑鼻的香味。

金华火腿的制作是一个循序渐进的过程，经过低温腌制、高温发酵，最终迎来秋季的成熟。在自然条件下，金华火腿的品质可以保持三四年之久，等级从特级到三级不等。每一块金华火腿都凝聚了工匠数月甚至一年的心血，承载着千年传承的技艺。

木拱桥传统营造技艺

木拱桥，这座跨越时空与山川的古老桥梁，不仅是浙江和福建偏远山区的独特景观，更是人类智慧与自然力量交织的结晶。

其因精巧的结构和美丽的造型，被誉为"廊桥"或"虹桥"。木拱桥的典型特征是其弯曲如虹的拱形设计，桥面上方覆有廊屋，给人一种如同行走于云端的别样体验。

浙江庆元和泰顺的编梁木拱桥，堪称"活化石"，是中国木拱桥的精华所在。它们的历史可以追溯到新石器时代晚期。那时，浙闽交界的山区就已有人类活动，随着时间的推移，越来越多的桥梁在这片土地上出现。唐代以来，随着仕宦之家隐居于此，许多文人墨客在山川间开路架桥、开馆兴学，桥梁建设逐渐成为当地文化的一部分。

清代，泰顺地区在重修三座桥梁时，竟然发现了唐代的瓦片，这一发现为木拱桥的历史提供了珍贵的佐证。经过历史的沉淀，山区洪水的反复冲击促使当地工匠逐渐发明了虹桥结构，这种结构简单却稳固，适应山区恶劣的自然条件。现今学者普遍认为，庆元的编梁木拱桥自唐宋时期便开始萌芽，元代逐渐走向成熟，明代达到鼎盛，而清代则出现了转型。

庆元县至今仍保存着多座元代的木拱桥，像咏归桥、濛淤桥、查洋桥等，它们以粗犷、高峻、大气的造型展现了元代木拱桥的独特风貌。这些古老的廊桥，以重檐双坡顶、高坡长廊为特点，桥身高大挺拔，正脊起翘，翼角飞扬。

明代，木拱桥的设计逐渐由小跨径向大跨径发展，兰溪桥便是这一时期的代表作。建于明万历二年（1574）的兰溪桥，全长四十八点一二米，是中国现存单孔跨度最大的木拱廊桥。

清代木拱桥则更多地关注大跨度的挑战。由于木材的缺乏，许多桥梁的桥面开始采用石砌，而拱架依然保留木结构。这一时期的木拱桥，既继承了明代的大气风格，又融合了新的材料与技法，形成了与前代截然不同的风貌。

木拱桥的设计精巧复杂，通常由两大部分组成：拱架和廊屋。拱架是木拱桥的骨架，它由纵骨和横骨构成。纵骨，又被称为"三节苗"或"五节苗"，是桥梁的核心结构，横骨则像支撑梁一样与纵骨交织在一起，形成强大的结构支撑。每一节拱架都通过精妙的木工技艺紧密结合，最终搭建成坚固的拱形结构。

与拱架相配合的是廊屋系统，桥面上方的廊屋犹如一座座小亭子。这些廊屋不仅为桥梁增添了美感，也起到了遮风挡雨的作用。廊屋与拱架相互结合，部分立柱与拱架的木构件相接，增强了桥梁的负荷承受力和稳定性。

木拱桥的一大特点是桥面的构造。桥面是由纵横梁和五节苗结构共同支撑的，其上铺设有木炭和沙石，再加上鹅卵石或香糕砖，防潮防腐。廊桥的侧板也起到了保护作用，它不仅防风雨侵蚀，还能加强廊屋与拱架的联系，增加了整体的美感。

木拱桥不仅是物理世界的桥梁，更是人们心灵的纽带。在木拱桥的建造过程中，伴随着许多传统的仪式，如择日动工、祭河祈福、上梁庆祝等，这些仪式赋予了桥梁更深的文化意义。例如，建桥前的"择日动工"和"置办喜梁"是一种祈求平安的传统，修桥的过程中，工匠们会根据风水和地理的要求选择最佳的时机来启动建造，确保桥梁的稳固与长久。

桥梁顺利完工后，人们还会举行"上喜梁福礼""完桥福礼"等庆祝活动，感谢天神的庇佑和工匠的辛劳。这些仪式传递着人与自然、人与人之间的和谐与尊重，也使得每座木拱桥都承载着浓厚的文化氛围。

木活字印刷技术

浙江省是中国古代印刷技术的重要发源地，尤其是在两宋时期，杭州的雕版印刷技术和毕昇的活字印刷术都在全国范围内享有盛誉。绍兴府、庆元府等地成为印刷和刻书的集中地。进入明清时期，浙江的印刷业进一步繁荣，各种印刷技术得到广泛应用，尤其是木活字印刷技术，在民间宗谱印刷中应用广泛。

瑞安的木活字印刷技术与王祯关于木活字印刷的工艺记载密切相关。王法懋是瑞安东源村王氏家族的祖先，他在元代初年采用木活字印刷技术修辑宗谱，从而使这一技艺得以传承。明天启年间，王法懋的后裔迁至浙江平阳，清乾隆元年（1736），其后裔王应忠迁入瑞安的东源村，将木活字印刷技术带入瑞安，并延续至今。

瑞安的木活字印刷技术严格遵循王祯在《农书》中描述的工艺流程，涵盖了多个步骤，包括制作木字模、雕刻、排版、校对等。具体来说，首先需选用优质的棠梨木，制作字模并进行雕刻。印刷过程包括拣字、排版、研墨、上墨、刷印等环节，后期还需要进行盖红圈、填字、折页、装订等工序。整个过程涉及近二十道工序，体现了工艺的复杂性和严谨性。

在拣字和排版过程中，瑞安的谱师们会使用特定的拣字口诀，以便更高效地找到所需的字，并且根据谱牒格式制作专用印版。印刷时，谱师们边拣字边排版，确保排版的准确无误，最终通过细致的校对和印刷，完成一本木活字宗谱的制作。

瑞安的木活字印刷技术不仅是对古代工艺的传承，更在实践中不断发展和改进，展示了这一地区深厚的文化底蕴和精湛的工艺水平。

诸葛村古村落营造技艺

诸葛八卦村，古称高隆村，坐落于浙江兰溪的山水之间。这个村落始建于元代中后期，历经风雨，如今成了国内诸葛亮后裔最大的聚居地，也是"中华十大古村"之一，承载着丰富的文化底蕴。

元代中后期（1350年前后），诸葛亮的第二十七世孙诸葛大狮迁居至高隆上宅。他不仅在这里安家落户，更在这里依照九宫八卦阵的布局，精心营建起这个村落。随着时间的推移，到了明朝中叶，诸葛氏族的后代们如雨后春笋般繁衍生息，房屋不断增建，村落的规模也逐渐扩大，最终形成了包括大公堂、丞相祠堂在内的十八座宏伟厅堂。

清朝的康熙至乾隆年间，诸葛氏家族因其卓越的中药业经营而积累了丰厚的财富，遂兴建起华堂大厦、厅堂、楼阁等二百多座建筑，两进、三进、五进的厅堂共有十八处，展现出当时的繁荣景象。清末至民国初年，村落沿着水塘、水井、山路和街道，形成了独特的民居布局。

诸葛村古村落地理位置独特，背山面水，犹如一座天然的屏障，村中的钟池成为核心，八条小巷如同星辰般辐射开来，构成了内八卦的美妙格局。村外的小山环抱着村落，形成了天然的外八卦布局。古老的建筑错落有致，巷道纵横交错，结构清晰独特，形制多样，规模宏大，因而被专家们誉为"中国江南传统古村落和古民居的典范"。

诸葛村的古建筑是木匠、泥水匠、石匠、砖瓦匠等密切合作的结晶。营造工艺以木匠技艺为核心，结合泥水匠的精美装饰，整个建造过程如同一篇精美的乐章。先设计整体结构，再预制各类构件，如梁、柱、花门、砖、瓦等，之后立木结构屋架，再砌墙，最后进行内外装饰。该技艺在建筑布局上千变万化，既有伏虎型、九宫八卦型，也有纵状街市和环状街市等多种类型，展现出古村落独特的文化魅力。

东阳卢宅营造技艺

东阳卢宅屹立于浙江省东阳市东郊的卢宅村，以其宏伟的布局、独特的造型和精湛的雕刻技艺而闻名。作为婺州传统木结构民居的杰出代表，东阳卢宅承载着悠久的历史，传承着河北范阳卢氏的一支——雅溪卢氏家族的文化。这个家族在南宋中叶迁至雅溪，至今依然繁荣昌盛。

明清时期，卢氏三峰世家逐渐崛起，成为婺州的望族。这一时期，卢氏后裔们相继兴建了六十多座气势恢宏的厅堂、二十五座气派的牌坊、二十多处幽雅的园林台榭，以及十余座古色古香的寺庙与道观，甚至还有近十处书院。这些建筑形成了一个以血缘为纽带的庄园，整个宅院占地达十五万平方米，宛如一个小型的文化王国。

卢宅的选址和布局十分讲究，风水理念贯穿始终，追求建筑与自然环境的和谐共生。卢宅的建筑群与雅溪、东西岘峰以及周围的山丘紧密相连，因地制宜，形成了一幅浑然天成的美丽画卷，体现了"天人合一"的传统建筑哲学。

走进卢宅，首先映入眼帘的是其严谨的布局，左右对称、规整有序，中心位置格外突出。众多祭祀性质的厅堂则是卢宅以血缘关系为纽带的宗法文化的生动体现。实用性与工艺装饰的完美结合成就了卢宅独特的魅力。

卢宅的天井在高墙深宅之中，仿佛豁然开朗，令人感受到别有洞天的奇妙体验。它的顶部是苍穹，底部是大地，庭院空间与之相互渗透，完美融合。马头墙不仅防风防火，更增添了建筑的装饰性与动感。

卢宅的民居多以坐北朝南的"三合院"形式为主，俗称"十三间头"，也有前后两个"三合院"串联在同一中轴线上，形成"廿四间头"的独特格局。厅堂的布局多由前门楼、中大厅、后堂屋三进组成，遵循传统礼制，空间布局严谨合理，此外，还有四进、五进、七进、九进的厅堂。

卢宅的主轴线沿着大照壁，穿过三座石牌坊，转折至肃雍堂、乐寿堂，最终止于世雍堂。主建筑肃雍堂则前后九进，纵深达三百二十米，气势恢宏。卢宅的厅堂和宅第雕饰典雅华丽，巧妙融合了东阳木雕、石雕、砖雕及彩绘艺术，其中的木雕技艺更是精湛绝伦，令人叹为观止。

浦江郑义门营造技艺

郑义门古建筑群坐落于浙江省金华市浦江县东部，以郑氏宗祠为代表，蜿蜒的白麟溪和玄麓溪在其中穿行，流入浦阳江。这座古建筑群始建于北宋末年，至今已有九百多年的历史，是浦江郑氏家族"以儒治家、合食共居"精神的珍贵遗产。

郑义门的建立，是郑氏家族与明代开国文臣之首宋濂的共同心血。郑义门最初名为"承恩里"。北宋末年，郑家三兄弟在此安家落户。随着元代两次被旌表为"孝义门"，其名称也随之更改为"郑义门"。明代时，更是被誉为"江南第一家"。在宋、元、明三个朝代，郑义门先后获得六次表彰，到了清乾隆年间，才开始被称为郑宅，成为中国封建社会以儒治家的典范与中国家族文化的"活化石"。

郑宅的布局围绕两个重要中心展开：宗祠和白麟溪。宗祠象征着郑姓的发源地，而白麟溪则代表着郑氏家族血脉在这片土地上绵延不绝的传承。整个村落的格局便是在这两个中心的基础上逐步形成的。

郑氏宗祠是郑义门古建筑群的核心，坐落于郑宅镇的白麟溪北岸，坐东朝西。它始建于元惠宗至元三年（1337），初期仅有五间，后来在元至正年间扩建为三进二十七间。清康熙二十八年（1689）时，又进一步扩建为六进六十四间，清嘉庆二年（1797）重建时更是将木柱改为石柱，使其成为浦江地区规模最大的宗祠。宗祠外观庄严肃穆，虽无雕梁画栋的华丽装饰，却有着"千柱落地，不牵蛛丝"的传说，建筑风格保持着明初的传统。这里没有戏台，正门与仪门并设。祠堂内珍藏着众多历史遗物，包括元代丞相脱脱所书的白麟溪碑、九棵古柏（传为宋濂所植）、明正德二年（1507）的木匾、明万历年间的《文侯赐祭之碑》和《翰林学士宋公碑记》，以及崇祯时期的《宋文宪公祠碑记》等，清乾隆以后更是增添了许多石碑，见证了郑家的辉煌历史。

"白麟"二字源于郑氏祖先的名讳，淮公迁居浦江后将原本的香岩溪改名为白麟溪。元朝丞相脱脱曾亲笔书写"白麟溪"三个大字，立碑而成。这条溪流被誉为郑氏家族的母亲河，整个家族在溪水的滋养下，逐渐繁衍壮大。沿着白麟溪，文化遗存丰富多彩，玄麓山房、孝感泉、九世同居碑亭、昌三公祠、昌七公祠、建文井、正德井、郑氏宗祠、木牌坊、十桥九闸等无不承载着深厚的历史文化。

在九百多年的历史积淀中，郑义门汇聚了形式多样、丰富多彩的营造技艺，包括整体布局、平面设计、空间营造、房屋结构、木雕壁画等方面的精巧工艺。郑宅的房屋多为硬山顶，屋顶覆盖着冷摊小青瓦，铺设着望砖或望板，民居屋脊则以立瓦脊为主。早期建筑的雕刻风格较为简单，主要体现在牛腿、琴枋等部位，而后期的雕刻则越发繁复精致，工艺令人赞叹。

郑义门的建筑形态多样，涵盖了大小祠堂、官第民宅、亭台楼阁、牌坊庙宇、桥梁古井等，展现了传统建筑营造技艺的丰富多彩，宛如中国村镇建筑史上的一座宏伟博物馆，成为营造技艺的百科全书。

俞源村古建筑群营造技艺

俞源古村落，作为中国首批历史文化名村，静静地坐落于武义县的西南部。这个古老的小山村，历史悠久，曾是婺州（今浙江金华）与处州（今浙江丽水）交界的要地，四面被雄伟的山峦环抱，村庄的入口处溪流蜿蜒如"S"形的曲线，仿佛在为这片土地编织一幅动人的画卷。

据传，俞源古村的独特布局乃是明朝开国谋士刘伯温的匠心设计，蕴含着深厚的道家思想。整个村落呈北斗形状，中央的俞川溪如同生命之源，滋养着村庄，并将其自然地分为东西两部分。村中的水塘、厅堂和巨型太极图，构成了一幅生动的星象图，似乎在暗示"天体运行"的奥秘。

俞源村是一个多姓氏共居的聚落，最早的居民自北宋迁入，俞姓则于南宋时期传入，逐渐成为村中的大姓，俞源村也因此成为中国最大的俞姓聚居地之一。明代初期和末期，俞源村经历了两次辉煌的建设，奠定了村落的基本框架。然而，清代初期的兵祸使得许多建筑受到了摧残，直到清乾隆年间（1736—1795）才迎来了复兴，至今依然保存着众多古民居。

俞源村的布局宛如一幅玄妙的星象图，村中有水塘七口，厅堂二十八座，建筑风格各异，包括宗祠、庙宇、古墓、桥梁、私塾、书馆、戏台、花厅和民居等，构成了一个丰富多彩的文化空间。村庄里现存元代石拱桥两座，明代的宗祠和住宅共十二座。清代的建筑则更为繁多，涵盖了大型住宅、公益建筑、文化教育建筑、商业服务业建筑和手工业作坊等，令人叹为观止，总计四十四座。

其中，"精深楼"是村中的亮点，于清道光二十五年（1845）完成，因拥有九道门而得名，层层设门以防盗，尤其是第七道门暗藏机关，盗贼若误入，必定落入陷阱，无法逃脱。楼内别致的绣花楼、藏书阁、藏花厅、书堂，以及前面的大花园，构成了一个宁静雅致的生活空间。整栋房屋的砖雕、石雕和木雕工艺精湛，尤其是木雕，以扁豆、白菜、丝瓜等蔬菜，以及小狗、小白兔、蜜蜂和蟋蟀等动物为主题，生动展现了主人对自然的热爱与田园生活的悠然自得。

在俞源村中，俞氏宗祠是最具特色的公共建筑，气势宏伟、构造讲究，完好地保存着古老的风貌。作为全村的总祠，俞氏宗祠的前身为孝思庵，既有家宅的温馨，也有祠庙的庄重。这里还有被称为"处州第一台"的古戏台，既能娱神，又能娱人，成为村民们寄托情感的场所。俞源古村落，宛如时间的容器，承载着世代相传的文化与故事，静静地凝视着岁月的流转。

石桥营造技艺

绍兴，这座充满历史韵味的城市，拥有七百零四座石桥，有二十三种独特的桥型。其中，折边拱桥和悬链线拱桥更是独树一帜，成为国内绝无仅有的珍品，蕴藏着高超的工艺与智慧。绍兴的石桥以榫卯结构为基础，创造出二十多种不同的技术风格，展示了古代工匠们的灵感与巧思。

追溯到春秋战国时期，绍兴的青铜冶铸业如日中天，随着铁器的出现，采石与雕刻的技艺突飞猛进，那时的桥梁已悄然运用石柱、石梁和石桥面等石质构件。进入汉代，石拱桥的建造技术逐渐成熟，绍兴的桥梁建设也随之蓬勃发展。到了唐宋时期（618—1279），随着运河驿路的繁荣与工商业的兴盛，绍兴的石桥建设迎来了它的黄金时代。清代，更是石桥营造技艺的巅峰时期，技艺日趋精湛。

绍兴石桥的营造技艺涵盖了诸多方面，包括拱桥上部结构、桥基施工、桥墩营造以及桥材运输与安装等。这些技艺都是在传统工艺的基础上，结合当地特点不断改进而来的。绍兴的石桥种类繁多，既有多式石梁桥、折边石拱桥，也有半圆形、马蹄形、椭圆形的各类拱桥。尤其是八字桥、广宁桥、迎仙桥等，展现了极具个性的建造技艺，令人叹为观止。

绍兴石桥的造型技艺丰富多样，共有二十三大类。其中，石拱桥中的圆弧拱桥技艺更是细分为十三类（如圆弧形拱、椭圆形拱、悬链线拱等），而石梁桥则分为七类（如石柱石梁桥、石墩石梁桥等），折边拱桥的造型技艺也有三类（三折边拱桥、五折边拱桥、七折边拱桥），展现了工匠们无尽的创造力。

石桥的建造过程严谨而细致，包括选址、桥型设计、实地放样、打桩、砌桥基、搭建桥墩、安置拱圈架、砌拱、压顶、装饰、保养，直到最后的落成。建造方法大致分为水修法和干修法两类：水修法适用于水网密布的软土地基，而干修法则适用于两岸旱地上的单跨梁桥。当河道需要裁弯取直时，工匠们会在规划好的河道上进行旱地造桥，这展现了他们的智慧与经验。

绍兴的古石桥结构科学严谨，用料讲究，布局合理，通常能屹立千年以上，成为中国石桥发展演变的缩影。这里被誉为中国的“石桥博物馆”，是美名远播的桥乡，散发着浓厚的文化气息与历史魅力。

传统木船制造技艺

普陀的造船技艺，代代相传，历久弥新。在这片海洋的怀抱中，造船工匠们在各自的作坊和工厂中默默耕耘，守护着这项古老的技艺。早在明嘉靖年间（1522—1566），双屿港就已经有了造船作坊的身影。到了清光绪二十六年（1900），岑氏木船作坊的创立为这门技艺注入了新鲜血液，结合了西方的木船制作工艺，使得普陀的造船技术愈加成熟，愈加璀璨。

普陀的木船，亦称“鸟船”或“浙船”，大多为帆船。它们是中国古代四大船型之一，船身尖圆底，艏艉微翘，犹如展翅欲飞的鸟儿。船头的尖瘦部分形似鸟嘴，左右两舷则像倒挂的“八”字，尽显生动与灵巧。大多数鸟船拥有三桅、扇形的布帆或矩形的竹篷，艏艉两侧也常常装饰民俗彩绘，船前部更是雕刻有鱼眼或龙目，仿佛在诉说海洋的故事。

普陀的木船种类繁多，规格各异，主要分为十六种，包括大、中、小对渔船，捕鱼船，流网渔船，张网渔船，舢板渔船，钓捕鱼船，打洋渔船，运销船，货运船，航船（客运船），渡船以及公务船（官船）等，满足了不同用途的需求。

每一艘普陀木船的诞生，都是一项复杂而精细的工程。从设计图纸的绘制、选材、木材的加工，到木材的弯曲、船底的拼接、侧板的镶嵌、浪板的上挡、甲板，再到舱板、桅脚梁、舵盘的制作，最后进行油漆、试航、交船，共计四十七道工序，工匠们用心良苦，力求完美。

在选材上，工匠们特别讲究，船底的龙骨必须选用最优质的木材，通常由三根坚韧的硬木对接而成。由于船底呈弧形，工匠们采用三段结构，中间一段无接头，以确保船只在波涛中稳健如磐。弯曲木材的工艺更是独特，工匠们将桐油加热，利用喷灯将热气注入木材，使木材在热气的作用下外部拉长而内部收缩，从而形成优美的弧度。

除了船体的打造，舟船雕绘也是普陀传统木船制造的重要组成部分。小型船通常只以鲜艳的色彩装饰，如"绿眉毛""红头船"等，而大型船只则在船头、船身和船舷上绘制"鱼跃龙门""八仙过海""大鹏展翅""龙凤相嬉"等吉祥图案，或描绘历史英雄人物，如穆桂英、关公、武松等，抑或临摹书法，写下"满载而归""四海呈祥"等寓意美好的词句。

在普陀，造新船的开工仪式更是充满了传统的仪式感。渔民们会精心挑选黄道吉日和风水吉利的地点，开工的时刻被称为"木龙"诞生的时刻，工匠们会在造船工地举行祭祀龙王的仪式，祈求龙王、船神保佑"木龙"顺利建成。建造过程中，在船身上安装"龙筋"是一个极为重要的环节，相当于家庭造屋的"上大梁"，需要举行隆重的"上龙筋祭"。新船完工下水时，更是热闹非凡，祭祀、摆酒席，还有锣鼓声、鞭炮声，场面蔚为壮观。在首航之际，船主还要在船头抛出"新船馒头"，寓意"满意的开端"，这一切都在传承普陀造船文化的辉煌与魅力。

铜雕技艺

铜雕是杭州独特的传统手工艺，它主要分为锻铜、铸铜、刻铜和熔铜四种，以铜料为胚，巧妙结合雕刻和铸塑等手法，创造出一件件栩栩如生的艺术品。杭州铜雕不仅是古代青铜器制造的延续，更是一门悠久而精湛的技艺。其主要材料包括黄铜、紫铜和白铜，而辅助材料则有不锈钢、油漆和玻璃等，其中的黄铜更是由洛阳专供，保证了其质量的上乘。

回溯历史，杭州铜雕的根源可以追溯至远古的青铜时代。宋室南迁，杭州迎来了大批铜匠，他们带来了无穷的技艺与灵感，使得杭州的铜艺水平越来越精湛。到了清朝，杭州铜雕更是达到了鼎盛的辉煌时期。

杭州铜雕以精致、细腻、形态优美而闻名于世。其艺术特征独具一格，书法与绘画相结合，色彩丰富，三种主要色调交织，装饰效果持久，象征着富贵与吉祥。经过传承人长期的实践与探索，杭州铜雕逐渐形成了镂空、点刻、烘炼、叠镶、三色、制绿、熔模和熔铜等八大技艺。

镂空技艺如同雕刻师的魔法。工匠们用心雕刻出穿透物体的精美花纹与文字，形成多层次的空穴和镶嵌的复合夹层，宛如一幅立体的画卷。点刻技艺则是铜雕中不可或缺的手工技巧。工匠们运用刀、锤、锉等工具，通过捶打、连接和锉平，生动地展现出花朵、鸟兽、人物和山石等形象，仿佛它们即将从铜雕中走出来。

烘炼技艺是一种秘传的绝技。工匠们通过加热使铜材变得纯净柔软，为后续的雕刻铺平道路。叠镶技艺则展示了工匠们的巧妙心思。他们利用不同尺寸的槽子将各层铜材叠加、镶合、熔化成一体，整个作品无须钉子，既坚固又防水。

三色技艺是铜壁画的灵魂。借用石雕的阴刻、阳刻及西洋铜版画的表现手法，工匠们完成分层氧化着色，使作品呈现出高贵的金色、闪亮的银色和温暖的铜色，宛如一幅流动的画作。制绿技艺是在蚀刻喷涂中加入特定的药液，精确控制温度、浓度和时间，在短短十分钟内便能使作品显现出青铜绿，保护作品不受大气污染和雨雪侵蚀。

熔模技艺通过蜡模的制作与泥浆的涂覆，使铜液在冷却后凝结成形。而熔铜技艺则是金属铸造技术的一次重大革新。工匠们将铜的边角料熔化，加入介质，使其在特定温度下自然流动，冷却后凝结成形，再对其进行着色与焊接处理，最终将铸造、锻造、刻雕等工艺巧妙融合，创造出独具韵味的铜雕艺术品。

杭州的铜雕，不仅是工匠们的心血结晶，更是这座城市历史与文化的深刻体现。每一件作品都承载着时间的印记，流淌着铜香，散发着古老的韵味。

伞制作技艺（西湖绸伞）

西湖绸伞的竹骨和绸面完美结合，承载着传统手工艺的精髓。它的诞生可以追溯到 20 世纪 30 年代，源自著名实业家都锦生的灵感与创意。这种伞不仅造型灵巧、制作精致、高雅美观，更是阳光下的庇护之物，同时也可以作为装饰品，被誉为"西湖之花"。

最初的西湖绸伞品种单一，规格不一，伞骨的数量有四十六根、四十二根、三十六根和三十二根等不同的规格。伞面的装饰也以单色和双色为主，图案简单，只有如"三潭印月""平湖秋月"等九种经典图案，以及少量的山水和仕女绘画。进入 20 世纪 60 年代后，西湖绸伞的设计发生了巨大的变化，伞面装饰、伞柄造型和使用性能得到了全面改良，伞骨的数量统一为三十二根，品种也增加到十多种。

制作西湖绸伞的材料选用淡竹，要求有三年以上的竹龄，直径在五六厘米之间，竹节间隔不小于三十八厘米，颜色均匀，没有任何瑕疵。每年六七月，工匠们便会前往淡竹产地，如余杭、安吉、德清和奉化等，精挑细选适合的竹子，并在竹子上做上标记，俗称"号竹"。等到霜降之后，再开始砍伐，确保竹子的最佳质量。

伞面的布料则采用江南的优质丝绸，如乔其纱、真丝电力纺和真丝斜纹绸等。而伞顶和伞柄则选用坚固细腻的优质木材，高档伞则更是使用牛角或象牙，彰显奢华与典雅。

制作西湖绸伞的工具丰富多样，整个制作过程细致入微，分为一百多道工序。主要包括选竹、伞骨加工、车木（制作伞头和伞柄）、伞面装饰、伞骨劈青（编号和分类）、上架（将伞面绸布绷紧并上浆，直接固定在伞骨上）、穿线、剪边、折伞、贴青（将劈青的篾青按原位对号入座）、刮胶、装杆、装包头和装柄、穿花线（在伞骨和短撑上穿线）、钉扣、整修伞、检验和包装等工序。每一道工序都环环相扣，仿佛在诉说竹与伞的故事：一节竹，便是一把伞；撑开伞时，仿佛竹子在阳光下翩翩起舞。

西湖绸伞的伞面装饰以刷花、绣花和绘花为主，合称"三花工艺"。刷花工艺以杭州西湖的湖光山色为题材，采用纯手工技艺，运用套色模版在丝绸伞面上层层晕染，形成独特的艺术效果，与"三潭印月"造型的伞头相得益彰。绣花工艺则题材多样，运用传统刺绣、盘金绣技艺以及机绣，将设计的图案精致地绣制在伞面上，绣工典雅而细腻。绘花工艺的题材则更为广泛，涵盖山水花鸟、仕女、文学作品、传奇故事、佛教文化和书法篆刻等，技法多样，包括真金彩绘、喷绘结合和画绣并用等，构成了西湖绸伞独特而丰富的艺术魅力。

每一把西湖绸伞，都体现着传统与创新的交融，绽放出一种独特的韵味与风情。

杭州织锦技艺

杭州织锦技艺，以杭产桑蚕丝为原料，结合吉祥图案、名人书画和摄影作品，运用特制的提花织锦机进行手工织造。它不仅是一项传统的手工艺，更是蕴含杭州深厚文化底蕴的艺术珍品。特别是杭州都锦生实业有限公司所生产的织锦，其因精湛的工艺和独特的设计，多次作为国礼被赠送给外国首脑和贵宾，成为中国著名的织锦之一。

杭州织锦的历史可以追溯到五代十国时期。当时，杭州作为吴越国的都城，已向中原王朝进贡丝织品，其中就有精美的"锦"。南宋绍兴八年（1138），随着宋朝廷将都城迁至临安（今浙江杭州），工匠们从中原带来了丝绸和织锦的先进技艺，推动了杭州织锦的发展。元、明、清时期，杭州织锦技艺不断精进。清代早期，杭州便开始利用织锦创作简单的山水图案，逐渐形成了独特的风格。

民国十年（1921），都锦生经过深入研究，创新性地采用八枚缎子的阴阳组织过渡技法，成功地将素描画中的阴阳暗面层次展现于丝织品中，设计出第一幅丝织西湖风景织锦《九溪十八涧》。次年，他创立了杭州都锦生丝织厂。民国十五年（1926），他设计的《宫妃夜游图》在美国费城世界博览会上荣获金奖，引起广泛关注。民国十八年，五彩锦绣织锦问世，并在首届西湖博览会上获得特等奖，产品声名远扬，被誉为"东方艺术之花"。

杭州织锦最大的特点在于其织物的经纬度密度极大，采用光亮的缎纹组织作为基础，利用纬线在地纹上精心起花，形成华美的锦缎织物。其种类繁多，包括古香缎、织锦缎、金线织锦、银线织锦、覆香缎、提花软缎等，同时还涉及床罩、被面、毯垫等相关产品。

杭州织锦的制作过程复杂而精细，主要包括以下几个步骤。

（1）设计：首先，根据需求绘制图案，可以选择的名画作为小样。接着，确定织锦的大小、颜色和经纬线的根数，进行品种规格设计。然后，将小样绘制到设计纸上，制作提花织机所需的纹版，并将其串联起来。

（2）装造：这一过程包括将综丝和下柱连接在一起、穿柱线、截取一定长度的通丝、制作把吊、镶拼目板、穿柱盘、挂钩、吊三位一体、上夹棒、穿综、捞扣、吊棒刀等，环环相扣，确保织机的顺利运转。

（3）经线：这一步骤需要经过浸泡、脱水、烘干、翻筒、并丝、加捻、定型、保潮、成绞、染色、挑剔、整经等工序，最后将整好的经轴接到织机上。

（4）纬线：纬线的制作同样需要经过成绞、染色、倒筒、并丝等工序，确保织物的完整性。

（5）织造：包括色卡制作、选纬、装纤、投梭、换梭、故障恢复、经面检查等工序，确保织物的质量与美观。

（6）检验：经过目测评定、烧毛、织补、打样、着色、镶边、上排须、包装等流程，确保每一件产品都完美无瑕。

作为杭州织锦的代表，都锦生织锦工艺分为装饰织锦和日用织锦两类。装饰织锦主要以丝织风景、人物等为主题，代表作品包括《宫妃夜游图》《春苑凝辉》《白蛇传》《刘姥姥进大观园》《丝绸之源》《百子图》《八仙过海》《群仙祝寿》《松龄鹤寿》等，每一幅作品都展现了杭州织锦的独特魅力和艺术价值。

辑里湖丝手工制作技艺

辑里湖丝，又称为"辑里丝"，乃是蚕丝中的珍品，因其产地——湖州市南浔镇的辑里村而得名。这里的丝线如同清晨的露珠，晶莹剔透，其因独特的缫丝工艺，所产蚕丝更是以"细、圆、匀、坚、白、净、柔、韧"的特点而著称。

根据历史记载，元代末年，南浔辑里村便已经开始生产湖丝了。到了明代中期，村民们对蚕种进行了精心改良，培育出了"莲心种"，这种蚕茧小巧如莲心，所缫出的丝线不仅细腻，且拉力强劲、色泽鲜艳、解舒良好，因而"辑里丝"脱颖而出，逐渐取代了传统湖丝的地位。

清代，辑里丝因其卓越的品质而声名显赫，成为"名甲天下"的丝绸代表。康熙皇帝亲自选用辑里丝作为织造皇袍的经线，工匠们织造出九件华美的皇袍，彰显了康熙皇帝无与伦比的地位。清咸丰元年（1851），南浔辑里村生产的生丝在英国伦敦举办的首届世界博览会上荣获金、银两项大奖，更由维多利亚女王亲自颁发奖项，成为我国第一个获得世界大奖的民族产品，辑里丝由此声名远扬，享誉全球。清同治十二年（1873），南浔的周申昌丝号创新改良辑里丝经，推出"辑里干经"（又称"东洋经"），在海外市场一举成名，风靡一时。清末民初，辑里丝的产品在国内外博览会上屡获殊荣，声势浩大。

制作辑里湖丝所需的器具主要包括：莲心茧、蚕匾（用竹篾或苇子编成的圆形养蚕器具，直径约为 0.5—1.5 米）、茧篮（同样由竹篾或苇子编制，用于装茧）、丝灶（用泥土和麦秸秆混合物垒成的灶台）、陶瓷水缸（优质陶土制成，高约 0.53 米，直径约 0.6 米，底径约 0.35 米）、索绪帚（用棕榈或稻草制成）、记筷（由细竹碎枝拼接而成的蒲扇形平面）、炭盆（铁制或铜制，燃烧白炭烘干刚缫好的蚕丝）、蚕抬（用老杉木制成，分为 10 个格子，每个格子放置 1 只蚕匾）以及丝车等。

辑里湖丝的制作工序主要分为以下几个部分。首先是选料，缫丝前的准备工作，选茧和搭建"丝灶"（专为缫丝所建的灶头）。接下来是缫丝的核心步骤：煮茧是关键环节，水温需控制在 100℃ 以下，以确保丝的质量；之后是索绪（捞丝头）、理绪、添绪（缠丝窠）。最后，丝的烘干处理至关重要，用炭火烘干，确保丝质的完美，"出水干"便是这一过程的别称。

总之，辑里湖丝以其优良的品质、讲究的用料、严谨的选材、独特的工艺和精细的操作而闻名遐迩。它的传统制作技艺完整地保留了湖州地区的特色，对研究我国蚕丝业的发展史具有重要的价值，映射出手工艺的瑰丽与智慧。

越窑青瓷烧制技艺

越窑，作为我国古代著名的青瓷窑系，是中国最早的瓷窑

之一。其窑址遍布今浙江的上虞、慈溪、余姚、萧山等地，因唐代称浙江为越州，故名"越窑"。这里的制瓷技艺、装饰工艺和造型设计在古代中国达到了巅峰，尤其是被誉为经典的"秘色瓷"，更是将越窑的名声推向了极致。

越窑的青瓷，以其青色釉面而得名。它的瓷质细腻，线条流畅优雅，造型端庄而浑朴，色泽如青翠的湖水般晶莹剔透。越窑青瓷因釉色清透，非常适合进行刻花、印花、划花等精美装饰，甚至还有褐彩的彩绘形式。而在众多陶瓷雕塑品中，捏塑的作品更是越窑造型艺术的重要标志之一，仿佛赋予了泥土以生命。

越窑青瓷的初创期可以追溯至东汉，那时，中国的瓷器就在越窑的龙窑中顺利烧制。此后，越窑历经千年风雨，从创烧、发展到鼎盛，再到最后的衰落。其中，中唐到北宋早期是越窑发展的黄金时期，产品远销至亚洲各地和非洲，成为国际贸易中的一颗璀璨明珠。唐代的越窑青瓷精品，被誉为"秘色瓷"，其胎质细腻坚固，色泽以青灰为主，釉色均匀如脂，透明而不失润泽，宛如翡翠般闪耀。

越窑青瓷的器物种类丰富多样，常见的典型器物有碗、罐、盘、钵、罂（盘口壶）、鸡首壶、水丞（又称水盂、砚滴）、砚、熏炉、樽、槅（格盘、果盘）、魁（仿青铜勺的形状）、烛台、堆塑罐、扁壶、神兽尊、蟾形尊、人物俑、执壶、杯、盏托等。这些器物常常将口部设计成花口、荷叶口或葵口，底部加宽，形成如玉璧、玉环的独特结构，整体造型优雅而富有变化。其胎体为细腻坚致的灰胎，釉面则如青玉般晶莹润泽。

制作越窑青瓷的原料主要是完全风化后的瓷土，由高岭土、长石、石英等成分组成。将泥土转变为精美瓷器，需要经历取土、粉碎、筛选、淘洗、陈腐、练泥、成型、晾晒、修坯、装饰、施釉、烧成等一系列繁复的工序。烧制完成后，还需对产品进行细致的检选，以确保每一件作品的完美无瑕。

在制作过程中，施釉是制瓷的重要环节，釉层需薄而均匀。釉色在早期以黄色为主，而后期则以青色为主。装饰方面，初期多以素面为主，后期则盛行堆贴和刻花，题材丰富多样，涵盖人物、山水、花鸟和走兽等，仿佛将生活的点滴与自然的美好尽收其中。

越窑青瓷，承载着历史的记忆与文化的魅力，犹如一曲悠扬的古琴，诉说着岁月的故事，绽放着中国古代陶瓷艺术的光辉。

余姚土布制作技艺

余姚土布，历史上被称为"越布""小江布"或"细布"，在当地被称为"余姚粗布"或"余姚老布"。它是用棉花精心纺织而成的布料，质地优良，穿在身上如同轻柔的云朵，既舒适又透气，吸水性极佳。

两汉时期，余姚作为古越商贸的重镇，土布（即越布和葛布）成了当时市场上的明星产品。东汉的光武帝刘秀甚至将越布选为贡品，令其声名显赫。宋代之前，余姚土布的原料主要以麻和葛为主，而自宋代起，随着棉花种植业的蓬勃发展，余姚的纺织业也迎来了飞速发展。到了元代，余姚所产的"小江布"已经遍布全国。明清和民国时期，余姚江北一带的每一个家庭都沉浸在"家家纺纱织布，村村机杼相闻"的忙碌景象中。

余姚土布根据纱线的粗细，可以分为粗布和细布。粗布厚重如铜板，耐磨耐用，常用于包装；而细布则轻柔飘逸，光滑如丝，制成衣物后能陪伴使用者走过许多个季节。此外，根据编织方法，余姚土布还可以分为平织布和斜纹布；根据色泽可分为本色布和染色布；而根据花样图案，可分的品类更是多种多样，方格布、斜纹布、空心十字布、桂花布、条子布、芝麻布……

制作余姚土布的工艺相当复杂，从棉花采摘到成布，需经过十多个环节，上百道工序，诸如籽棉加工、絮棉加工、拖花锭、纺纱、拨纱、染色、浆纱、调纱、经纱、织布和清洗等。

在制作过程中，所需的器具琳琅满目，有近百种之多。比如，絮棉弓、摇车（亦称纺花车、纺纱车）、拨纱车、纱䉛（类似于旧时的竹壳热水瓶，由篾片编制而成）、调纱架、经头凳、织布机等，都是这门技艺中不可或缺的工具。

如今，专注于土布生产的民间作坊已所剩无几，其中以王桂凤老人的土布作坊为代表，其成为这项传统技艺的传承者。余姚土布的制作技艺不仅是余姚传统纺织文化的活化石，更是研究江南地区民俗文化、农耕文化和传统商业文化的珍贵财富。

蓝夹缬技艺

蓝夹缬技艺，以民间土纺的棉布作为主要布料，运用从蓝草中提炼的靛青染料，创造出独特的蓝色韵味。在印染的过程中，以两块花纹对称的夹板夹住对折的织物，利用阳纹处夹压的巧妙设计，避免染料渗透，形成别具一格的图案。蓝夹缬是我国传统印染"四缬"技艺之一，专为解决彩色着色与图案固定的难题而生。

这种技艺的历史可以追溯到秦汉时期。到了唐宋年间，夹缬技艺达到了巅峰，唐明皇曾将其作为国礼赠予各国的遣唐使，足见其珍贵与独特。进入元明时期，夹缬渐渐向单蓝色转化，最终仅在浙南地区得以保留至今。清代至民国时期，瑞安的街头巷尾满是夹缬染坊，至今仍有数位老艺人在传承这门古老的技艺。

蓝夹缬在浙南地区是民间婚嫁中的必备之物。以蓝靛（用中药板蓝根的植株提炼而成）作为染液，夹缬的纹样多取自晚清至民国时期流传的昆剧、乱弹、京剧等戏文情节，再辅以生机勃勃的花鸟走兽图案，成为中国传统染织品中仅存的以戏曲人物为主题的特殊代表。

如今，温州地区仍完整保留着雕版、制靛、印染等工艺流程。蓝夹缬的制作工艺主要分为织布、雕版、制靛、印染四个步骤，涵盖了纺纱、上浆、织成，贴粉本、刻纹样、通水路、拓回粉本，浸泡、打花、过筛、沉淀，以及染液发酵、坯布装版、下缸上色、漂洗晾晒等一系列精细的工序。

在雕版过程中，匠人们首先在白纸上用墨笔勾勒出图案，或通过拓印法复制，称为"粉本"，再将其粘贴至木板上。随后，经过认真刷平"粉本"的步骤，工匠们开始执刀按图进行雕刻。在染色时，染液通过印版的明沟暗道流动，让坯布绽放出各式各样的美丽纹样。

蓝夹缬印染的被面，俗称"夹花被"或"版被"，是浙南民间婚嫁中的必备之物。被面图案由十二幅或十六幅相同的图案共同构成。这些图案丰富多样，涵盖了戏剧人物、花鸟走兽，如"百子图""龙凤图""八仙图""戏剧图""状元图"等。每幅图案不仅分为主图、辅图和中间线（图）三大部分，还展现出简洁而生动的构图特点，象征着美好吉祥。

振兴祥中式服装制作技艺

中式服装，主要分为三大类：中式常服、中式时装和中式礼服。中式常服包括中式便装、功夫服和汗褡等；中式时装则囊括了简化汉服、改良唐装、现代旗袍和融入中式元素的创意时装等；而中式礼服则有汉服、唐装、旗袍和中山装等优雅款式。"振兴祥"以其悠久的历史和精湛的技艺，成为至今依然完整保留中式服装制作技艺的知名老字号之一。

杭州振兴祥中式服装制作技艺，堪称一门珍贵的艺术，源自1897年在杭州湖墅宝庆桥新码头创立的金德富成衣铺。传承人翁泰校，来自诸暨，曾师从金德富，学成后在杭州市吴山路27号开设了振兴祥成衣铺。其凭借高超的制作技艺自成一派，经过几代人的传承与精进，依然焕发出独特的光彩。

振兴祥的中式服装制作过程，每个环节都是匠心与技艺的结合。首先是款式构思，强调量身定做，确保每一件衣服都独一无二，体现个性与风格。接下来是量尺寸，手法灵巧的师傅们可以做到精确无误，确保每一寸都恰到好处。

选用面料是制作过程中至关重要的一步。振兴祥选择的是来自杭州本地的高档织锦缎和丝绸，光滑的质地宛如轻盈的云朵。制版环节则由经验丰富的老师傅掌舵，这一步是衣服成型的关键，必须根据顾客的体型勾勒出优美的曲线，巧妙地突出优点并掩盖缺点。

在裁剪环节，师傅们小心翼翼地进行大裁、小裁、锁壳裁和对花裁等，确保面料的经纬方向一致，图案纹饰完美对接，绝不马虎。缝制环节更是考验师傅技艺的时刻，针脚的密度、纱线的走向、缝制针法和配色等，都有严格的要求，要确保每一处缝合都无懈可击。

最后，成衣整熨和包装是确保每件衣服完美呈现的最后一步。整熨分为小熨、中熨和大熨，确保每一件成衣外观浑然天成，无线头和针脚的痕迹，彰显出顶级的工艺水准。

振兴祥中式服装制作技艺中，立领（又称"中国领"）、大襟、一字扣（花扣）、镶、嵌、绲、宕、盘、钉、勾、绣等工艺各具特色。其中，最具代表性的便是盘扣，它是纯手工制作的"绝活"，将传统与美感完美结合起来。

龙游皮纸制作技艺

龙游皮纸制作技艺，在浙江省衢州市龙游县这片富饶的土地上流传了千百年。这里的工匠们以山桠皮、雁皮（也称"山棉"或"野棉皮"）、青檀皮等为主要原料，搭配稻草和龙须草（又称"蓑草"或"羊胡子草"），通过巧妙的手工操作，制作出主要用于传统书画的珍贵皮纸。

龙游皮纸的历史可追溯至唐代，那时已有藤纸和竹纸等多种纸，而手工抄制而成的"元书纸"更是被视为贡品。到了宋代，杭州等地多以龙游出产的藤纸为主选；明代，衢州的竹纸与各类皮纸的质量与产量更是飞跃提升。清朝，龙游的造纸业已然形成规模，到了民国，其因纸张薄匀、挺韧、洁白而享誉四方，广受书画名家启功、沙孟海、陆俨少和谢稚柳等的青睐，享有"书画之宝"的美誉。

龙游皮纸的制作工艺复杂而精细，涉及皮料准备、纸张成型和后期处理等多个环节。所需工具和设施种类繁多，包括山刀、刮皮刀、漂洗池、蒸锅、石臼、磨碾、纸槽、纸帘、压榨床、鬃毛刷、火壁等。

　　制作龙游皮纸，需经过皮料制作和纸张成型两大流程，整整三十多道工序。皮料制作包含砍条、蒸料、剥皮、刮皮、踏洗、摊晒、蒸煮、揉洗、挤压、洗涤、打料、选皮、晾干、袋料、榨料等烦琐步骤。纸张成型则包括皮料下槽、划槽、加汁、搅拌、捞纸、榨纸、焙纸、检纸、切纸和包装入库等环节。这些环节又可细分为预处理、再处理、制浆、捞纸和后处理五个阶段。

　　龙游皮纸的制作不仅耗时漫长，甚至受限于气候的变化，每一道工序都必须精细把控。而在制作过程中更是对温度和湿度有着严格的要求。例如，仅仅蒸料这一环节就需要两到三天，且需历经二十多道工序。纸张成型的过程同样冗长，需经过十多道工序，确保每一张纸都能展现出最完美的状态。优质的原料通常来自生长两到三年的山桠皮，在选择原料、蒸煮和打料的每一步骤中，经验丰富的造纸师傅们需综合考虑多种因素，以确保最终的品质。

　　龙游皮纸的成品种类繁多：按主要原料可分为山桠皮纸和野棉皮纸；按制作工艺可分为笺纸、画仙纸、特种纸和国色纸等；按纸背的纹理可分为绵连纸、罗纹纸、蝉翼纸和龟纹纸等；而按用途则可分为书画用纸、装帧用纸、装潢用纸和包装用纸等。这些丰富多样的纸张，承载着浓厚的文化底蕴与历史传承。

安吉白茶制作技艺

　　安吉白茶，诞生于浙江省湖州市安吉县，这种烘青型绿茶，因地理条件和温度的影响，茶叶萌发时多为白色，故称白茶。真正的安吉白茶，乃安吉县天荒坪镇大溪村横坑坞的那株百年白茶

民俗

非遗集

大禹祭典

传说大禹的婚礼、封禅、会盟、葬礼都在会稽山举行。会稽作为中华社稷的象征，如今已更名为绍兴。自夏王启时期"立宗庙于南山之上"以来，大禹的祭祀仪式就一直延续至今。公元前 210 年，秦始皇亲自前往会稽山祭拜大禹。明代时，特派使节进行祭祀成为制度。清代的康熙和乾隆也曾亲自前往绍兴祭拜大禹。民国时期改为特祭，在每年的 9 月 19 日举行。2007 年，公祭大禹陵典礼成为国家级祭祀活动。

大禹祭典分为官祭、公祭和民祭三种形式。官祭包括皇帝祭和地方官祭等。皇帝祭有亲自祭拜和派遣使者祭拜两种方式。公祭始于 1995 年，恢复大禹祭典后，由官方主办。民祭包括家族祭祀和民间团体祭祀等。

大禹祭典的仪式一般包括以下环节：庄严而静谧地肃立，铳声响起，献上贡品，烧香敬神，敲鼓击钟，奏乐表演，献酒，致敬，庄重地读祭文，行礼，唱颂，跳祭祀舞蹈，最后礼成。大禹祭典的物品和礼仪，包括祭器、祭品、祭乐、祭舞和祭文等，传承了丰富的民族传统文化信息。

赶茶场

赶茶场，又称为"茶场庙庙会"，是在磐安玉山一带流传的民俗文化活动，以许逊传说和茶神崇拜为主题，以古茶场作为平台，依托茶场庙庙会而展开。

相传在东晋时期，道士许逊曾修炼于磐安玉山，制作出在各地畅销、名为"婺州东白"的茶叶，为玉山茶的发展做出了巨大贡献。因此，当地人将许逊视为"茶神"，四季朝拜他。唐代时，婺州东白茶被列为贡品。宋代，玉山茶业迅速发展，形成了以茶叶交易为核心的"春社"和"秋社"两个庙会。在庙会期间，玉山及周边的茶农们会"赶"到古茶场聚会，商人们也会在古茶场摆摊，当地的茶农们则以茶待客，因此得名"赶茶场"。

"春社"一般在农历正月十四至正月十六举行。当地茶农们盛装打扮，进入茶场，祭拜"茶神"。茶场内会举行社戏演出，挂灯笼，还有迎龙灯（亭阁花灯）等民俗文化活动。

"秋社"一般在农历十月十四至十月十六举行。这个活动更具特色，主要包括祭拜茶神、演出社戏、商贸交易和走亲访友等。其间，民间艺术表演包括迎大旗（又称"迎龙虎大旗"）、迎大凉伞、叠罗汉、三十六行、亭阁花灯、拜斗、盘车、骆驼班、大花鼓、铜钿鞭、八童神仙、打莲花等。其中，"迎大旗"是赶茶场民俗文化活动中标志性的民间艺术节目，场面壮观，通常有三十六面大旗竖立在茶场庙的四周。

如今，这两个庙会活动依旧在延续，磐安赶茶场活动依旧在传承。

扫蚕花地

扫蚕花地是一种以歌舞为特色的传统民俗活动，源自蚕桑生产和民间传说，用以祈求丰收。在杭嘉湖一带，每年的春节、元宵节和清明节，蚕农们都会邀请艺人来到自家的蚕场，举行扫蚕花地仪式。

扫蚕花地是一项充满欢乐，具有祈愿性质的民俗活动，与古代对蚕神的信仰和祛除蚕害的巫术有着深厚的渊源。据老艺人口传，扫蚕花地已有一百多年的历史。阳春三月，蚕农们开始准备养蚕，他们清扫蚕房，清洗蚕具，并在神龛上贴上蚕神像，邀请扫蚕花地的艺人表演，以期蚕茧丰收。

起初，扫蚕花地主要以女子独舞为主，通常由一个女子表演歌舞，另一女子伴奏锣鼓。后来，也出现了男女搭档的表演形式，并加入了二胡、笛子、三弦等多种民族乐器的伴奏。表演者头戴蚕花，发髻上插着鹅毛（用来赶走蚕害的工具），身穿红色袄子和裙子，左手托着铺满红绸和装饰着满满蚕花的小蚕匾，右手持着装饰有蚕花的扫帚，载歌载舞，其间伴随着锣鼓等乐器的演奏。

扫蚕花地的歌词内容主要是祝福蚕茧丰收，并描述养蚕的整个过程，包括扫地、糊窗、掸蚕害、采桑叶、喂蚕、捉蚕、换蚕匾、上山采茧等与养蚕相关的动作。在每段歌词中，都有仪式化的扫地动作，展现了扫蚕花地的主题，即扫除污秽，带来吉祥。最后，在舞蹈的高潮中，表演者高举装饰着满满蚕花的蚕匾，主家接过蚕匾，以结束表演。扫蚕花地展现了江南女子温柔、端庄、勤劳、吃苦耐劳的精神。歌曲的音调古朴而优美，舞蹈端庄，舞姿稳定而轻盈。

扫蚕花地的表演者分为半职业和业余两种。民国时期，半职业的艺人主要是穷苦的村民，他们依靠表演来补贴家用，以家庭为单位，由夫妻、婆媳、母女组成团队。半职业的扫蚕花地艺人通常在农闲时节，即农历十一月左右外出，直到清明节后才回家。而业余的表演团队则由村民自发组织，主要是为了自我娱乐。

含山轧蚕花

含山轧蚕花是杭嘉湖地区蚕农每年清明节期间举行的传统民俗活动，旨在祭祀蚕神马鸣王，祈求养蚕获得丰收。含山地处浙江北部，是嘉兴和湖州两市的交界处。传说含山有"十六殿""十大景"，其中，马鸣殿（俗称"蚕花殿"）供奉着马鸣王菩萨（又称"蚕花娘娘""马头娘"），每年清明节时香火旺盛，成为热闹非凡的场所。传说，马鸣王菩萨是一个身披霞帔、头戴凤冠、骑在马上的女子。杭嘉湖蚕乡一直传说着"白马化蚕"的故事，马鸣王在这里降临并发源。

虽然含山轧蚕花民俗活动的起源已不可考，但在清乾隆年间（1736—1795），沈焯在《清明游含山》一诗中，描绘了清明节时男女争相前往含山西边观看水上船只表演的情景。诗人倪大宗在《清明竹枝词》中生动地描述了当地蚕农为了清明节前往含山参加拳船表演所做的准备工作。

含山轧蚕花民俗活动一般持续三至十三天不等，活动内容主要涵盖敬神和娱神两个方面。首先，人们在清明节这一天前往含山周边，一同向蚕神献上香火，祈求蚕花茂盛。接着，蚕农们在清晨背着包裹着蚕种的包袱上山祭祀蚕神。然后，在清明期间，蚕农们会佩戴蚕花（用纸或绢制成），前往山上的蚕神殿拜神，并将蚕花带回家与蚕种一同保存，待饲蚕时再把蚕花插在蚕室中，祈求蚕花茂盛。此外，蚕农们还会请道士为他们画蚕花符并贴在蚕房内或大门上，以驱除邪灵和预防蚕病。蚕农们还会到山脚的仙人潭边，挑选小石子并将其投掷进潭中，以祈求仙人保佑养出龙蚕。另外，蚕农们还会佩戴蚕花，在山上轧蚕花，以增添喜庆气氛。最后，拜香会是一项集体民俗活动，各村坊会参加迎蚕神的巡游，旗牌队、锣鼓队、神轿队、拜香凳队、提香队、抬阁队和地戏队等会进行表演。同时，各地蚕农还会进行水上表演，有表演武术的打拳船、表演船技的摇快船、表演竿上功夫的高竿船等，娱神又娱人。

清明节之后几天，含山周边的村坊还会举行拜蚕花忏、迎五圣会、出马鸣会等活动，延续了含山轧蚕花民俗活动的庆祝气氛。

五常龙舟胜会

五常龙舟胜会是一场融汇了热情与传统的盛大狂欢，在杭州余杭五常街道及其周边地区盛行。每年端午节，这场民俗盛事历时十天，连同小端午（农历五月十三），犹如一场半个月的节日庆典。到了大端午，数百条龙舟齐聚于余杭塘河，场面如潮水涌动；而小端午时，热闹的舞台仅留给闲林和和睦桥一带。

在龙舟胜会的前奏中，村民们忙碌地扎龙船，通常是在端午节前十天到一周的时间里。这一过程中的高潮与仪式便是"请龙王"。当龙头出现时，村子里的每一个人都怀着敬意，将它供奉在堂中，献上丰盛的猪头与三牲，点香作礼。接着，鲜红的丝绵被披挂在龙头上，象征着吉祥与祝福，称为"披红"。仪式完成后，龙舟便驶向村前的河流或附近水面进行试划，确保一切顺利。接着，幸福的时刻到来了，龙舟在各个村庄之间巡游，标志着龙舟活动的正式启动。村民们热情迎接，撒上米、豆、麦等，欢声笑语不断。还有些村民将小孩递上龙舟，让划船手举着传递，称为"认龙祖"，这是希望龙王能庇佑孩子们健康成长。

每年端午节的正午十二点，五常龙舟胜会的盛典宣告正式开始。来自五常及周边乡村的百余条龙舟汇聚在浜口河道，狭窄的水道被热情的龙舟挤满，它们争相竞技，激情四溢。河两岸的观众如潮水般涌动，形成一道道人墙，气氛热烈而壮观。

到了下午三时许，比赛接近尾声，龙舟们回归各自的村庄。龙头在锣鼓声的欢呼中被请上岸，放回主家的堂前。接着，村民们举行"谢龙王"的仪式，以示感恩。谢完龙王后，新的龙舟头在震耳欲聋的锣鼓声中将龙王请回，连同锣鼓一起被村民们小心保存。此时，村民们欢聚一堂，共饮"龙王酒"，庆祝这场盛会的圆满结束。酒过三巡，大家热情地从龙角上扯下一条红丝绵，带回家中珍藏，并用自家的红丝绵替换，寓意着将祝福留在下一代的身旁，等到凉风习习时，再将这些红丝绵缝到孩子的衣物上，盼望孩子平安健康，这便是"龙王散福"。

总之，五常龙舟胜会不仅是一场传统的民俗庆典，更展现了当地人民的团结与拼搏精神，生动地传达了百姓对美好生活的祈愿与虔诚期待。每年的热闹场景都使得这份文化传承越发生动而有意义。

浦江迎会

浦江迎会，最初名为"迎巧"，又称作"抬阁"，是一项根植于浦江通化、黄宅、前吴等地的传统民俗文化活动。它将戏剧表演、杂技体育、音乐演奏、扎制雕刻等多种艺术形式巧妙融合，展现出独特的魅力。这项活动以中国民间传说中的人物形象为核心，通过精心的艺术设计，将惊险、奇特、神秘的元素巧妙结合，创造出"妙趣横生"的表现效果，因此被誉为"中华一绝"。

浦江迎会的起源可以追溯到黄宅一带。最初，黄氏后裔为纪念祖先的"九龙门第"荣耀而创制了别具匠心的会桌，而这个会桌的巧妙设计使得当时的活动被称作"迎巧"。这便是浦江迎会的最初形态。随着时间的推移，明朝洪武年间（1368—1398），黄宅一带的"迎巧"逐渐演变成一场以纪念北宋英雄胡则为主题的迎会。每年农历八月十三，人们都会在胡公庙举行盛大的庆典。

浦江迎会的形式丰富多彩，主要分为人会、纸会和纸人合会三种。迎会的核心阵容由精心制作的会桌、壮汉挑起的抬杠、精美的会栅、扮演人物的抬会人以及那些动作活灵活现的小演员（或纸扎人物）组成。每一张会桌上，都有精心挑选的三至五岁的活泼可爱的童男童女，他们身着传统戏剧人物的服装，演绎经典的戏剧故事。这些小演员或在会桌上腾空而立，或在空中飞舞，神采飞扬。会桌由四至十六名青壮年抬起，随着他们的步伐，表演者们不断变换造型，展示出一种精巧绝伦的艺术效果。

　　每年的迎会盛典，场面宏大，往往以铜铳、铁铳开路，龙虎旗、长旗等各式旗帜为先导，大锣阵阵敲响，整支队伍紧随其后，气氛热烈，威风凛凛。迎会的每一张会桌都以一个传统戏剧故事为主题，如"借伞""劈山救母""三请梨花""孙悟空借扇""蟠桃盛会""姜太公钓鱼"等。一张会桌，实际上就是一台小型的戏剧表演。通过这些生动的故事情节，参与者和观众共同体验了一场艺术与民俗交织的精彩盛宴。

水乡社戏

　　绍兴水乡社戏，是一种源自绍兴民间的传统戏剧表演活动，最初起源于古代人们通过戏剧形式进行酬神祀鬼的活动。这些社戏不仅仅是娱乐，更蕴含了丰富的宗教和民俗元素。早期的社戏是为祭祀神明和鬼魂而设的，极具地方特色。它经历了数百年的演变，随着音乐、歌舞、武术、杂技、人物装扮等多种艺术形式的积累和融合，最终在宋元时期形成了"社、祭、戏"相结合的独特演出模式，祭祀活动与戏曲表演紧密相连，成为当地社会文化生活的一部分。

　　元明时期，绍兴民间的社戏活动越发盛大，尤其是在春祈秋报、节日盛典、迎神赛会等特定时节，社戏成为不可或缺的庆祝和祭祀活动。清代，乱弹戏剧作为主流形式进入社戏演出，赋予了它更加生动和具有地方特色的表演风格。即使进入民国时期，绍兴的民间社戏也依旧如火如荼。

绍兴社戏的种类繁多，主要分为年规戏、庙会戏、平安戏、偿愿戏等，其中庙会戏最为常见。庙会戏通常在各类神明的诞辰祭祀活动中上演，如在关帝、龙王、火神、城隍、包公、土地等神祇的庙会和祭典上，社戏便是重要的组成部分。演出本身被视为一种"酬神"的仪式，充满了敬畏和虔诚。每场社戏演出之前，都会有专门的祭祀仪式，表演也有严格的固定程式，通常按"闹头场、彩头戏、突出戏、大戏收场"的顺序进行，讲求唱、念、做、打等多方面的表演技艺。每个细节都透露出传统文化的深厚底蕴，让观众不仅能享受戏剧的娱乐性，更能感受到其中的神圣氛围。

　　绍兴的社戏舞台多种多样，有庙台、祠堂台、街台、草台等常见形式，其中最具地方特色的莫过于"水乡舞台"，也就是河台（水台）。河台的前台设在水中，后台则建在岸上，观众可以在水面和岸边同时观赏演出，别具一格，极具水乡风情。尤其是水上观众乘坐木船观看的情景，宛如一幅生动的水乡画卷，给人一种独特的沉浸式体验。水面与岸上观众的交融，戏曲演员的表演仿佛与自然融为一体，展现了绍兴水乡特有的水文化和民俗气息。

渔民开洋、谢洋节

　　渔民开洋节，作为象山渔民为祈求平安与丰收而举行的传统民俗活动，承载着深厚的历史、宗教、生产与民俗文化。这一节庆活动融合了祭祀与民间文艺表演两个主要板块，既是对神灵的虔诚祷告，也是渔民生活的一场盛大庆典。每年的开洋节，都是渔民们走向大海的起点，乘风破浪的航程背后，寄托着他们对大自然、对神明的敬畏与感恩。

开洋节的核心是祭祀仪式。它的传统形式包括法会、开洋祭祀、请神上船以及庙戏等，所有这些活动都在海的波涛与庙宇的香火中交织展开。祭祀的时间通常定于农历三月十八左右，整个活动的持续时间取决于信众的捐助，往往持续一至三天，表达了渔民们对神灵的崇敬与对丰收的期盼。

在祭祀的高潮部分——"开洋"仪式中，渔民们以虔诚的心情恭敬地操作，时间通常选择在农历三月十五至三月二十三之间，或闰年的四月初一至四月初八之间。祭祀的时刻在早涨潮时开始，寓意着渔民们希望财富与海潮一同滚滚而来。渔船的船主和老大带领众人到庙宇，向菩萨献上猪羊、五果、老酒、点心等祭品，恭读祭文。随后的"请神上船"仪式更是神圣庄严，菩萨的神像被恭请上船，安放在船上的圣堂神龛内。随着一声号令，渔船便扬帆出海，开始一年中最重要的捕捞旅程。

开洋节最具特色的便是庙戏，俗称"出洋戏"。这场戏剧表演贯穿整个开洋节，融祭祀与娱乐于一体，既是神明的盛宴，也是一场民间文化的狂欢。在农历三月二十三下午，庙戏便拉开帷幕，演出日夜不停，通常会持续五至十天，戏班以热烈的歌舞和生动的表演，感染着整个渔村。

每年，来自嵊州、新昌、临海、台州等地的戏班会都为开洋节带来各式各样的剧种，如京剧、越剧、绍兴高调等，甚至有本地的戏班参与其中。演出开始前，村中的小乐队与两个渔民将会进入各大庙宇，恭请各位菩萨观看戏剧。这场"请神"活动充满仪式感：一人手捧大红桶盘，香火袅袅，三支清香被轻轻点燃，另一人撑伞遮在大红桶盘之上，手持代表各庙菩萨的令箭（小红旗），恭敬地请神明前来观剧。当所有庙宇的菩萨齐聚后，放鞭炮三响，紧接着便是开场的庆寿戏，象征着开洋节的正式开始。在这场戏中，祭祀与娱乐并行，台上的演员和台下的观众，神灵和渔民，一同融入其中。

开洋节的另一个高潮便是开洋典礼与开洋巡游。在这一天，东门岛的天后宫会举行盛大的典礼，由岛上的渔民担任司仪，带领渔民们完成上供品、读祭文和祭拜等一系列仪式。而最具水乡特色的开洋巡游则通常安排在农历三月二十三下午进行。当日，岛上的渔民老大将亲自抬起天后娘娘的神像，按照既定的路线进行巡游，队伍一路行进，民间文艺表演队紧随其后，沿途的渔民和游客纷纷目送神像，恭敬地参与其中。这场巡游既是对神明的尊崇，也是渔民们祈愿海上风平浪静，渔获丰收的美好象征。

"谢洋"这一词在舟山渔区拥有独特的文化意义。它不仅是渔民们在鱼汛结束后，告别广阔海洋，将渔船驶回岸边的仪式，更象征着渔民们从波涛汹涌的海上归来，进入一段休养生息的时光。对渔民来说，谢洋不仅仅是一种简单的回归，更是对海洋赐予的丰收和保佑的感恩与敬畏。特别是在岱山一带，谢洋活动更是与祭海密切相连，成为一项充满宗教与民俗意味的传统习俗。

岱山谢洋，或称"祭海"，是岱山渔民为感谢海龙王及其他海上神灵的庇护而举行的盛大祭祀活动。每年鱼汛结束时，渔民们都会通过这一仪式向大海致敬，表达对海神的崇拜与感恩，祈求来年的海上平安与丰收。

岱山的谢洋活动丰富多彩，主要包括谢洋祭海龙王及诸海神，它们还有着"谢龙水酒""行文书""散福"这些有意思的俗称。祭祀的时间非常讲究，通常在夏至附近，农历六月二十三之后。船老大或船东，择一个黄道吉日，赶在早潮初涨至潮平前，在村子里那庄严的龙王宫殿里，又或是在海边临时搭建的祭台上，郑重其事地举行这场祭祀活动。

追溯历史，岱山谢洋祭祀活动最初以东海龙王为供奉对象，但随着岁月变迁，渔场不断地拓展，供奉对象逐渐扩展至四海龙王。祭祀承载着渔民们诸多美好的期许，大家共同祈求海龙王的庇护，感恩龙王赐予的福泽，虔诚地希望每一次出海都能顺利平安，心中满怀对下一次鱼汛丰收的期待。祭祀的规模各有不同，通常是一船一祭，若船东拥有多条船只，便会一次性并祭。而在规模较大的时候，整个村岙的渔民们还会共同祭祀，场面壮观而热烈。

祭祀的当天，渔民的家属们会精心准备各类祭品，赶在涨潮前，小心翼翼地将祭品运送到祭祀地点。等涨潮后，他们恭敬地将祭品一一摆放在供桌上，点上蜡烛，燃起香火，那袅袅升起的青烟仿佛在传递他们的心意，盛情邀请龙王入座。每隔半小时，渔民们便会怀着敬畏之心，敬上一杯酒，在敬酒时，他们庄重叩首，嘴里默念着感恩与祈愿的话语。直至平潮之后，这场充满敬意与仪式感的祭祀才算结束。

仪式结束后，厨师将供奉给龙王的美味佳肴精心加工，渔民们围坐在一起，开怀畅饮，尽情享受这场"谢龙水酒"的盛宴。接下来，各种精彩的文化娱乐活动接踵而至，如谢洋戏、还愿戏、木偶戏、翁州走书、唱新闻、跳蚤会、小热昏、舟山锣鼓，以及热闹非凡的迎神赛会，令人目不暇接。随着谢洋的欢庆落幕，大海再次归于宁静，人们又迎来了期待已久的休渔期，仿佛连大海也进入了一段重新蓄力的时光。

畲族三月三

农历三月初三，是畲族人民的传统节日。在这个特别的日子里，景宁的畲族人纷纷汇聚于歌场，热情洋溢地举行盛大歌会，载歌载舞，歌颂美好的生活，向祖先祈福，向谷神致敬，场面热闹非凡。

三月三的庆祝活动丰富多彩，必不可少的环节有吃乌饭、唱山歌、对山歌、祭祀祖先等。相传在唐朝时期，畲族的英雄雷万兴带领族人英勇抗敌，曾以乌饭树果子充饥，最终获得了胜利。多年后，有一年三月初三，雷万兴渴望再次品尝乌饭树果子，然而此时果子尚未成熟，于是他巧妙地将乌饭树的叶子制成了美味的乌饭。自此，三月三吃乌饭便成了不变的传统，畲族人也亲切地称之为"乌饭节"。

在这一天，畲族的男女齐聚一堂，盛会四起，大街小巷张灯结彩，欢声笑语洋溢三天三夜。畲族人用动人的山歌传情，用优雅的畲舞结友情，以歌声抒发心声，借歌语探讨人生。三月三不仅是欢庆的节日，更是青年男女交流的绝佳时机，他们通过歌声与舞姿，表达对生活的热爱与对爱情的向往。除了山歌对唱，还有生动的木偶戏、热闹的竹竿舞和引人入胜的布袋戏等精彩节目，令节日氛围愈加浓厚。

祭祀活动也是三月三的一大亮点，其中"传师学师"和"做功德"尤为重要。"传师学师"是畲族法师向学徒"弟子"传授技艺的神圣仪式，这一传统在景宁畲族地区已经延续了七百多年。十六岁的畲族男子便可以"学师"，这一仪式类似于汉族的成人礼，只有通过"学师"，他们才能被称为"红身人"。而"做功德"则是一种追思先人、祭拜亡灵的庄重仪式，分为"大功德"（持续三天三夜）和"小功德"（持续一天一夜）。学过师的人去世后可享"大功德"，而未学师的人则仅能办"小功德"，也称为"白身功德"。在这一传统的指引下，畲族人民不仅传承着文化，更延续着对先辈的敬仰与怀念。

汤和信俗

汤和信俗是温州龙湾地区对明初抗倭名将汤和的群体性祭祀活动，已传承了四百余年。汤和，这位明朝开国元勋，曾是朱元璋的童年挚友和战场上的并肩战友。他应朱元璋之命，在东南沿海修筑防线以抵御倭寇，而温州龙湾的宁村正是其中之一。倭患平息后，感恩的民众在宁村建立了庙宇，意在铭刻汤和的抗倭功绩。每年农历七月十五的中元节，当地民众都会举行盛大的祭祀活动，包括"汤和出巡"和"追悼倭难亡魂"等。

汤和信俗的核心是热闹非凡的巡游，内容丰富多彩，既有祭鬼（祖）和庙会戏游，也有正月初九的春祭和二月二的"拦街福"。巡游活动持续五天，首日进行"路经牌"仪式，参与者背负"路经牌"，敲响锣鼓，沿街而行，向街坊们传达七月十五不得有污秽之物上街的告示。七月十四，装扮成"符司爷"的人骑马扫街，四周锣鼓声声，敦促邻里们清理障碍物，以迎接神明的降临。

在农历七月十五的盛大出巡中，将在庙内举行庄重的出巡仪式，扮演"文武元帅""先锋""土地""七星神将"的人们恭恭敬敬地叩拜汤和神像，众多护驾人员在庙内出入三次，最后热烈地护送汤和神像出庙，庙门随即关闭，挂上"公务出巡"的牌匾。巡游的终点在宁村南郊的乱葬岗，现场祭鬼（祖）时，锣鼓声和唢呐声交织，营造出一种庄重而又热烈的氛围，最后焚烧十几箩纸钱，寓意对先人的怀念和祝福。

在正月初九，主要姓氏的代表会齐聚汤和庙，献上三牲，点燃香烛，虔诚祈福，随后开始为期五天的戏曲演出。二月二的"拦街福"祭礼则在城中心的十字街口热闹展开，各家纷纷打扫门庭，摆上自家的桌椅与祭品。下午三点，拦街祈福活动如火如荼地开展，主祭随赞礼唱词，法师吹响"龙角"，更换中堂符。夜幕降临前，各家撤下祭品，老人们在鼓乐的引导下，热情地在街巷中巡行，宣告拦街祈福活动的圆满结束。这一系列活动不仅是对汤和的致敬，更是对历史的铭记与对未来的美好祝愿。

石浦－富岗如意信俗

如意信俗的根源深植于浙江象山石浦的渔山岛，逐渐在宁波、台州、温州等地传播开来。这一信俗始于清朝，承载着沿海渔民对平安与丰收的美好祈愿，是海岛民间信仰中不可或缺的一部分。

在象山的民间传说中，如意娘娘是一个勇敢的渔家少女，传说她是妈祖的妹妹。某日，如意的父亲出海捕鱼时遇险，听闻噩耗的如意毫不犹豫地跃入波涛汹涌的海中，选择殉父。她的身影在海中消失，却有一块木板浮现于水面。为了纪念这个无畏的少女，岛上的人们以那块木板为蓝本，雕刻出她的圣像，并在岛上建立了供奉的庙宇，称为如意娘娘庙。

在石浦和富岗，如意信俗的核心内容分为原始信俗和省亲迎亲信俗两大部分。每年的祭祀活动以"请五营"仪式为主打，五营中的神祇分别来自东、南、西、北、中五个方位，他们是开路先锋将军。仪式上，祭祀人员手持 5 面令旗，运用各种法器，经过五位将军的"兵马操练"后，神灵们便在此时"出现"。

仪式开始时，八九名祭祀人员轮流担任五将，吟诵"请神咒"和"本坛咒"。随后，五位将军轮番上场，手舞足蹈，伴随着战鼓的震响，他们赤裸上身，手握兵器，进行"兵马操练"，场面壮观。操练结束后，祭祀人员会在祭坛前的东、南、西、北、中五个红色铁桶中焚烧金箔纸。仪式的高潮时刻，舞动法绳的将军登坛作法，正式请出神祇。请神仪式一结束，村民们便会摆上丰盛的鱼肉酒菜，面向浩瀚的大海，怀着感恩的心祭海谢神。

如意省亲的出发点是台东富岗的海神庙，终点则是石浦东门的天后宫。这一仪式包括起身祭、路祭、落地祭、护神、赠礼、客祭、送别祭和回庙祭，共八个环节，宛如一场盛大的海上盛宴。省亲迎亲的庆典不仅是对传统的传承，更是中国大陆与台湾民间文化交流的桥梁，连接着两岸人民的心灵。

宁海十里红妆婚俗

宁海的"十里红妆"展现出浙江东部宁海地区昔日婚嫁的盛况。当新娘出嫁时，嫁妆队伍绵延数里，每一件嫁妆都披上了鲜艳的红色，形成了壮观的"十里红妆"。民间常用"良田千亩，十里红妆"来形容嫁妆的丰厚，生动地描绘出这一传统的奢华与美丽。

自古以来，宁海的海路四通八达。南宋时期，随着都城临安的建立，宁海也逐渐成为经济繁荣的浙东重镇。在这样的背景

下，"十里红妆"的婚俗应运而生，并逐渐演变为一套完整而严格的婚嫁礼仪。到了明清时期，随着宁海经济的蒸蒸日上，富裕的家庭在女儿出嫁时越发讲究排场，不惜重金以绵延数十里的红妆来陪嫁，期望女儿在夫家能够拥有更高的地位。

"十里红妆"的婚俗礼仪流程繁复而富有趣味，涵盖了议婚、做媒、下定、备嫁妆、花轿迎亲、拜堂、闹洞房、请吃茶、回门等环节。婚礼当天，千工床、万工轿、十里红妆是必不可少的，气氛热烈，场面宏大。随着这一传统的传播，周边地区纷纷模仿，逐渐形成了浙东地区独特的婚俗现象。

宁海曾被誉为"百工之乡"，这里的传统手工艺发达，尤以朱金木雕和泥金彩漆工艺最为精湛，成为制作红妆器物的重要技艺。十里红妆的器物数量常常取决于女方和男方的经济实力，最为奢华的嫁妆被称为"全铺房"或"满堂红"。主要的红妆器物包括喜轿、婚床、杠箱、婚嫁服饰等，琳琅满目。

在发嫁妆时，大件家具由两人抬起，成套的红脚桶则分两头由一人挑着，提桶、果桶等小木器以及瓷瓶等小件则被放入杠箱中，由两人共同抬着。嫁妆中，床桌、器具、箱笼、被褥应有尽有，几乎涵盖了日常生活的方方面面。这些嫁妆通体涂上红漆，部分则贴金，蜿蜒的队伍伴随着炸响的爆竹声和欢快的鼓乐，营造出一片喜庆繁华的景象，仿佛在诉说无尽的祝福与美好。

洞头妈祖祭典

洞头，这片浙江的海域，素有"浙江第二大渔场"的美誉，这里的渔民们虔诚地信奉着妈祖。每年农历三月二十三（妈祖的诞辰）和九月初九（她羽化升天的日子），洞头的妈祖宫（天后宫）都会举行盛大的祭祀活动，场面热闹非凡。届时，迎火鼎、民俗踩街、渔歌对唱、祈福感恩等活动接连上演，渔民们带着对平安与一帆风顺的期盼，共同向妈祖祈求庇护。

传说中，妈祖信仰自明末清初从福建传入洞头，成为当地文化的一部分。每年的祭典活动可谓盛况空前，分为两个主要的祭祀时节。祭典的准备工作十分讲究，成立祭典活动小组，"做供"活动，设宴款待神明，举行佛会，四项活动环环相扣。这些祭祀活动通常由渔船老大推举出的十六位德高望重的人士共同主持，确保仪式的庄重与神圣。

"做供"也称为"道场"，分为小作（即"大头供"，一天），中作（两天）和大作（三天）。在太平盛世，风调雨顺的丰收年，会举行"大供"，以感恩天地，而在一般年成中，中作则是最常见的选择。整个仪式程序繁复而庄严，包括请水、请神、祭北斗、祭三界等，直至献上敬意，恳求玉皇的赦免，消灾解厄，最后以摆宴来款待神明。妈祖祭奠活动结束后，精彩的文娱表演随之而来，既娱神又娱人，热闹非凡。

妈祖出巡更是祭祀活动的重要环节。伴随着妈祖起驾、巡安（迎火鼎）和回銮等仪式，整个祭典气氛愈加浓厚。在这期间，庙戏演出也同样精彩，各个宫庙会邀请外地民间剧团，演出以南戏为主，昔日昆曲、瓯剧和京剧的身影如今多被越剧所取代。演出时间从三天三夜到五昼夜不等。每场戏开演前，都会先点香请妈祖及洞头各宫庙的神明前来观赏，演一出精彩的"八仙过海"，也称"打八仙"，以此祈祷国泰民安。

除了这一年两次的盛大祭典外，洞头每年还有六次佛会，分别在农历的二月十八、四月十八、六月十八、八月十八、十月十八和十二月十八，形成了浓厚的宗教氛围与海洋文化的气息，承载着人们对美好生活的向往与祝福。

缙云轩辕祭典

缙云轩辕祭典，在浙江省缙云县举行，是南方唯一的黄帝祭典，承载着对轩辕黄帝的深厚敬意。缙云县的名字本身就源于黄帝轩辕氏，历史的脉络将这片土地与伟大的祖先紧密相连。据传，祭祀活动的历史可以追溯到东晋时期，早在那时，缙云山上便已建立了"缙云堂"。而在唐天宝年间（742—756），唐玄宗更是将"缙云堂"改为"黄帝祠宇"，为这一传统增添了更为厚重的历史印记。

缙云轩辕祭典分为春秋两祭，春祭在清明节时举行，秋祭则在重阳节举行。春祭是民间自发的祭祀活动，而秋祭则是由官方组织的公祭。在春祭中，各村宗族齐聚一堂，怀着对黄帝的崇敬，将其视为共同的远祖。祭典的仪式庄重而神圣，主祭人通常由村中德高望重的长者担任，整场祭典中，擂鼓声震耳欲聋，九下擂鼓、五下击锣，随着高香与供品的奉上，跪拜、敬酒、读祝文、鸣炮等一系列庄严的仪式依次展开。

农历九月初九是传说中轩辕黄帝在缙云山驭龙升天的日子，因此，秋祭在黄帝祠宇内进行，成为一年中最盛大的祭典。当天，村民们早早启程，身着传统服饰，扛着幡旗，和板龙、舞狮等三十多支民间表演队伍一起浩浩荡荡地向黄帝祠宇进发，沿途献艺，吸引了无数观众驻足观看。随着时间接近 9 点 50 分，祭典的序幕正式拉开，热烈而庄重的氛围弥漫在空气中。整个祭典包括九项庄严的仪程：击鼓撞钟、敬上高香、敬献花篮，主祭人就位后，依次敬献供品和美酒，恭读祭文，最后以鞠躬行礼和乐舞告祭，表达对黄帝的无尽敬仰与感激。

　　缙云轩辕祭典不仅让人们铭记先祖的伟业，更将古老的传统文化与现代生活紧密相连，成为一场跨越时空的精神盛宴。

南孔祭典

　　南孔祭典，是南方孔氏南宗族人祭祀伟大先师孔子的典礼。这个古老的仪式起源于南宋初年，尤其是在衢州的孔氏家庙，每当祭典的时刻，人们都仿佛能感受到文化的脉动。

　　衢州南孔祭典有好几种类型，其中四大丁祭尤为隆重。四大丁祭在春、夏、秋、冬四个仲上旬的丁日举行，是家族祭祀中最为庄严的典礼；而四中丁祭则在仲中旬的丁日举行，虽然稍显简约，却同样饱含敬意。此外，农历八月二十七的诞辰日祭，规格与四大丁祭相同，是对孔子的释奠礼；忌日祭在农历四月十一举行；而八小祭则在清明、端午、六月初一、中秋、重阳、十月初一、腊八和除夕等节日举行，规格较低，形式为释菜礼。这些祭典构成了孔氏家族文化的丰富内涵，既有深厚的历史感，也有对传统的继承。

　　在祭祀活动中，衢州孔氏家庙的大成殿是主场，主祭由正献官主持，通常由历代宗子担任。其他祠宇的主祭则由族长担任，显示出家族的凝聚力和对传统的延续。乐舞表演者被称为乐生，而传赞、通赞等执事则被称为礼生，负责仪式的各项事务。

　　仪式的流程庄重而富有仪式感：典礼开始，乐声响起，来自各界的代表们面带虔诚，依次敬香、献上五谷，行礼（三鞠躬），恭诵《祭孔子文》，朗读《论语》中的经典章句，最后齐唱《大同颂》。祭典结束时，礼成之际，家族成员们面带感动，心中充满对孔子的敬仰与感恩，这不仅是对先师的怀念，更是对传统文化的传承与发扬。

太公祭

太公祭，是文成县南田地区刘氏宗族与当地民众共同缅怀明朝开国元勋刘基的盛大典礼。刘基被浙南人民亲切地称为"太公"，而南田正是这位伟大先贤的出生地。这个充满敬意的祭祀活动始于明正德九年（1514），此后，刘氏宗族每年都会在农历正月初一和六月十五于刘基庙举行春秋两祭，其深深铭刻着人们对先贤的怀念。

太公祭的主要中心设在南田的诚意伯庙。春祭是这个祭典中最为重要的家祭活动，同时也是祭主交接的仪式，通常持续三天。第一天（农历十二月二十九，小年则是十二月二十八），人们相聚在祠堂，热闹的巡游仪式拉开了序幕。第二天（大年三十，小年则是腊月二十九），祭祀活动进入高潮，大家齐心协力祭上七祖，隆重迎接太公的到来。第三天（大年初一），祭太公，其仪式是整个活动的重头戏，包括初献、亚献和三献，还有侍奉食物、辞神、礼成、撤班等一系列仪式。

秋祭是太公祭的公祭活动，程序同样严谨。首先，祭祀的组织人员会精心准备祭品和祭器，包括钦赐神主牌、锦囊箧、鱼灯阵等。接着，仪式正式开始，信徒们怀着虔诚的心情，仿佛能够感受到祖先的降临，他们侍奉祖先用餐，并恭送祖先离去。之后，享用祖先用过的牺牲祭品。祭礼结束后，热闹的舞龙和花灯表演将整个活动推向高潮。

太公祭不仅是对历史的追忆，更是对家族文化的传承和对先贤精神的弘扬。

网船会

网船会，亦称"刘王庙会"，是苏浙沪一带渔民、船民和当地农民为缅怀刘王而举行的一场盛大水上庙会。参与者乘坐的多是丝网船，因此得名"网船会"。整个集会围绕嘉兴市秀洲区莲泗荡的刘王庙展开，因而也被称作"莲泗荡水上庙会"。

网船会的起源可以追溯到清朝中后期，在清末至民国初年达到巅峰。每到这个热闹的节日，热情洋溢的迎神赛会、社团巡游、文艺表演、船民祭祀以及踏白船表演赛等丰富多彩的活动接连上演，场面可谓热闹非凡。刘王庙建于明代，坐落在今天的嘉兴市秀洲区王江泾镇民主村的莲泗荡附近。关于刘王的真实身份，民间流传着多种说法，但莲泗荡一带的民众普遍认为，刘王原名刘承忠，是元朝末年的灭蝗英雄。刘将军去世后，受到当地百姓的崇敬，被尊为保护神，庙宇也随之而建以纪念他。

每年清明时节和农历八月十四（刘王的诞辰），苏浙沪地区的船队都会汇聚到莲泗荡，祭祀这位英雄。参与者手举会社大旗，前往刘王庙，恭敬地在神像面前献上丰盛的三牲、水果，焚香，敬酒，敬茶，放鞭炮，虔诚叩拜，场面庄重而热烈。

"猛将出会"是整个网船会的高潮，来自民间的社团组织会将刘王神像隆重地抬出庙宇，盛大的游行随之展开，神像前面是高高举起的大旗，锣鼓声声为其开道，民众熙熙攘攘，抬着刘王神像紧随其后。神像后面是舞龙、高跷的队伍，还有身着古装的戏曲角色和穿着红衣裙的还愿者，场面热烈而多姿多彩。在庙会期间，各种民间艺术表演如戏文、杂耍、舞狮、打花鼓、传莲湘、踏白船等轮番上演，让人目不暇接。

随着祭祀和娱乐活动的结束，渔民和船民们纷纷回到自家的船上，拿出预先准备的美酒佳肴，欢聚一堂，款待亲朋，畅叙友情，在这盛大的节日里，团圆的氛围更加浓厚。

方岩庙会

方岩庙会是浙江中部地区，尤其是永康一带，纪念宋代名臣胡则（俗称"胡公"）的一项民俗活动。每年农历八月初至重阳节前后，来自永康及周边地区的居民们，齐聚一堂，组织起各式各样的民间歌舞队，包括罗汉班、十八蝴蝶、三十六行、抬阁和九狮图等，浩浩荡荡地朝拜"胡公大帝"。庙会的核心活动便是"迎案"，也就是"迎罗汉、拜胡公"的仪式。而八月十三（胡公的生日）至重阳节前后，则是活动的巅峰时段，热闹非凡。

胡则（963—1039）是北宋名臣，以其"为官一任，造福一方"的德政而受到百姓的敬仰，被尊奉为"胡公大帝"。百姓建立了专门的"胡公庙"供人祭拜。

庙会的序幕于农历八月初一的清晨拉开，人们打开胡公殿的殿门，摆上丰盛的供品。之后的夜晚到八月初三，戏班们会演绎"胡公戏"，这个活动被称为"请胡公看戏"。八月初二上午，胡公殿前举行"祭叉"仪式，仪式结束后，各个罗汉班和歌舞表演队也纷纷登场，开展表演。

八月十一，罗汉班和歌舞队汇聚在一起，进行"游案"。游案时，胡公神龛和威武的仪仗队伍为前导，后面是热情洋溢的表演队。队伍一路欢声笑语，抵达胡公殿前。胡公神龛被小心翼翼地放在殿前。随着鼓乐、铁铳和鞭炮声齐鸣，群众齐心朝拜胡公。接着，迎案队伍在殿前和殿后各跳三圈，称为"跳罗汉"。随后，队伍换上新的香火，离开胡公殿。

在方岩庙会的"迎案"队伍中，胡公神龛与其卤簿仪仗、罗汉班和歌舞队共舞成一幅生动的画卷。胡公神龛由香樟木精雕而成，形状如扁桃，由一个高大的参与者扛着。罗汉班的队伍，人数从四五十人到上百人不等，他们在表演中展现武术与杂耍。而歌舞队则或紧随其后，或独立表演，演绎着"十八蝴蝶""九狮图"等传统节目，热闹的场景让人仿佛置身于一场别开生面的文化盛宴中。

径山茶宴

径山茶宴，是一种独特的饮茶仪式，源自余杭径山的万寿禅寺。以茶代酒，款待宾客，早在唐代便已萌芽，至宋代愈加盛行，流传至今。

径山寺，这座著名的佛教禅宗临济宗寺院，曾在南宋时期成为皇家功德院，是江南禅院中名列前茅的宝地，享有"五山十刹"之首的美誉。径山茶宴的起源可以追溯到隋唐时期，当时僧侣们会以罗汉供茶的方式招待宾客，而在唐代中期，茶社和士林茶会的兴起，更为茶宴文化奠定了基础。宋元时期，径山茶宴作为普请法事和僧堂仪轨，逐渐被规范化，形成了一套完整的仪式。

径山茶宴有着严谨的程序和专业的茶具。首先，宾客抵达时，会被引领至明月堂，原为大慧宗杲晚年隐居的"妙喜庵"。在茶桌前，宾主落座，等待茶宴的开始。然后，寺内负责接待的和尚（即司客）会按照"先客后主"的顺序，逐一奉茶。主人拿起茶杯，端至客人面前，各自注入半盏清香四溢的茶水。注茶完成后，宾主互致礼仪，接着每个人举盏闻香，细心观察茶色，再捧盏啜饮半口，细细品味茶韵的深邃与醇厚。饮完四个半盏后，客人开始讨论茶的滋味，并向主人表达谢意，主人则谦逊地回礼。随着宴会的深入，司客会继续为宾客注茶，宾主便开始尽情畅饮，享受这清雅怡人的茶宴。

径山茶宴中的"斗茶"和"点茶法"尤为讲究。茶桌上备有专用的茶具，精致的紫砂茶壶、优雅的茶盏以及别致的锡制茶罐等，构成了一幅生动的茶文化画卷。径山茶宴，有着一系列庄重而富有仪式感的流程：张茶榜、击茶鼓、在佛前上香、点茶供佛、行茶及茶话开示，最后敲响堂钟。其中，宾主或师徒之间通过"参话头"的形式进行问答交谈，以茶参禅、问道，成为茶宴的精髓与核心。

径山茶宴的影响力不仅限于中国，它后来还传入日本，逐渐演变成日本茶道的源泉，成为两国文化交流的桥梁。

班春劝农

班春劝农，这一传统的民俗文化现象在遂昌的农耕文化中熠熠生辉。"班春"，是皇帝颁布的关于农耕的诏令和地方官员发布的农业生产文告；而"劝农"则是鼓励农民在春光明媚的日子里，拿起锄头，努力耕作。

这一悠久的习俗在宋代就已萌芽，明清时期更是如火如荼地开展，直至今日，班春劝农的传统依旧流传。明代的文学巨匠汤显祖，曾在万历年间担任遂昌知县，不仅亲自主持班春劝农的仪式，还留下了一系列动人的文学作品。每年立春的前一天，遂昌的地方官员们便会率领众人走向青郊，隆重地祭拜春神，挥舞鞭子驱赶象征耕作的"土牛"，向百姓赠送象征希望的"春鞭"，并宣读"春耕令"。

清代，遂昌的"鞭春礼仪"越发制度化、常态化。清康熙、乾隆、道光年间出版的《遂昌县志》中，均有详细的记载。特别是清乾隆年间，迎春活动更是成为全民参与的热闹盛会。人们扎制"春牛"，在乐声的引导下，浩浩荡荡地从四个方向游行而来。每家每户都准备好香烛，祭祀天地，插上梅花，放起鞭炮，尽情欢庆，迎接春天的到来。

每年立春前夕，村民们齐心扎制"春牛"，给牛身披上红色的华服，伴随着鼓乐的声响，四人抬着"春牛"从县衙门出发，前方一位"春官"手握由五色线编成的牛鞭，边走边轻轻鞭打"春牛"。紧随其后的是仪仗队伍，士农工商各界的热情参与更是让这一场景生动无比。人们高声呼喊："春来了，谷满仓，春来了，人兴旺！"队伍穿梭于东西南北的街道，气氛热烈而欢快。

而在"春牛"经过的地方，街道上的居民们则手握黄豆串，将其挂在牛角上，甚至抱着孩子穿过牛腹，寓意"来年牛瘟可稀少"。这一传统活动不仅仅是对春天的迎接，更是人们对丰收的期盼与对未来美好生活的向往。

嘉兴端午习俗

在端午节的热烈气氛中，嘉兴一带的民众更倾向于纪念春秋时期吴国名将伍子胥，而非屈原。那时的嘉兴，正是吴越争霸的激烈战场，伍子胥凭借卓越的军事才能，为吴国立下了赫赫战功。在他逝世后，吴人为了纪念这位英雄，特意为他修建祠庙，后来更是将他尊奉为江神、潮神和涛神，他也成为人们心中永恒的崇拜对象。

据说，早在秦汉时期，嘉兴的端午习俗就已开始萌芽；而在汉末至魏晋南北朝时期，纪念伍子胥的"端午祀伍"习俗逐渐形成。唐宋时期，端午节的庆祝活动变得愈加丰富，祭祀伍子胥、龙舟竞渡、摇快船、吃粽子、插艾、吃"五黄"、佩戴"健符"等层出不穷。明清两代，节日的气氛更是达到了一个前所未有的巅峰，活动花样繁多，热闹非凡。

说到嘉兴端午节的美食，最令人垂涎的当数粽子了！此外，吃"五黄"的习俗也是不可或缺的。虽然各地的组合略有不同，但"五黄"通常包含雄黄酒、黄泥蛋、黄瓜、黄鳝和黄鱼。人们相信，端午节吃五黄，可以驱除五毒，以保身体健康。在这个节日里，嘉兴的居民们还会享用豆腐、大蒜、豆子等美味。桐乡和海宁等地的孩子们则有吃"煨蛋"的习俗，当地人认为这样可以增强体质，甚至有些地方还会在煨蛋中放入蜘蛛，以达到清凉解毒的效果。

端午节时，嘉兴人还会用红绳把艾草、菖蒲和大蒜捆成束，悬挂在门框和床上，寄托驱邪避祸、保佑家宅平安的美好愿望。过去，嘉兴人家中常张挂天师、钟馗或关帝的画像，门上贴上道士送来的纸符或写有文字的黄纸，以抵御邪气。房屋的四壁和墙角则会喷洒雄黄酒，在门上写下"王"字，用以镇宅护家。家中还会燃熏苍术和白芷，以驱散湿气，赶走毒虫。

在端午节这一天，嘉兴人的服饰也与平常截然不同。过去，妇女们会缝制小人、绢虎等装饰，并将其佩戴在头上或身上，以辟邪健身，它们被称为"健符"。也会将赤豆穿成串，插在发髻上。孩子们则头戴老虎帽，穿老虎衣和虎头鞋，在手臂上系上五彩丝线，以祈求免受蛇虫的侵扰。此外，佩戴香囊、蒲根、百戒锁、桃篮和狗牙等，也成了节日的特色之一。

在竞技娱乐方面，嘉兴的端午节同样热闹非凡。龙舟竞渡、踏白船（又名摇快船）、斗草（常用车前草）、观剧等活动，成了节日中人们欢聚的亮点。

还有一种传统民俗叫"拿端午"，又称"送端午"或"致端节"。女儿出嫁后，过第一个端午节时，娘家会向婆家送去粽子、鱼肉、扇子和毛巾等礼物。婆家则会热情招待，宴请亲朋，并把一部分礼物分发给邻居。该民俗传递着浓浓的亲情与祝福。

石塘七夕习俗

石塘七夕习俗，流行于浙江温岭石塘和箬山一带的闽南移民后裔中，根植于北宋时期。农历七月初七被当地人称为"小人节"，这是一个专属于儿童的欢乐盛典。

这一天，石塘的家庭会为一到十六岁的孩子们庆祝生日，祭拜那位传说中的保护神——七娘夫人，祈求她赐予孩子们平安与健康。七娘夫人，通常被认为是七仙女及其姐妹，相传七夕正是她们的生辰，因此也称为"七娘妈生"。

祭拜七娘妈的仪式上，彩亭（或称纸亭）、彩轿和七娘妈座是必不可少的祭品。传统上，男孩用彩亭，女孩用彩轿，而经济条件拮据的家庭则会用七娘妈座来替代。如今，女孩家祭拜时也多选择彩亭。

祭品则是五牲（或三牲）、五果、六菜和四福食等。五牲包括雄鸡、猪肉（刀肉）、墨鱼和黄鱼等；五果则是应季的新鲜水果；六菜则是米面、麦面、木耳等；而四福食则有糖龟、粽子、索面和馒头等。还有七杯美酒、两碗糯米水圆和七种鲜花等。

这些彩亭和彩轿一般由渔村的纸艺师傅使用毛竹条、彩纸（或缎、绢、布）和泥巴等材料精心制作而成。彩亭高约八十厘米，通常是两层，制作精致、富有工艺感；彩轿稍显简单；而七娘妈座则最为朴素。十六岁的孩子使用的彩亭和彩轿被称为"满金亭""满金轿"，有时更是做到三层，一米多高，底层装饰着一个背着包袱、拿着雨伞上京赶考的书生泥偶，寓意儿童成长为成人，未来前途光明。在石塘和箬山的彩亭上，各层还会装饰戏曲人物的小泥偶（或纸人、绢人），生动有趣。

在小人节来临之前，家庭会在农历七月初一前将彩亭等物品请回家，每天上香，直到农历七月初七的凌晨或上午，然后将祭品摆放在供桌上，恭敬地祭拜，烧金纸。按照传统习俗，祭拜仪式通常由家庭中的女性如祖母或母亲主持。祭拜时，把供桌摆放在家门前，中间置放彩亭、彩轿或七娘妈座，供品一一摆好，上三炷香，孩子和大人许愿后，将彩亭或彩轿和金纸放入铁镬中焚烧。仪式结束后，燃放爆竹庆祝，烧后的灰烬则会被细心地送到海边沙滩上倒掉，寓意着祝福与新生。

在十六岁过小人节时，必须准备七种祭品，而在"满金亭"的背后还需挂一个装有七种鲜花的布袋，放置七杯美酒以示圆满；在彩亭的左右两边放上两个糖龟，彩亭中则放两碗糯米水圆、两盒鞭炮和三串小鞭炮。家人们会换上崭新的上衣、裤子和鞋子，毛巾、牙刷、牙罐也都换成新的，衬衫必须是长袖。上完三炷香后，将七支香插在彩亭前，七色线和状元锁挂在小孩脖子上，燃放鞭炮，仪式在热闹的欢声笑语中圆满结束。

张山寨七七会

张山寨七七会是缙云县胡源乡招序村的民间信俗活动，悠久的历史可追溯到明万历初年。每年农历七夕，村民们都会齐聚一堂，以陈十四娘娘为信仰，围绕张山寨献山庙举行热闹的祭典活动，祈求风调雨顺、五谷丰登、婚姻幸福。

张山寨七七会的主祭神是陈十四，她是福建和浙南地区民众广泛信奉的地方神灵。传说在明洪武年间，陈十四在追击蛇妖的途中路过张山寨，救下了东山村民张希顺的幼子。为了感激这位神灵，张希顺献出了一块山地，塑造了陈十四的金身，并为她建造了献山庙。每年农历七月初七是陈十四娘娘的诞辰，百姓们便在这一天汇聚于献山庙，举行祭祀和民间艺术表演，以纪念这位保护百姓的神灵，七七会也由此得名。

张山寨七七会为期三天，气氛热烈，活动内容丰富多彩。主要的活动流程包括设立案坛、上寨迎轿、巡游祈福、案前献戏、山寨守夜、会案表演和祭拜归位等。每年负责主办的村子会发出邀请，恭迎陈十四娘娘的神像，随后人们用八杠抬着她的坐轿游巡。热闹的队伍随之而行，边走边表演，依次巡游各个案坛，祈求神灵的保佑。巡游结束后，从七月初五开始，轮值的村子会请来戏班，演出各种爱情题材的剧目，让陈十四娘娘和村民们共同欣赏。

在七月初六的夜晚，人们围绕献山庙扎营守夜，声声歌唱，热烈讨论，谈论情感与生活。对于许多年轻人来说，这个庙会仿佛成了一个相亲的盛会，吸引着不少单身男女。

而七月初七的会案表演则是张山寨七七会的高潮部分。清晨，村民们早早起床，聚集在娘娘宫前，虔诚地跪拜，向陈十四祈愿。随着鞭炮、锣鼓和号角的齐鸣，队伍整齐地向献山庙进发，前方是案头牌、案头旗和先锋号，后面则是罗汉队、大联队、秧歌队、三十六行、十八蝴蝶等精彩的表演，最后由仪仗队护卫着陈十四娘娘的坐轿，热闹非凡。

到达献山庙后，各个案队依次在庙前献艺，展现出精湛的技艺和热情。表演结束后，村民们将娘娘送回献山庙，并恭敬地进行祭拜。张山寨七七会不仅是对陈十四娘娘的崇拜与感恩，更是人们团聚欢庆、传承文化的重要时刻。

畲族婚俗

景宁，坐落在浙江省西南部，是中国独一无二的畲族自治县，承载着丰富的畲族文化。畲族婚俗在这片土地上历经岁月的洗礼，逐渐形成了独特的文化形态，它们不仅反映了畲族人民的生活方式，也展现了他们与汉民族交往的风土人情。

在畲族的婚姻观中，一夫一妻制是基本原则。远房同姓的亲戚之间可嫁娶。大多数情况下，年轻人会通过媒人的介绍来成亲，但也有一些男女通过对歌相识、相知，彼此许下终身的承诺。婚嫁的方式多样，有女嫁男、男嫁女（女方支付聘礼，男方改姓女方姓，享有平等的家庭地位和财产继承权）、做两头家（夫妻双方共同参与生产，赡养双方父母）以及子媳缘亲等。其中，女嫁男和做两头家是畲族婚姻的独特之处，但以女嫁男的形式为主。

各地的畲族婚礼仪式大致相同，包含拦路、举礼、喝宝塔茶、脱草鞋、借镬、杀鸡、撬蛙、对歌、对盏、留箸、留风水、行嫁、拜堂、传代、回门等多个环节。以女嫁男的婚礼为例，

"拦路"环节极具趣味性：当男方迎亲队伍即将进入女方村庄时，震天的鞭炮声响起，女方的亲属们立刻聚集在路口，拦住迎亲的队伍。男方必须用对歌的方式来赢得通行的权利。歌声在空中回荡，笑声与期待交织，充满了欢乐的气氛。

另一个有趣的仪式是"借镬"，这是一种象征性的厨房仪式。男方的厨师端着一个装有一刀肉、一对红烛和若干红包的桶，走进厨房进行"借锅"仪式。这表示女方的宴请酒菜都是男方精心挑选的，寓意着双方家庭的合作与团结。

每一个仪式环节都蕴含着深厚的文化底蕴和情感。畲族婚俗在欢声笑语中，传达着对爱情的期待与对生活的热爱。